工学一体化企业新型学徒制培训教材
国家职业教育医药类规划教材

药品流通
YAOPIN LIUTONG

质量管理
ZHILIANG GUANLI

实务
SHIWU

张晓军　蒋玲霞　袁玉鲜　主编

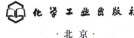

·北京·

内容简介

本书根据药品流通质量工作中的需求编写，包含药品购进管理，药品储存与养护管理，药品销售管理，中药管理，特殊管理的药品管理，医疗器械、保健食品、化妆品管理，文件与计算机系统，药品安全法律责任8个模块，涵盖27个课题、88个项目。

本书适合医药院校师生、药店工作人员阅读。

图书在版编目（CIP）数据

药品流通质量管理实务 / 张晓军，蒋玲霞，袁玉鲜主编. —北京：化学工业出版社，2024.4
ISBN 978-7-122-45005-0

Ⅰ.①药… Ⅱ.①张…②蒋…③袁… Ⅲ.①药品-商品流通-流通管理-研究-中国 Ⅳ.①F724.73

中国国家版本馆CIP数据核字（2024）第051705号

责任编辑：张 蕾　　　　　　　　文字编辑：何 芳
责任校对：杜杏然　　　　　　　　装帧设计：史利平

出版发行：化学工业出版社
　　　　（北京市东城区青年湖南街13号　邮政编码100011）
印　装：中煤（北京）印务有限公司
710mm×1000mm　1/16　印张22　字数421千字
2024年8月北京第1版第1次印刷

购书咨询：010-64518888　　　　　　售后服务：010-64518899
网　　址：http://www.cip.com.cn
凡购买本书，如有缺损质量问题，本社销售中心负责调换。

定　　价：69.80元　　　　　　　　　　　版权所有　违者必究

编写人员名单

主　编　张晓军　蒋玲霞　袁玉鲜
副主编　邵淑媛　沈佳佳　宋新焕　杨维祯
编　者
　　　　　陈　琴（杭州胡庆余堂国药号有限公司）
　　　　　蒋玲霞（杭州胡庆余堂国药号有限公司）
　　　　　季火英（杭州胡庆余堂国药号有限公司）
　　　　　金　晶（杭州胡庆余堂国药号有限公司）
　　　　　帅玉环（杭州第一技师学院）
　　　　　沈国芳（杭州市食品药品检验研究院）
　　　　　沈佳佳（杭州九源基因工程有限公司）
　　　　　邵淑媛（杭州第一技师学院）
　　　　　宋新焕（杭州第一技师学院）
　　　　　吴旭萍（杭州第一技师学院）
　　　　　徐艳波（杭州胡庆余堂国药号有限公司）
　　　　　杨维祯（杭州第一技师学院）
　　　　　袁玉鲜（杭州第一技师学院）
　　　　　张晓军（杭州第一技师学院）
　　　　　张惠芳（杭州胡庆余堂国药号有限公司）
主　审　卢　超

前言

为深入贯彻落实《国家职业教育改革实施方案》(国发〔2019〕4号)、《推进技工院校工学一体化技能人才培养模式实施方案》(人社部函〔2022〕20号)关于建设校企双元合作开发教材的要求,本教材依托国家级康养实训基地建设单位杭州第一技师学院、河南医药健康技师学院和杭州胡庆余堂国药号有限公司进行合作开发。通过校企双元合作开发,促进产教融合、工学一体,共同构建服务于技工教育的现代职业教育教材体系。

本教材以立德树人为根本,以培养学生综合职业能力为目标,以国家职业标准为依据,以典型工作任务为载体,以学生为中心,把药品流通典型工作任务分为药品购进管理,药品储存与养护管理,药品销售管理,中药管理,特殊管理的药品管理,医疗器械、保健食品、化妆品管理,文件与计算机系统,药品安全法律责任8个模块,涵盖27个课题、88个项目。每个职业能力点围绕着学习目标、任务引入、任务分析、相关知识、任务实施展开。学习目标对标工作过程中的职业能力清单,保证目标的方向性、精准性;相关知识为能力训练服务,强调理论知识的适用性、实用性、够用性。

活页式教材为新生事物,需深入探索的领域还有很多,加之编者精力、学识、时间有限,内容不足之处在所难免,望读者不吝指正。

编者
2024年1月

目录

模块一　药品购进管理 / 001

课题1　药品首营　002
- 项目1　药品首营企业审核　002
- 项目2　供货单位销售人员的合法资格审核　006
- 项目3　药品首营品种审核　007

课题2　药品采购　010
- 项目4　药品采购流程与方式　010
- 项目5　药品采购合同管理　013
- 项目6　药品采购票据与记录管理　016
- 项目7　药品采购质量评审　018

课题3　药品收货　021
- 项目8　普通药品收货　021
- 项目9　冷链药品收货　026
- 项目10　进口药品收货　032
- 项目11　特殊管理药品收货　035

课题4　药品验收　042
- 项目12　散件药品验收　042
- 项目13　整件药品验收　046
- 项目14　进口药品验收　049
- 项目15　特殊管理药品验收　052

模块二　药品储存与养护管理 / 057

课题5　储存养护设施设备　058
- 项目16　温度调节设备　058
- 项目17　湿度调节设备　061
- 项目18　其他常用设备　064

课题6　药品的储存养护　069
- 项目19　一般品种的储存与养护　069
- 项目20　重点品种的储存与养护　075
- 项目21　特殊管理药品的储存与养护　078

课题7　校准与验证管理　084
- 项目22　计量器具、温湿度监测设备的校准　084
- 项目23　冷库的验证　087
- 项目24　温湿度监测系统的验证　091

模块三　药品销售管理 / 094

课题8　药品宣传　095
- 项目25　药品广告管理　095

| 项目26 | 药店营销活动管理 | 100 |
| 项目27 | 互联网药品信息服务 | 104 |

课题9　药品出库　109

项目28	普通药品出库	109
项目29	冷链药品出库	114
项目30	特殊管理药品出库	118

课题10　药品运输与配送　121

项目31	药品发运和交付	121
项目32	药品运输调度	125
项目33	零售药品配送	128

课题11　药品售后管理　134

项目34	药品咨询服务	134
项目35	药品投诉处理	139
项目36	药品召回管理	141
项目37	药品警戒管理	146

模块四　中药管理 / 151

课题12　中药材管理　152

项目38	进口药材管理	152
项目39	野生药材资源保护管理	156
项目40	中药材专业市场管理	160

课题13　中药饮片管理　164

项目41	中药饮片经营管理	164
项目42	医疗机构中药饮片管理	169
项目43	中药配方颗粒管理	173

课题14　中成药管理　178

项目44	中药品种保护管理	178
项目45	中药注射剂管理	183
项目46	中成药的使用管理	186

模块五　特殊管理的药品管理 / 193

课题15　麻醉药品和精神药品的管理　194

项目47	麻醉药品和精神药品的经营管理	194
项目48	麻醉药品和精神药品使用管理	199
项目49	违反麻醉药品和精神药品管理规定的法律责任	203

课题16　医疗用毒性药品和放射性药品的管理　207

项目50	医疗用毒性药品经营和使用管理	207
项目51	放射性药品经营和使用管理	210
项目52	违反医疗用毒性药品和放射性药品管理规定的法律责任	213

课题17　疫苗管理　217

| 项目53 | 疫苗供应管理 | 217 |
| 项目54 | 疫苗销售管理 | 221 |

| 项目55 | 违反疫苗管理规定的法律责任 | 224 |
| 项目57 | 部分含特殊管理药品的复方制剂管理（含麻黄碱、可待因、阿片等成分） | 233 |

课题18 其他实行特殊管理的药品 229

项目56 药品类易制毒化学品管理 229
项目58 含兴奋剂药品的管理 237

模块六　医疗器械、保健食品、化妆品管理 / 241

课题19 医疗器械管理 242

项目59 医疗器械采购管理 242
项目60 医疗器械经营管理 246
项目61 医疗器械使用管理 252
项目62 医疗器械广告管理 254

课题20 保健食品管理 259

项目63 保健食品采购管理 259
项目64 保健食品经营管理 262
项目65 保健食品使用管理 267

课题21 化妆品管理 271

项目66 化妆品采购管理 271
项目67 化妆品经营管理 274
项目68 化妆品使用管理 278

模块七　文件与计算机系统 / 283

课题22 部门与岗位质量职责 284

项目69 部门质量职责 284
项目70 岗位质量职责及任职要求 287
项目71 部门和岗位职责的编制和管理 291

课题23 质量管理制度 296

项目72 质量管理制度的内容 296
项目73 质量管理制度的编制 299
项目74 质量管理制度的管理 302

课题24 质量操作规程 305

项目75 操作规程的内容 305
项目76 操作规程的编制 307
项目77 操作规程的管理 310

课题25 药品经营管理计算机系统 313

项目78 GSP对药品经营企业计算机系统的要求 313
项目79 电子数据的管理 317
项目80 计算机在药品经营企业的主要应用 319

模块八　药品安全法律责任 / 323

课题26　销售假药、劣药的法律责任　　324

项目81　销售假药的法律责任　　324
项目82　销售劣药的法律责任　　327
项目83　为销售假劣药品提供便利条件的法律责任　　329

课题27　违反药品流通监管的法律责任　　332

项目84　与无证经营相关的法律责任　　332
项目85　与许可证、批准证明文件相关的法律责任　　335
项目86　违反药品经营质量管理规范的法律责任　　338
项目87　违反药品不良反应监测和报告的法律责任　　341
项目88　其他违反药品管理规定的法律责任　　342

模块一

药品购进管理

课题1　药品首营

学习目标

1. 能根据药品质量管理规范要求，对药品首营企业进行审核。
2. 能根据药品质量管理规范要求，对供货单位销售人员的资格进行审核。
3. 能根据药品质量管理规范要求，对药品首营品种进行审核。

项目1　药品首营企业审核

任务引入

夏日将至，采购部将采购一批藿香正气水，为确保供货企业的合法资质和质量保证能力，需根据药品质量管理规范要求，对该企业进行质量审核。请帮助该企业完成此项任务。

任务分析

完成本次任务需要做到以下几点：
（1）明确供应商的选择原则。
（2）采购部索取供应商的资料，填写"首营企业审批表"。
（3）质管部对供应商的资质进行质量审核。
（4）质量负责人审核批准后，建立合格供货商档案，方可进货。

相关知识

首营企业是指采购药品时与本企业首次发生供需关系的药品生产或经营企业。

一、首营审核的重要性

由于我国药品流通市场的跨地域性特征，流通企业对生产企业相关性的知晓度较低。而对与本企业首次发生购销业务关系的企业，流通企业对其的了解往往是从零开始，经营企业为维护自身利益和质量信誉，应建立内审程序，进行药品引进及采购、销售过程的质量控制。2016年修订的《药品经营质量管理规范（GSP）》已经规定了药品经营企业对首营企业的审核要求，将首营审核纳入质量体系管理和质量风险管理的范畴。由此可见，通过对首营企业进行资质和质量保证能力的审核，可以在了解和掌握企业基本情况的同时，防止违法经营企业进入供应链，并有效控制药品运行过程中的质量风险，保证人民用药安全有效。

二、供应商的选择原则

供货企业产品质量水平决定着购货企业产品的质量，因此供应商选择就成为药品经营质量管理所要面临的首要环节。供应商选择的总原则是全面、具体、客观，建立和使用一个全面评价指标体系，对供应商质量管理体系与产品质量做出评价。其次，也要综合考虑供应商的经营业绩、人力资源开发、成本控制、技术开发、用户满意度、交货协议、履行能力等因素。具体体现在以下几个方面。

（1）系统全面性原则　全面系统评价体系的建立和使用。

（2）简明科学性原则　从可行性、可操作性的角度出发，使得供应商评价和选择步骤、选择过程透明化、制度化、科学化。

（3）稳定可比性原则　评估体系应保持稳定运作、标准统一，尽可能减少主观因素的干扰。

（4）采购比例原则　同类产品的供应商应选择3～5家，且应分为主次供应商，以保证供应的稳定性。购买产品数量一般不超过供应商产能的50%，尽可能不要选择全额供货的供应商。

三、供应商的资质审核内容

供货单位的审核，应当查验加盖其公章原印章的以下资料，确认真实、有效。

（1）《药品生产许可证》或者《药品经营许可证》复印件。

（2）《营业执照》复印件及其上一年度企业年度报告公示情况。

（3）相关印章印模、随货同行单（票）样式。（"相关印章"包括：企业公章、法定代表人章、合同专用章、财务专用章、发票专用章、质量专用章、出库专用章。）

（4）开户户名、开户银行及账号。

（5）质量保证协议。

知识链接

《药品经营质量管理规范》(2016) ❶

第六十一条 企业的采购活动应当符合以下要求:
(一)确定供货单位的合法资格;
(二)确定所购入药品的合法性;
(三)核实供货单位销售人员的合法资格;
(四)与供货单位签订质量保证协议。

采购中涉及的首营企业、首营品种,采购部门应当填写相关申请表格,经过质量管理部门和企业质量负责人的审核批准。必要时应当组织实地考察,对供货单位质量管理体系进行评价。

第六十二条 对首营企业的审核,应当查验加盖其公章原印章的以下资料,确认真实、有效:
(一)《药品生产许可证》或者《药品经营许可证》复印件;
(二)营业执照、税务登记、组织机构代码的证件复印件,及上一年度企业年度报告公示情况;
(三)《药品生产质量管理规范》认证证书或者《药品经营质量管理规范》认证证书复印件;
(四)相关印章、随货同行单(票)样式;
(五)开户户名、开户银行及账号。

任务实施

采购部要完成药品的采购任务,在选择供应商的过程中,要按照质量审核的程序,以确保引进的供应商符合要求。

(1)采购部选择供应商时必须始终坚持把质量放在"首位",明确供应商的选择原则,保证从合格的供应商处购进合法的和质量可靠的药品。

(2)采购员收集资料齐全后,填写"首营企业审批表"(表1-1),并在计算机系统中录入基础信息,经采购部长审核后交质量管理部门进行审核。

(3)质量管理部门对"首营企业审批表"及相关资料进行审核,通过政府网站检索、电话咨询等方式对资料辨别、核实,如果依据所报送的资料无法作出准确的判断时,采购部门应会同质量管理部门对首营企业进行实地考察,并由质量管理部根据考察情况形成书面考察报告,再上报审批;核实确定后在审批表上填写意见,在电脑系统确认后,将表上传给质量负责人。

---

❶ 本书所有"知识链接"中的法律法规均为节选,不一一标注。——编者注

（4）质量负责人审核批准同意后在审批表上签字，并在计算机程序中确认。

（5）采购部需等"首营企业审批表"审核完毕方可进行业务活动。

（6）首营资料由质量管理部门归入合格供货方档案。

表1-1　首营企业审批表

档案编号：　　　　　　　　　　　　填表日期：　　年　　月　　日

企业名称		类型	
企业地址		统一社会信用代码	
法定代表人		生产（经营）许可证号	
联系电话		拟供品种	
生产（经营）许可范围			
企业相关资料审核	1.《药品生产许可证》或者《药品经营许可证》复印件		
	2.《营业执照》复印件及其上一年度企业年度报告公示情况		
	3.相关印章印模、随货同行单（票）样式		
	4.开户户名、开户银行及账号		
	5.质量保证协议		
	6.法人授权委托书		
	7.销售人员身份证复印件		
	注：以上资料均在有效期内并加盖企业公章原印章		
采购部门意见	负责人：　　　　　年　　月　　日		
质量管理部审核意见	负责人：　　　　　年　　月　　日		
质量负责人审批意见	□ 同意作为合格供货方 □ 不同意作为合格供货方 质量负责人：　　　　年　　月　　日		

申请部门：采购部　　　　　　　　　　申请人：

课题1　药品首营

项目2　供货单位销售人员的合法资格审核

任务引入

采购部为了购进一批板蓝根颗粒，首次与某药品批发企业合作，为确保该企业的合法资质和质量保证能力，根据药品质量管理规范要求，完成对该企业首营审核后，同时需对该批发企业的销售人员进行合法资格的验证。

任务分析

完成本次任务需要做到以下几点：
（1）采购部门索取供货单位销售人员有关资料。
（2）质量管理部门对销售人员资质进行质量审核。
（3）质量管理部门审核合格后，方可与其开展业务活动。

相关知识

供货单位销售人员是指代表供货单位与本企业发生业务往来的人员。

一、供货单位销售人员资质审核内容

与供货单位销售人员联系业务时，应保证供货单位销售人员资质的合法性，发生业务后质管部应保持对供货单位销售人员合法资质审核的延续性，在所有与该业务员发生业务期间，业务员资质均应是合法的。应当核实、留存供货单位销售人员以下资料。

（1）供货单位证照复印件　加盖供货单位公章原印章的《药品生产许可证》或《药品经营许可证》和《营业执照》复印件，核查其经营方式及经营范围与销售人员经营行为是否相符。

（2）药品销售人员身份证复印件　应加盖供货单位公章原印章。

（3）供货单位法人授权委托书原件　授权委托书由法定代表人签发，法定代表人应加盖印章或签名，加盖供货单位公章原印章。授权委托书应载明被授权人姓名、身份证号码，并明确授权销售的品种、地域，标明有效期限。

二、供货单位销售人员资质审核注意事项

（1）法人授权委托书有效期一般不得超过一年。
生产企业委托：授权品种可表述为"我公司合法生产的品种"并附品种目录；
经营企业委托：授权品种可表述为"我公司经营的品种"，无需附品种目录。

（2）同一销售人员不得同时在两家或多家药品企业兼职。

任务实施

（1）采购部门索取供货单位销售人员有关资料（相关知识提及），报质量管理部门审核。

（2）质量管理部门根据收到的资料对销售人员资质进行质量审核，重点审核供货单位法人签署的授权委托书的有效期限和授权范围。

（3）质量管理部门审核合格后，方可与其开展业务活动。对符合要求的，应录入计算机系统数据库，并按期核实、更新有关内容。计算机系统对超过委托期限的自动锁定。对销售人员经营行为及身份的合法性实行动态的监督审核，对不再具备合法资格的销售人员应及时采取有效措施，停止业务往来。

项目3　药品首营品种审核

任务引入

采购部打算采购一批连花清瘟胶囊，为确保购进品种的合法性和质量可靠性，需根据药品质量管理规范要求，对该首营品种进行质量审核。

任务分析

完成本次任务需要做到以下几点：
（1）采购部索取首营品种的资料，填写"首营品种审批表"。
（2）质管部对首营品种资料进行质量审核。
（3）质量负责人审核批准后，建立首营品种质量档案，采购部方可购进。

相关知识

（1）首营品种　是指本企业首次采购的药品，包括新规格、新剂型和新包装。

（2）药品批准文号　是药品生产合法性的标志，系指国家批准的该药品的生产文号，不因上市后的注册事项的变更而改变。

境内生产药品批准文号格式为：国药准字H（Z、S）+四位年号+四位顺序号。

中国香港、澳门和台湾地区生产药品批准文号格式为：国药准字 H（Z、S）C+ 四位年号 + 四位顺序号。

境外生产药品批准文号格式为：国药准字 H（Z、S）J+ 四位年号 + 四位顺序号。

其中，H 代表化学药，Z 代表中药，S 代表生物制品。

一、首营品种审核内容

核实药品的批准文号及质量标准，审核药品包装、标签、说明书是否符合规定，明确药品适应证或功能主治、储存条件、检验方法及质量状况。核实药品是否符合供货单位《药品生产（经营）许可证》规定的生产（经营）范围，是否超出本企业经营范围，严禁采购超生产（经营）范围的药品。原有经营品种发生规格、剂型或包装变更时，需要重新审核。

二、首营品种审核资料

首营品种审核资料目录见表 3-1，以下资料需加盖供货单位公章原印章。

表3-1　首营品种审核资料目录

序号	国产药品	进口药品
1	药品生产批件复印件，包括《药品注册批件》或《药品再注册批件》《药品补充申请批件》	《进口药品注册证》或《医药产品注册证》或《进口药品批件》复印件
2	药品注册批件的附件（药品质量标准、标签、说明书、包装复印件）	质量标准、药品标签、说明书、包装的实物或复印件
3	《药品检验报告书》	《进口药品检验报告书》或加盖"已抽样"的《进口药品通关单》复印件
4	药品生产企业合法证照《药品生产许可证》及《营业执照》复印件	进口麻醉药品、精神药品以及蛋白同化制剂、肽类激素的《进口准许证》复印件，进口中药材的《进口药材批件》复印件，进口分装药品的《药品补充注册批件》复印件
5	生物、血液制品的《生物制品批签发证明》	《进口生物制品检验报告书》复印件

🧩 任务实施

采购部要完成药品的采购任务，按照质量审核的程序，对首营品种进行质量审核。

（1）按规定将审核资料收集齐全后，填写"首营品种审批表"（表 3-2），报质量管理部门进行质量审核。

（2）质量管理部门对首营资料进行审核，审核首营品种供货单位提供材料的完整性、真实性和有效性，审核首营品种的合法证明文件是否符合规定。确定合格后将审批表报质量负责人审核。

（3）质量负责人审核批准后，采购部门方可采购首营品种。

（4）质量管理部门负责建立首营品种质量档案。

表3-2 首营品种审批表

编号

药品编码		通用名称		商品名称	
剂型		规格		包装单位	
批准文号		质量标准		药品分类	
装箱规格		有效期		存储条件	
采购价		批发价		零售价	
上市许可持有人		生产企业			
药品性能、成分、质量、用途、疗效、副作用等情况					
采购员申请原因	☐ 首次市场需求 ☐ 供应商变更 ☐ 换新包装 ☐ 补充：			签字：	日期：
业务部门意见				负责人签字：	日期：
财务部门意见				负责人签字：	日期：
质量管理部审核意见	☐ 资料真实，符合规定，可以采购 ☐ 资料、药品不符合规定，不得采购 ☐ 补充：			负责人签字：	日期：
质量负责人审批意见	☐ 同意采购 ☐ 不同意采购			负责人签字：	日期：

课题2　药品采购

学习目标

1. 能根据药品采购原则，编制采购计划，规范采购流程与方式。
2. 能按照药品采购合同基本要求，规范采购合同管理。
3. 能根据药品质量管理规范要求，规范管理采购票据，建立采购记录。
4. 能根据药品质量管理规范要求，对药品采购的情况进行综合质量评审。

项目4　药品采购流程与方式

✈ 任务引入

某企业是百年老字号，地处旅游黄金地段，正值冬天销售旺季。周某是该企业的采购员，现根据公司经营情况对阿胶类产品进行采购计划的合理制定，请帮助周某完成任务。

任务分析

完成本次任务需要做到以下几点：
（1）明确药品采购的原则和流程。
（2）根据市场需求，合理设计库存结构，提出采购计划草案。
（3）质管部依据药品质量，结合上一经营周期的购进药品质量评审结果，做出审核结论。
（4）审批通过的采购计划由采购部实施。

相关知识

药品采购计划是业务经营活动的重要工作内容，企业应在认真研究市场需求的各种信息基础上，结合企业管理实际，遵循市场经济规律，科学合理地制订采购计划。采购计划按照企业经营管理的需要,一般按年度、季度、月份编制,分为年度采购计划、季度采购计划、月份采购计划和临时采购计划。

一、药品采购的原则

药品采购总的原则是满足人们预防、治疗、诊断疾病的需要。企业采购药品时必须严把质量关,审核供货单位的合法性和采购药品的合法性,并确保按照药品采购质量管理的规定组织采购活动。

二、采购计划的编制原则

1. 按需进货

药品经营企业应根据内部和外部的环境,应用相应的科学合理的调查预测方法,分析研究医药市场各种需求信息,以市场需求为导向,合理安排药品购销计划、库存结构和利润水平,保证药品采购的时效性与合理性,力求品种全、费用省、质量优、供应及时、结构合理。

2. 以质量为依据

贯彻质量否决权制度。质量管理机构人员要参与采购计划的制订,并会同业务部门进行审核。

三、采购计划的编制方法

为了使编制的采购计划对药品经营活动起指导作用,在编制采购计划时要对影响医药市场变化的因素进行调查预测。

1. 人口

人口是影响药品消费最基本的因素之一。总人口数必然影响药品的消费总量,区域经济状况和医疗条件直接影响药品的消费水平。不同年龄的人群,对药品的需求不同,儿童和老人对药品的需求比中青年更大。

2. 消费水平

就业人员与非就业人员的药品消费水平差距较大。不同职业人群的发病情况与健康状况,因工作条件的差异而有所不同。因此要对就业情况和不同职业与工种的分布进行分析研究。

3. 历史资料的分析

通过对以前药品销售情况的资料进行分析,可以认识市场发展变化趋势及其规律性。前期计划预计完成情况,反映着药品经营企业各项经济活动已经达到的水平,是分析的重要参考资料。

任务实施

要完成阿胶类产品的采购任务，进行采购计划的编制时，需按照采购原则和流程，以确保购进的药品符合质量要求。

（1）收集资料

① 收集产品市场供应情况，如货源品种、数量、货源畅销程度、供货方的销售计划、国家产业政策等。

② 通过计算机管理系统提供的进销存数据清点企业现有库存、销售量等。

③ 整理季节性产品的消费特点及质管部反馈的各种质量信息等。

（2）选择供应商　根据"以质量为前提，按需进货，择优选购"的原则，选择最合适的供应商。

（3）制订采购计划　根据市场需求，结合价格、资金、库存、销售量、容易缺货品种等因素，提出一定时期内的采购计划草案，报质量管理机构审核。

（4）质量管理机构查阅药品质量档案，以药品质量为依据，同时根据上一经营周期的购进药品质量评审结果，有效行使质量否决权，做出审核结论。对不能保证药品质量、不能维护良好质量信誉的供货企业，要取消其供货资格。

（5）经质量管理机构审核的采购计划报质量负责人审批，由采购部门实施。

药品采购计划表见表4-1。

表4-1　药品采购计划表

（＿＿＿年第＿＿＿季度）

编号：　　　　　　　　　　　　　　　　　　　　　　　　　　日期：

序号	通用名称	商品名称	剂型	规格	单位	拟购数量	供货价	金额	上市许可持有人	生产企业	供货企业	备注

制表人：　　　　　采购部负责人：　　　　　质管部：　　　　　质量负责人：

项目5　药品采购合同管理

📨 任务引入

某批发公司将与某药品生产企业合作，双方通过业务洽谈，有了明确的购买意向。吴某是法定代表人授权委托的人员。为保证合同的顺利签订，请根据采购合同的基本要求，帮助吴某完成任务。

📋 任务分析

完成本次任务需要做到以下几点：
（1）明确合同签订过程中的职责分工。
（2）按照订立合同的原则和要求，签订采购合同。
（3）加强合同管理，建立合同档案。

⚙ 相关知识

药品购销合同是药品经营过程中明确供销双方责权的重要形式之一，是保证企业药品经营计划落实的手段。合同能保证药品流通顺利进行。企业签订购销合同应明确质量条款，使供销双方在经营活动中牢固树立质量意识，明确双方的质量责任，促使企业自觉主动地加强质量控制，依法规范经营，确保药品经营质量。购销合同的形式包括：①标准书面合同；②质量保证协议；③文书、传真、电话记录、电报等。

一、订立合同的原则和要求

为保证合同的顺利履行，预防合同纠纷，药品采购合同的签订应遵循以下原则。

1. 合同签订人的法定资格

签订合同的当事人应该具有签订合同的资格，必须是法定代表人，或者具有法定代表人的授权委托书，授权委托书应明确规定授权范围，否则签订的合同在法律上是无效的。

2. 合法原则

合同的签订必须遵照国家的法律法规、方针政策，其内容和程序应符合有关合同管理的法律、法规的要求。

3. 调查研究原则

签订合同的双方都应该认真地进行调查研究和市场预测，认真考虑对方是否具备履行合同的条件和能力。

4. 平等互利原则

签订经济合同当事人的经济法律地位平等，在经济活动中都有利益可得，彼此权利、义务相平衡。

5. 协商一致原则

签订合同是双方的法律行为，双方当事人的意愿表达必须一致。

6. 等价有偿原则

购销双方要按照价值规律的要求进行等价交换，实现各自的经济利益。

二、药品采购合同的内容

采购合同一般包括以下几方面的内容。

1. 签订合同双方的名称

合同必须写出供货单位和购货单位的全称，签订合同的双方必须具备签订该项合同的资格。

2. 药品的品名

药品的品名、规格、单位、剂型等必须齐全。药品的品名必须是药品的全称，包括通用名和商品名。规格包括包装规格和制剂规格。复方制剂要写明主药含量；剂型分片剂、胶囊剂、针剂（包括水针、粉针等）、酊、水、油膏等。

3. 药品数量

数量包括药品的总数和分批交接的数量。分批交接的数量应有具体的日程，如按月或按季计算的，每月或每季的数量不一定相同，应根据供应和需求的变化因素来定。数量表达要明确其计量单位。单位有瓶、盒、袋、桶等。质量要明确包括药品的内在质量、外观质量和包装质量等。

4. 药品价格

药品价格应按各级物价主管部门规定的价格（包括政府定价、指导价等）签订。政策上允许议价的，价格由当事人协商议定。

5. 质量条款

签订药品采购合同应明确质量条款，具体要求如下。

（1）工商间购销合同应明确的质量条款　①药品质量符合药品标准等有关质量要求；②产品出厂时整件包装中应附产品合格证或药品检验报告；③药品应有批准文号、产品批号及有效期；④上市许可持有人或者药品生产企业应提供相应的产品质量标准；⑤药品包装要符合承运部门及有关规定的要求；⑥应由药品上市许可持有人或者生产企业提供药品监督管理部门批准的产品批准文号复印件；⑦产品出厂，一般不超过生产日期 × 个月。

（2）商商间购销合同应明确的质量条款　①药品质量符合药品标准等有关质量要求；②整件药品需附产品合格证；③药品包装要符合承运部门及有关规定的要求；④进口药品要有符合规定的、加盖了供货单位质量管理机构原印章的《进口药品注册证》和《进口药品检验报告书》或《进口药品通关单》复印件。

6. 合同效期、履约期限及交货日期、方式与地点

合同效期、履约期限应明确，如"自签约之日起至某年某月某日有效"，避免使用"某月以前"或"某月以后"之类无法控制的时间概念。合同要标明交货日期，同时还要标明药品到站、运送方式，交货方式主要有送货制和提货制，相应的交货地点应具体。

7. 结算方式

合同要注明结算方式，一是要注意付款时间的问题，如是货到验收后付款还是款到发货；二是要注意付款方式，是凭运单由银行托收，还是汇款或其他方式等。合同中应该注明开户银行、银行账号等。

8. 违约责任

在洽谈违约责任时，要阐明供货方不按时交货将承担的违约责任，作为购货方，如不按时支付款项，应承担利息赔偿的责任等。

三、明确合同签订过程中的职责分工

（1）采购部　采购部是负责药品采购合同谈判、合同起草与预审、合同条款修订、合同签订与执行和合同保管的主办部门。采购部根据业务运营的要求，结合市场实际，在与供应商反复沟通的情况下签订合同。合同签订后，采购部应根据合同内容认真履约，对因不可抗力和市场变化等原因导致合同无法按时履约的，应及时通知供应商变更或终止合同履行。

（2）质量管理部　质量管理部是合同质量条款的主审部门。负责审查合同中涉及产品质量的相关条款，并对合同可能涉及的违反相关法律法规的操作方式及内容提出审核意见。

（3）财务部　财务部是合同贸易与结算条款的主审部门。根据企业的经营战略对合同进行审核，对采购价格（综合毛利率）、付款方式与付款账期、收款方式与收款账期、返利方式和返利结算等条款提出审核意见。

任务实施

要签订采购合同，预防合同纠纷，需按照签订合同的原则和要求，经过谈判

协商，仔细审查药品采购合同内容，以确保合同顺利履行。

（1）药品购销合同须经购销双方法定代表人或法定代表人授权委托的人员签字并盖公章（或合同专用章）后方可生效。函件、电传要货，待另一方承诺后，视为合同生效，电话要货后追补正式合同。对于建立长期购销关系的企业，如合同形式不是标准书面合同，购销双方应提前签订明确质量责任的质量保证协议，质量保证协议是供需双方为保证药品及服务质量签订的双方均需遵守的一种合同约定，一般应按年度重新签订。

（2）药品经营企业要建立合同档案，凡合同及有关履行、变更和解除合同的往来文书、电话记录、电传等均需归入档案保存。

 知识链接

药品经营质量管理规范（2016）

第六十五条　企业与供货单位签订的质量保证协议至少包括以下内容：

（一）明确双方质量责任；

（二）供货单位应当提供符合规定的资料且对其真实性、有效性负责；

（三）供货单位应当按照国家规定开具发票；

（四）药品质量符合药品标准等有关要求；

（五）药品包装、标签、说明书符合有关规定；

（六）药品运输的质量保证及责任；

（七）质量保证协议的有效期限。

项目6　药品采购票据与记录管理

 任务引入

某中药批发企业明年申请换证检查，根据GSP条款，质量管理部组织采购部、财务部对企业采购票据和采购记录进行自查，请帮助他们完成此任务。

任务分析

完成本次任务需要做到以下几点：

（1）根据GSP要求，向供货单位索取发票。

（2）按照GSP要求，对所有采购药品建立完整的记录。

 相关知识

一、发票

发票是指一切单位和个人在购销商品、提供或接受服务以及从事其他经营活动中，所开具和收取的业务凭证。为规范药品流通渠道，实现药品购进可追溯，发生质量事故可索赔，保障药品质量安全。药品经营企业采购药品时，应向供货单位索取发票，合法票据是指《增值税专用发票》或者《增值税普通发票》。发票应当列明药品的通用名称、规格、单位、数量、单价、金额等；不能全部列明的，应当附《销售货物或者提供应税劳务清单》，并加盖供货单位发票专用章原印章、注明税票号码。

二、采购记录

采购记录是对药品经营企业采购行为合法性及规范性的有效监控和追溯，由采购人员在确定了具体的采购活动后所作的记录。采购记录的内容包含药品的通用名称、剂型、规格、上市许可持有人、生产企业、供货单位、购进数量、价格、购货日期等。采购中药材、中药饮片的应标明产地。企业也可根据管理的实际需要增加商品名、批号、有效期、责任人等相关内容。其中药品名称和生产企业名称应该使用完整的法定名称。

 知识链接

《药品经营质量管理规范》（2016）

第六十六条　采购药品时，企业应当向供货单位索取发票。发票应当列明药品的通用名称、规格、单位、数量、单价、金额等；不能全部列明的，应当附《销售货物或者提供应税劳务清单》，并加盖供货单位发票专用章原印章、注明税票号码。

第六十七条　发票上的购、销单位名称及金额、品名应当与付款流向及金额、品名一致，并与财务账目内容相对应。发票按有关规定保存。

第六十八条　采购药品应当建立采购记录。采购记录应当有药品的通用名称、剂型、规格、生产厂商、供货单位、数量、价格、购货日期等内容，采购中药材、中药饮片的还应当标明产地。

第七十三条　药品到货时，收货人员应当核实运输方式是否符合要求，并对照随货同行单（票）和采购记录核对药品，做到票、账、货相符。

任务实施

要完成对采购票据的合法性、采购记录的完整性进行自查的任务,质量管理部组织财务部和采购部需按照国家税法有关规定,按照 GSP 有关条款,以确保药品流通渠道的规范性,保障药品质量安全。

(1)按照发票要求,对以下内容进行核查。

① 采购发票或应税劳务清单所载内容应与采购记录、供货单位提供的随货同行单内容保持一致。

② 可通过税务局网站核实发票的合法性。

③ 发票与实际物流一致,药品到货验收时,药品、发票(清单)、随货同行单应一一对应,做到票(发票和随货同行单)、账、货相符。

④ 发票保存 5 年。

(2)根据采购记录的内容,核查采购记录是否符合以下要求。

① 采购记录由采购部门负责建立,根据权限在计算机系统中生成。确认采购订单后,计算机系统自动生成采购记录,真实反映企业药品采购情况。未经批准不得随意修改,如确需修改,企业应规定审批权限,修改原因和过程应在计算机系统中记录。

② 采购记录至少保存 5 年。

项目7　药品采购质量评审

任务引入

临近年末,某批发公司质量管理部门打算根据药品质量管理规范要求,对药品采购的整体情况进行综合质量评审,请你协助开展质量评审工作,以确保药品经营质量,实施质量风险管理,请帮助他们完成任务。

任务分析

完成本次任务需要做到以下几点:

(1)组织相关部门共同参加质量评审。

(2)根据评审内容,用科学、公平、公正的方式进行评审。

(3)根据评审情况撰写质量评审报告,存档并动态管理。

相关知识

药品经营企业应当定期对药品采购的整体情况进行综合质量评审，建立药品质量评审和供货单位质量档案，并进行动态跟踪管理。对药品采购进行质量评审的意义是掌握药品进货质量情况，确认供货单位的质量保证能力、质量信誉以及所有购进药品的质量状况，并对今后企业的采购工作给予指导意见。

一、药品质量审评的内容

（1）供货企业的法定资格和质量保证能力。包括供货企业《药品生产许可证》或《药品经营许可证》复印件、《营业执照》及变更情况；质量体系认证和运行情况；GSP 标准要求的其他材料等。

（2）供货企业提供品种的合法性和质量可靠性以及供货情况。包括供货品种的质检报告、验收合格率、储存养护、销后退回、顾客投诉及不合格药品等。

（3）供货企业独立的经济核算能力和质量信誉。包括供货企业与公司签订的合同、质量保证协议的执行情况，及供货能力（准确到货率）、运输能力（准时到货率）和售后服务质量、质量查询等。

（4）供货单位与企业业务联系的销售人员的合法资格的验证。包括法人授权委托书、销售人员身份证复印件、药品供货企业证照复印件等。

二、药品质量的动态跟踪

质量管理部门负责药品质量的动态跟踪，包括收集药品从入库到销售的一系列数据进行汇总分析，从而保证药品的质量。药品质量的动态跟踪包括内部动态信息和外部动态信息。内部动态信息包括质量管理部门对药品进行检验所产生的相关信息，外部信息包括顾客的反馈和建议等。销售部门和其他相关部门应当协助质量管理部门进行药品动态信息的收集，并按照相应的程序将药品信息反馈给质量管理部门，使质量管理部门能在第一时间内解决药品质量存在的问题，保证药品质量动态的有效性。

任务实施

为确保质量管理过程的持续改进，实现对质量不可靠和信誉不良的供货单位建立退出机制，质量管理部需对药品采购的整体情况进行综合质量评审，评审合格可列入下年度合格供货方名单，以供企业采购药品时择优选购；评审不合格不能作为下年度合格供货方名单，质量管理部在计算机系统中进行锁定。

1. 评审组织

原则上每年年末由质量管理部门组织采购部、销售部、储运部等相关部门共同参加。

2. 评审内容

按照上述相关知识提及的内容进行评审，在对所经营药品的整体质量情况进行汇总、统计、分析的基础上，得出结论。

3. 评审方法

依据企业的评审制度和程序，制订评审计划，采取询问、查验资料与记录、现场考察等方法对采购质量进行科学、公平、公正的评审。

4. 结果处理

质量部门根据评审情况撰写药品采购质量评审报告，公布评审结果，对存在的问题采取有效措施，并进行验证。评审的过程和结果要存档，并进行动态跟踪管理。

课题3　药品收货

学习目标

1. 能按照 GSP 要求，规范进行普通药品收货操作。
2. 能按照 GSP 要求，规范进行冷链药品收货操作。
3. 能按照 GSP 要求，规范进行进口药品收货操作。
4. 能按照 GSP 要求，规范进行特殊管理药品收货操作。

项目8　普通药品收货

任务引入

现有一批药品从浙江 DH 医药有限公司发往杭州 DY 医药有限公司，2024 年 2 月 15 日到货。若你为杭州 DY 医药有限公司仓储部收货员，请根据 GSP 要求完成该批药品的收货操作。

任务分析

完成本次任务需要做到以下几点：
（1）明确普通药品收货的要求和流程。
（2）核对相关单据的关联性，检查运输工具和状况，保证药品质量。
（3）核对单据与药品实物的关联性，检查药品实物。
（4）真实、及时、完整、准确填写相关记录。
（5）与验收人员交接，并注意时效性。

相关知识

收货是指对货源和到货药品实物的查验过程。药品收货是指药品经营企业对到货药品，通过票据的查验，对货源和实物进行检查和核对，并将符合要求的药品按照其特性放置相应待验区的过程，包括票据之间核对、票据与实物核对、运输方式和运输条件的检查及放入待验区等。收货作业是医药物流配送中心运作周期的开始，是医药商品入库前的质量检查，是保障医药商品质量的重要环节。

一、普通药品收货所涉及的单据

普通药品收货过程中会涉及许多单据，具体包括采购记录、随货同行单（票）、收货记录表、运输交接单等。

1. 采购记录

药品到货时，系统应当支持收货人员查询采购记录（表8-1），收货人员应当按采购记录，对照供货单位的随货同行单（票），确认货品发送正确。单据无误后再将随货同行单与实物对照，确认相关信息，做到票、账、货相符后方可收货。采购记录应当包括供货单位、上市许可持有人、生产厂商、药品的通用名称、剂型、规格、批准文号、数量、收货单位、购货日期等内容。

表8-1　药品采购记录单

供货单位：浙江DH医药有限公司					购货日期：				
序号	药品名称	剂型	规格	生产企业/上市许可持有人	批准文号	采购数量/盒	采购单价/元	采购金额/元

采购人：　　　　　　　　　　　　　　　　　　　　主管领导：

2. 随货同行单（票）

收货时核对的随货同行单并不是发票，而是各供货单位的发货单据即出库单。随货同行单（表8-2）样式不一致，但必须在购货单位处对其样式进行备案，且单据上必须有"随货同行"字样。药品到货时，收货人员应当查验随货同行单（票）以及相关的药品采购记录。无随货同行单（票）或无采购记录的应当拒收。随货同行单（票）记载供货单位、上市许可持有人、生产厂商、药品的通用名称、剂型、规格、批号、数量、有效期、收货单位、收货地址、发货日期等内容。

3. 收货记录表

收货完成需做好记录，内容包括药品名称、数量、规格、批号、有效期、上市许可持有人、生产企业、发货单位、运输单位、发运地点、收货人员等。

4. 运输交接单

供货方委托运输药品的，企业采购部门要提前向供货单位索要委托的承运方式、承运单位、启运时间等信息，并将上述情况提前通知收货人员。收货员根据运输单据所载明的启运日期，检查是否符合协议约定的在途时限，对不符合约定时限的，报质量管理部门处理。

表8-2　浙江DH医药有限公司随货同行单

发货日期：				发票号码：				单据编号：	
收货人：						联系电话：			
药品名称	批准文号	剂型	规格	生产企业/上市许可持有人	数量/盒	单价/元	金额/元	批号	有效期至
本页小计（大写）：					本页小计（小写）：				

注：第一联随货同行；第二联运输部保存；第三联单证部保存。

二、运输工具与运输状况要求

药品到货时，收货人员应当核实运输方式，指根据 GSP 对运输工具是不是封闭式货车以及有其他运输管理要求的工具是否符合规定进行检查。

1. 检查车厢状况

药品到货时，收货员应检查运输工具是否为封闭式，如发现运输工具内有雨淋、腐蚀、污染等可能影响药品质量的现象，及时通知委托企业采购部门并报质量管理部处理。

2. 检查运输时限

收货员提取订单后，应仔细核对运输单据上载明的启运时间，检查是否符合采购订单约定的在途时限，不符合约定在途时限的应及时报质量管理部门进行处理。

3. 检查委托运输信息

到货药品为供货方委托运输的，企业采购部门应提前告知收货人员供货单位委托的运输方式、承运方式、承运单位、起运时间等信息。收货员提取订单后，仔细核对运输单据上载明的启运时间是否符合采购订单约定的在途时限，同时核对采购订单上约定的承运方式、承运单位等信息，如内容不一致，应通知采购部门并报质量管理部门处理。

三、记录填写要求

在药品收货过程中，需做好各项记录，为确保规范性、可追溯性、有效性，在填写过程中应遵循真实、及时、完整、准确的原则。

1. 真实性

收货过程中，应认真仔细，不弄虚作假。如随货同行单（票）签收时，遇拒收情况，应写清实际收货数量，确保每批次药品收货数量准确；在填写收货记录时，按实际情况填写相关信息。

2. 及时性

每批次药品收货完成后，及时做好收货记录再转交验收人员，不得出现记录后补的现象，以防差错的发生。

3. 完整性

收货记录上所涉内容应全部填写齐全，对无需填写相关信息的栏目应用"—""无"等样式代替，不得留有空格。

4. 准确性

收货记录必须反映实际发生的情况。任何更改都不应该擦除原始信息，对记录进行修改必须有修改人员的签名、修改日期和修改理由。

四、交接注意事项

收货人员应当将核对无误、符合收货要求的药品按品种特性要求放置于相应的待验区域内，或设置状态标志，待验期间药品质量管理由收货员负责。收货员在随货同行单（票）上签字并制作收货记录，随即通知验收员验收。

药品待验区域及验收药品的设施设备，应当符合以下要求。

（1）待验区域有明显标识，并与其他区域有效隔离。

（2）待验区域符合待验药品的储存温度要求。

（3）设置特殊管理的药品专用待验区域，并符合安全控制要求。

（4）保持验收设施设备清洁，不得污染药品。

（5）按规定配备药品电子监管码的扫码与数据上传设备。

收货员在接到收货任务后，一般普通药品在半个工作日内收货完成，如遇加急药品，应随到随收。

任务实施

要完成普通药品的收货任务，在操作过程中，需要按照 GSP 要求及操作程序，以确保收进的药品符合质量要求。

1. 检查随货资料

（1）索取随货同行单、药品证明性文件等。

（2）检查资料是否齐全，核对收货单位、收货地址等信息是否正确。

（3）查验随货同行单与采购记录，核实是不是本单位采购的药品。

2. 检查运输工具和运输状况

（1）检查车厢状况。是否为封闭式货车，运输工具内是否有被雨淋、腐蚀、污染等可能影响药品质量的现象。

（2）检查运输时限。核对启运时间，检查是否符合采购订单约定的在途时限。

（3）检查委托运输信息。到货药品为供货方委托运输的，检查运输方式、承运方式、承运单位等。

3. 卸货、检查外包装与核对药品实物

（1）卸货过程中注意搬运和堆码药品应当严格按照外包装标示要求规范操作，堆码高度符合包装图示要求，避免损坏药品包装。

（2）拆除运输防护包装，检查外包装是否完好，对出现破损、污染、标识不清等情况的药品，应该拒收。

（3）核对随货同行单，检查药品品名、规格、批号、生产日期、药品上市许可持有人、生产厂商、有效期等信息是否正确。

4. 填写收货记录

（1）将核对无误的药品置于相应的待验区，并在随货同行单上签字。

（2）填写收货记录，移交验收人员。

 知识链接

《药品经营质量管理规范》（2016）

附录4　药品收货与验收

第二条　药品到货时，收货人员应当对运输工具和运输状况进行检查。

（一）检查运输工具是否密闭，如发现运输工具内有雨淋、腐蚀、污染等可能影响药品质量的现象，及时通知采购部门并报质量管理部门处理。

（二）根据运输单据所载明的启运日期，检查是否符合协议约定的在途时限，对不符合约定时限的，报质量管理部门处理。

（三）供货方委托运输药品的，企业采购部门要提前向供货单位索要委托的承运方式、承运单位、启运时间等信息，并将上述情况提前通知收货人员；收货人员在药品到货后，要逐一核对上述内容，内容不一致的，通知采购部门并报质量管理部门处理。

（四）冷藏、冷冻药品到货时，查验冷藏车、车载冷藏箱或保温箱的温度状况，核查并留存运输过程和到货时的温度记录；对未采用规定的冷藏设备运输或温度不符合要求的，应当拒收，同时对药品进行控制管理，做好记录并报质量管理部门处理。

第三条　药品到货时，收货人员应当查验随货同行单（票）以及相关的药品采购记录。无随货同行单（票）或无采购记录的应当拒收；随货同行单（票）记载的供货单位、生产厂商、药品的通用名称、剂型、规格、批号、数量、收货单位、收货地址、发货日期等内容，与采购记录以及本企业实际情况不符的，应当拒收，并通知采购部门处理。

第四条　应当依据随货同行单（票）核对药品实物。随货同行单（票）中记载的药品的通用名称、剂型、规格、批号、数量、生产厂商等内容，与药品实物不符的，应当拒收，并通知采购部门进行处理。

第五条　收货过程中，对于随货同行单（票）或到货药品与采购记录的有关内容不相符的，由采购部门负责与供货单位核实和处理。

（一）对于随货同行单（票）内容中，除数量以外的其他内容与采购记录、药品实物不符的，经供货单位确认并提供正确的随货同行单（票）后，方可收货。

（二）对于随货同行单（票）与采购记录、药品实物数量不符的，经供货单位确认后，应当由采购部门确定并调整采购数量后，方可收货。

（三）供货单位对随货同行单（票）与采购记录、药品实物不相符的内容，不予确认的，应当拒收，存在异常情况的，报质量管理部门处理。

第六条　收货人员应当拆除药品的运输防护包装，检查药品外包装是否完好，对出现破损、污染、标识不清等情况的药品，应当拒收。

收货人员应当将核对无误的药品放置于相应的待验区域内，并在随货同行单（票）上签字后，移交验收人员。

项目9　冷链药品收货

 任务引入

杭州 BQ 医药有限公司为一家大型的医药批发公司，2023 年 2 月 25 日有一批从浙江 GH 医药股份有限公司采购的药品到货。若你作为杭州 BQ 医药有限公司冷库的收货员，请根据 GSP 和企业收货操作规程要求，完成该批药品的收货操作。

任务分析

完成本次任务需要做到以下几点：

（1）明确冷链药品收货的要求。

（2）掌握冷链药品收货的流程，按照要求完成收货操作。

（3）明确冷藏箱或保温箱、冷藏车的收货要求。

（4）明确运输过程温度相关要求、码放要求，确保全程冷链运输。

（5）区分冷藏、冷冻药品，防止区域放错，导致药品失效。

相关知识

冷链药品是指对药品贮藏、运输有冷藏、冷冻等温度要求的药品。如医院使用量较大的血液制品、各种胰岛素、抗生素等，绝大多数冷链药品对贮存和运输的过程都需要在严格限制的指标和保证药品有效期和药效不受损失的情况下进行。其中重要的就是不间断的保持低温、恒温状态，使冷链药品在出厂、转运、交接期间的物流过程以及在使用单位符合规定的冷藏要求下而不"断链"。

一、冷链药品分类及应用

冷链药品种类繁多，分类方法多样，可按冷链药品对环境温度的要求、冷链药品来源、冷链药品的化学本质与化学特性、冷链药品的用途、冷链药品用途与监督管理要求等几方面进行分类，本文重点介绍前三个分类方法。

1. 按冷链药品对环境温度的要求分类

按冷链药品对环境温度的要求分为冷藏、冷冻两大类。据冷链药品对贮运环境温度的要求分类，是冷链药品最基本的分类方法。此分类法方便冷链药品生产、流通、使用、监督等组织机构规划、建设冷链系统，选择冷链药品质量保障设施设备，建立相关质量管理制度并对冷链药品在供应链中进行相应的质量维护工作。

（1）冷藏药品　根据《中国药典》中药品标准"贮藏"项下的规定，通常指需要在冷处（指温度符合 2～10℃）贮藏保管与运输的药品。药品中通常含有蛋白质活性成分，如酶、白蛋白、胰岛素等。

（2）冷冻药品　指需要在0℃以下温度条件贮藏运输的药品。如血卟啉注射液（0℃以下）；司莫司汀胶囊（冷冻保存）；卡前列甲酯栓（-5℃冷冻保存）；脊髓灰质炎减毒活疫苗（-20℃以下保存）。

2. 按冷链药品来源分类

按冷链药品来源分为人、动物、植物、微生物四大类。此分类法按冷链药品制备所需原料来源进行分类,适用于药品生产企业对制备生物药品的原料药实施分类管理与质量维护(生物药品的原料药包括人、动物、植物、微生物等天然的生物组织、体液和分泌物,特点是来源复杂、易腐败);同时也方便流通与使用环节相关人员了解冷链药品的质量特性及安全性,为流通与使用过程药品质量维护措施的选择、临床用药选择提供参考。

(1)人源　如人血液制品、人胎盘制品、人尿制品等。

(2)动物源　如动物生长激素、干扰素、蛇毒等。

(3)植物源　如菠萝蛋白酶、植物激素等。

(4)微生物源　如疫苗、胰岛素等。

3. 按冷链药品的化学本质与化学特性分类

按冷链药品的化学本质与化学特性分为生物制品、生化药品、抗生素三大类。此分类法适于药品生产、流通、使用部门的药品质量维护人员根据药品的化学本质与性能对药品进行分类管理及质量维护工作用。

(1)生物制品　《中国药典》2020版三部"凡例"中对生物制品的解释是以微生物、细胞、动物或人源组织和体液等为起始原材料,用生物学技术制成,用于预防、治疗和诊断人类疾病的制剂,如疫苗、血液制品、生物技术药物、微生态制剂、免疫调节剂、诊断制品等。

(2)生化药品　生化药品是指以生物化学方法为手段从生物材料中分离、纯化、精制而成的用来治疗、预防和诊断疾病的药品。主要包括:酶类,如尿激酶、注射用重组链激酶、门冬酰胺酶、糜蛋白酶等;多肽类,如注射用五肽胃泌素、鲑降钙素注射液、醋酸奥曲肽注射液等;蛋白质类,如精蛋白胰岛素注射液、重组人生长激素等;核酸类,如盐酸阿糖胞苷注射剂等;维生素类,如脂溶性维生素注射液(儿童剂型)等。

(3)抗生素　抗生素指在高稀释度下对一些特异微生物如细菌、真菌、立克次体、支原体、衣原体和病毒等有杀灭或抑制作用的微生物产物或次级代谢物,如注射头孢哌酮钠等。

二、冷藏箱或保温箱、冷藏车的收货要求

企业应当按照《药品经营质量管理规范》的要求,对冷藏、冷冻药品进行收货检查。

1. 冷藏车配送的

冷藏车应装配性能可靠的温度自动控制设备、温度自动记录与自动报警系统,具有良好的控温性能,在正常工作情况下能实现对运输途中温度的控制及实时监测。此外,冷藏车还需具备良好的保温性能,在控温设备出现故障时能使车

厢内温度在一定时间内保持在设定范围内。当车厢内温度超出设定的温度范围时，温度报警系统应该能发出报警，报警时应进行相应的应急处理措施，由专人进行处理。当药品经冷藏车运抵时，收货员用红外测温仪在车厢内对角线不同位置测量箱体温度，并按抽样原则抽查到货药品温度，测量时红外测温仪距离药品5～30cm，并取温度最差值做好记录；同时向对方索取运输过程温度记录。

2. 冷藏箱或保温箱配送的

采用冷藏箱或保温箱运输冷链药品时，应在保温箱上注明贮藏条件、运输警告及特殊注意事项等文字标识。此外，采用冷藏箱或保温箱运输时，应根据冷藏箱或保温箱的性能验证结果，在符合药品贮藏条件的保温时间内送达。当药品经冷藏箱或保温箱运抵时，收货员应查看冷藏箱或保温箱温度记录仪，并逐箱测量到货温度，并做好温度记录及到达时间记录；收货员将温度记录仪数据导出备查，同时将记录仪交委托企业采购寄回供应商或原车带回，并在收货凭证上记录。

3. 对未采用规定的冷藏设施运输的或者不符合温度要求的

收货人员应当予以记录，将药品放置于符合温度要求的场所，并明显标识，报质量管理部门进一步核查处理。

药品到货时，收货人员完成运输方式核实，确认运载车辆符合标准后，需登记车牌号码，并录入系统。

 知识链接

《药品经营质量管理规范》(2016)
附录1　冷藏、冷冻药品的储存与运输管理

第二条　企业应当按照《规范》的要求，配备相应的冷藏、冷冻储运设施设备及温湿度自动监测系统，并对设施设备进行维护管理。

（一）冷库设计符合国家相关标准要求；冷库具有自动调控温湿度的功能，有备用发电机组或双回路供电系统。

（二）按照企业经营需要，合理划分冷库收货验收、储存、包装材料预冷、装箱发货、待处理药品存放等区域，并有明显标示。验收、储存、拆零、冷藏包装、发货等作业活动，必须在冷库内完成。

（三）冷藏车具有自动调控温度的功能，其配置符合国家相关标准要求；冷藏车厢具有防水、密闭、耐腐蚀等性能，车厢内部留有保证气流充分循环的空间。

（四）冷藏箱、保温箱具有良好的保温性能；冷藏箱具有自动调控温度的功能，保温箱配备蓄冷剂以及与药品隔离的装置。

（五）冷藏、冷冻药品的储存、运输设施设备配置温湿度自动监测系统，可实时采集、显示、记录、传送储存过程中的温湿度数据和运输过程中的温度数据，并具有远程及就地实时报警功能，可通过计算机读取和存储所记录的监测数据。

（六）定期对冷库、冷藏车以及冷藏箱、保温箱进行检查、维护并记录。

第四条　企业应当按照《规范》的要求，对冷藏、冷冻药品进行收货检查。

（一）检查运输药品的冷藏车或冷藏箱、保温箱是否符合规定，对未按规定运输的，应当拒收。

（二）查看冷藏车或冷藏箱、保温箱到货时温度数据，导出、保存并查验运输过程的温度记录，确认运输全过程温度状况是否符合规定。

（三）符合规定的，将药品放置在符合温度要求的待验区域待验；不符合规定的应当拒收，将药品隔离存放于符合温度要求的环境中，并报质量管理部门处理。

（四）收货须做好记录，内容包括：药品名称、数量、生产企业、发货单位、运输单位、发运地点、启运时间、运输工具、到货时间、到货温度、收货人员等。

（五）对销后退回的药品，同时检查退货方提供的温度控制说明文件和售出期间温度控制的相关数据。对于不能提供文件、数据，或温度控制不符合规定的，应当拒收，做好记录并报质量管理部门处理。

三、运输过程温度相关要求、码放要求

1. 温度相关要求

（1）温湿度自动监测系统应当至少每隔 1 分钟更新一次测点温湿度数据，在药品储存过程中至少每隔 30 分钟自动记录一次实时温湿度数据，在运输过程中至少每隔 5 分钟自动记录一次实时温度数据。当监测的温湿度值超出规定范围时，系统应当至少每隔 2 分钟记录一次实时温湿度数据。

（2）每台独立的冷藏、冷冻药品运输车辆或车厢，安装的测点终端数量不得少于 2 个。车厢容积超过 $20m^3$ 的，每增加 $20m^3$ 至少增加 1 个测点终端，不足 $20m^3$ 的按 $20m^3$ 计算。

（3）每台冷藏箱或保温箱应当至少配置一个测点终端。

注：在收货过程中，冷链如遇到温度不符合要求的，一般不直接拒收，应及时联系采购员，并且将药品收下存放"暂存区"或"待处理区"，等待进一步处理。

2. 码放要求

（1）冷藏车厢内，药品与厢内前板距离不小于10cm，与后板、侧板、底板间距不小于5cm，药品码放高度不得超过制冷机组出风口下沿，确保气流正常循环和温度均匀分布。

（2）保温箱内，药品不得直接接触冰排、冰袋等蓄冷剂，防止对药品质量造成影响。

 知识链接

《药品经营质量管理规范》（2016）
附录3　温湿度自动监测

第四条　系统温湿度测量设备的最大允许误差应当符合以下要求：

（一）测量范围在0～40℃之间，温度的最大允许误差为±0.5℃；

（二）测量范围在-25～0℃之间，温度的最大允许误差为±1.0℃；

（三）相对湿度的最大允许误差为±5%RH。

第六条　当监测的温湿度值达到设定的临界值或者超出规定范围，系统应当能够实现就地和在指定地点进行声光报警，同时采用短信通信的方式，向至少3名指定人员发出报警信息。

当发生供电中断的情况时，系统应当采用短信通信的方式，向至少3名指定人员发出报警信息。

第七条　系统各测点终端采集的监测数据应当真实、完整、准确、有效。

（一）测点终端采集的数据通过网络自动传送到管理主机，进行处理和记录，并采用可靠的方式进行数据保存，确保不丢失和不被改动。

（二）系统具有对记录数据不可更改、删除的功能，不得有反向导入数据的功能。

（三）系统不得对用户开放温湿度传感器监测值修正、调整功能，防止用户随意调整，造成监测数据失真。

任务实施

要完成冷链药品的收货任务，在操作过程中，需要按照GSP要求及操作程序，以确保收进的药品符合质量要求。

1. 检查随货资料

（1）索取随货同行单、药品证明性文件等。

（2）检查资料是否齐全，核对收货单位、收货地址等信息是否正确。

（3）查验随货同行单与采购记录，核实是不是本单位采购的药品。

2. 检查运输工具和运输状况

（1）检查车厢状况　是否为封闭式货车，运输工具内是否有被雨淋、腐蚀、污染等可能影响药品质量的现象。

（2）检查运输时限　核对启运时间，检查是否符合采购订单约定的在途时限。

（3）检查委托运输信息　到货药品为供货方委托运输的，检查运输方式、承运方式、承运单位、承运时间等。

3. 检查到货温度、在途温度

（1）冷藏车配送　收货员用红外测温仪在车厢内对角线不同位置测量箱体温度，并按抽样原则抽查到货药品温度，测量时红外测温仪距离药品 5～30cm，并取温度最差值做好记录；同时向对方索取运输过程温度记录。

（2）冷藏箱或保温箱配送　收货员查看冷藏箱或保温箱温度记录仪，并逐箱测量到货温度，并做好温度记录及到达时间记录；收货员将温度记录仪数据导出备查。

4. 卸货、检查外包装与核对药品实物

（1）卸货过程中注意搬运和堆码药品应当严格按照外包装标示要求规范操作，堆码高度符合包装图示要求，避免损坏药品包装。

（2）拆除运输防护包装，检查外包装是否完好，对出现破损、污染、标识不清等情况的药品，应该拒收。

（3）核对随货同行单，检查药品品名、规格、批号、生产日期、药品上市许可持有人、生产厂商、有效期等信息是否正确。

5. 填写收货记录

（1）将核对无误的药品置于相应的待验区，并在随货同行单上签字。

（2）填写收货记录，移交验收人员。

项目10　进口药品收货

 任务引入

杭州 AG 医药有限公司为一家大型的医药批发公司，2023 年 2 月 25 日有一批从浙江 GH 医药股份有限公司采购的进口药品到货。你作为杭州 AG 医药有限公司的收货员，请根据 GSP 和企业收货操作规程要求，完成该批进口药品的收货操作。

任务分析

完成本次任务需要做到以下几点：
（1）明确进口药品的分类。
（2）识别进口药品，正确索取相关资料。
（3）明确进口药品收货的相关要求。
（4）掌握进口药品收货的流程，按照要求完成收货操作。

相关知识

进口药品指的是在中国大陆境外生产，从外国或港、澳、台地区进口，在大陆注册销售的药品。近年来，我国进口药品市场不断扩大，越来越多的国外药品涌入国内，为确保进口药品的质量和安全性，确需加强进口药品的收货管理，从而保障患者安全，提高我国的药品安全管理水平。

一、进口药品的分类

按照要求，进口药品应当按照国务院药品监督管理部门的规定申请注册。国外企业生产的药品需要取得《进口药品注册证》，中国香港、澳门和台湾地区企业生产的药品需要取得《医药产品注册证》，之后方可进口。

1. 进口药

不是中国大陆生产的药品，产地在中国大陆以外的地方，从外国或港、澳、台地区进口的都叫进口药品。从港、澳、台地区进口的药品在包装上标有"医药产品注册证号"；从外国进口的药品在包装上标有"进口药品注册证号"。

2. 进口分装药

进口分装药即进口药品分包装，一般是指药品已在境外完成最终制剂生产过程，在境内由大包装规格改为小包装规格，或者对已完成内包装的药品进行外包装、放置说明书、粘贴标签等。

二、进口药品收货的相关要求

1. 药品名称、包装、标签和说明书要求

（1）进口药品必须使用中文药品名称，必须符合中国药品命名原则的规定。
（2）进口药品的包装和标签，必须用中文注明药品名称、主要成分以及注册证号，进口药品必须使用中文说明书。
（3）进口药品的包装、标签和说明书，必须符合中国《药品包装、标签和说明书管理规定》，并经国家药品监督管理局批准后使用。一经批准，其内容不得

擅自更改。

2. 现场收货时相关要求

（1）进口药品一般价格较昂贵，在卸货时，应全程在场监督，避免药品丢失；在检查与核对外包装时，需全面、仔细检查、核对，避免造成损失。

（2）在收货时，如遇药品破损，应及时联系采购员，等待进一步处理，不可直接拒收药品。

任务实施

要完成进口药品的收货任务，在操作过程中，需要按照GSP要求及操作程序，以确保收进的药品符合质量要求。收货流程与普通药品收货流程相似，需特别注意的是在收货过程中要确保药品证明性文件需齐全，以免药品不能正常入库。

1. 检查随货资料

（1）索取随货同行单、药品证明性文件等（注：进口药品收货时，药品证明性文件种类繁多，需看清种类，确保资料齐全）。

（2）检查资料是否齐全，核对收货单位、收货地址等信息是否正确。

（3）查验随货同行单与采购记录，核实是不是本单位采购的药品。

2. 检查运输工具和运输状况

（1）检查车厢状况　是否为封闭式货车，运输工具内是否有被雨淋、腐蚀、污染等可能影响药品质量的现象。

（2）检查运输时限　核对启运时间，检查是否符合采购订单约定的在途时限。

（3）检查委托运输信息　到货药品为供货方委托运输的，检查运输方式、承运方式、承运单位等。

3. 卸货、检查外包装与核对药品实物

（1）卸货过程中注意搬运和堆码药品应当严格按照外包装标示要求规范操作，堆码高度符合包装图示要求，避免损坏药品包装。

（2）拆除运输防护包装，检查外包装是否完好，对出现破损、污染、标识不清等情况的药品，应该拒收。

（3）核对随货同行单，检查药品品名、规格、批号、生产日期、药品上市许可持有人、生产厂商、有效期等信息是否正确。

4. 填写收货记录

（1）将核对无误的药品置于相应的待验区，并在随货同行单上签字。

（2）填写收货记录，移交验收人员。

项目11　特殊管理药品收货

✈ 任务引入

你是杭州 GF 医药股份有限公司仓储部的收货员。2023 年 2 月 15 日有一批从浙江 AK 医药公司采购的特殊管理药品到货，公司委派你和小华完成该批药品的收货作业。请根据 GSP 和企业收货操作规程要求，完成本批药品的收货检查。

任务分析

完成本次任务需要做到以下几点：
（1）明确特殊管理药品收货的流程。
（2）辨识特殊管理药品的专用标识和标注位置。
（3）掌握特殊管理药品种类及品种，对到货药品能够进行区分，防止区域错位。
（4）掌握特殊管理药品收货的要求和注意事项，能按照要求完成收货操作。

相关知识

《中华人民共和国药品管理法》规定，国家对麻醉药品、精神药品、医疗用毒性药品、放射性药品实行特殊管理，简称"麻、精、毒、放"，管理方法由国务院制定。特殊管理药品系指按药品法律法规管理属性分类，而不是按药品的药理作用分类。

一、特殊管理药品种类及品种

1. 麻醉药品

麻醉药品指对中枢神经有麻醉作用，连续使用、滥用或不合理使用后易产生躯体依赖性和精神依赖性，能成瘾癖的药品、药用原植物或物质，主要为中枢性镇痛药，包括天然、半合成、合成的阿片类、可卡因类、可待因类、大麻类、合成麻醉药类、药用原植物及其制剂等。

麻醉药品按其药理作用不同，可以分为镇痛类和非镇痛类两类，临床用途也不同。镇痛类麻醉药品除了具有镇痛作用，用于急性剧痛和晚期癌症疼痛之外，在其他方面也有广泛用途，包括治疗心源性哮喘、镇咳、止泻、人工冬眠、麻醉前给药及复合麻醉以及戒毒。非镇痛类麻醉药品现用于局部麻醉。

2013年11月11日，国家食品药品监督管理总局、公安部、国家卫计委联合公布的《麻醉药品品种目录（2013年版）》共包含121个品种，其中我国生产及使用的品种及包括的制剂、提取物、提取物粉共有27个品种。《麻醉药品和精神药品管理条例》所称麻醉药品是指列入麻醉药品目录的药品和其他物质，详情见麻醉药品品种目录（2013年版）。上市销售但未列入目录的药品和其他物质，已经造成或者可能造成严重社会危害的，国家药品监督管理部门会同国家公安部门、卫生主管部门应当及时将该药品和该物质列入目录。

2. 精神药品

精神药品指直接作用于中枢神经系统，使之兴奋或抑制，连续使用能产生依赖性的药品，包括兴奋剂、致幻剂、抗焦虑剂、镇静催眠剂等。精神药品按药理作用不同，可分为镇静催眠类、中枢兴奋类、镇痛及复方制剂类、全身麻醉药等，各类药品在临床上的作用也不相同。依据精神药品使人体产生的依赖性和危害人体健康的程度，分为第一类和第二类，第一类精神药品比第二类精神药品作用更强，也更易令人产生依赖性。

2013年11月11日，国家食品药品监督管理总局、公安部、国家卫计委联合公布的《精神药品品种目录（2013年版）》共有149个品种，其中第一类精神药品有68个品种，第二类精神药品有81个品种。2015年4月3日国家食品药品监管总局、公安部、国家卫生和计划生育委员会发布关于将含可待因复方口服液体制剂列入第二类精神药品管理的公告。目前，我国生产及使用的第一类精神药品有7个品种，第二类精神药品有29个品种。

《麻醉药品和精神药品管理条例》所称精神药品是指列入精神麻醉药品目录的药品和其他物质，详情见精神药品品种目录（2013年版）。上市销售但尚未列入目录的药品和其他物质或者第二类精神药品发生滥用，已经造成或者可能造成严重社会危害的，国家药品监督管理部门会同公安部门、卫生主管部门应当及时将该药品和该物质列入目录或者将该第二类精神药品调整为第一类精神药品。

3. 医疗用毒性药品

医疗用毒性药品（简称毒性药品），系指毒性剧烈、治疗剂量与中毒剂量相近，使用不当会致人中毒或死亡的药品。

毒性药品的管理品种，由原卫生部会同国家医药管理局、国家中医药管理局规定，目前分为西药品种和中药品种两大类。

中药品种包括原药材和饮片，共 27 种：砒石（红砒、白砒）、砒霜、生川乌、生马钱子、生甘遂、雄黄、生草乌、红娘虫、生白附子、生附子、水银、生巴豆、白降丹、生千金子、生半夏、斑蝥、青娘虫、洋金花、生天仙子、生天南星、红粉、生藤黄、蟾酥、雪上一枝蒿、生狼毒、轻粉、闹羊花。

西药品种仅指原料，不包括制剂，共 12 种：去乙酰毛花苷丙、阿托品、洋地黄毒苷、氢溴酸后马托品、三氧化二砷、毛果芸香碱、升汞、水杨酸毒扁豆碱、亚砷酸钾、氢溴酸东莨菪碱、士的宁、A 型肉毒毒素及其制剂。其中 A 型肉毒毒素及其制剂需要冷藏保存。

4. 放射性药品

放射性药品是指用于临床诊断或者治疗的放射性核素制剂或其标记药物，包括裂变制品、推照制品、加速器制品、放射性同位素发生器及其配套药盒、放射免疫分析药盒等。放射性药品与其他药品的不同之处在于，放射性药品含有的放射性核素能放射出射线。因此，凡在分子内或制剂内含有放射性核素的药品都称为放射性药品。

2020 年版《中华人民共和国药典》(简称《中国药典》)国家药品标准中共收载 24 种放射性药品，这些放射性药品中的放射核素是：^{153}Sm（钐）、^{133}Xe（氙）、^{125}I（碘）、^{131}I（碘）、^{67}Ga（镓）、^{18}F（氟）、^{32}P（磷）、^{99m}Tc（锝）、^{51}Cr（铬）、^{201}Tl（铊）、^{89}Sr（锶）。

二、特殊管理药品的专用标识和标注位置

1. 麻醉药品

麻醉药品的专有标识为蓝白相间的"麻"字样，见图 11-1，多见于药品外包装右上方。

图 11-1　麻醉药品　　　　图 11-2　精神药品

2. 精神药品

精神药品的专有标识为白绿相间的"精神药品"字样,见图11-2,多见于药品外包装右上方。

3. 医疗用毒性药品

医疗用毒性药品的专有标识为黑底白字的"毒"字样,见图11-3,多见于药品外包装右上方。

4. 放射性药品

放射性药品的专有标识为红黄相间的圆形图案,见图11-4,多见于药品外包装右上方。

图11-3　毒性药品

图11-4　放射性药品

三、特殊管理药品收货的要求和注意事项

1. 特殊管理药品收货的要求

(1)收货场所　特殊管理药品在特殊药品规定的区域内双人完成收货工作(有冷藏要求的应在药品冷库缓冲区完成收货),随到随收。

(2)收货信息核对

① 特殊管理药品到货时,收货员检查运输工具是否为封闭式货车。托运、承运和自行运输麻醉药品和精神药品的,检查是否采用安全保障措施。毒性药品的包装容器上必须印有毒药标志。在运输毒性药品的过程中,检查是否采取有效措施,防止发生事故。

② 收货员依据随货同行单(票)核对药品实物品名、规格、数量、批号、生产日期、有效期,核对无误在随货票据上双人签收,再系统收货入库。

③ 特殊管理的药品的包装、标签及说明书上均有规定的标识和警示说明。

2. 特殊管理药品收货的注意事项

（1）特殊管理药品在卸货时，收货员应全程在场监督，防止造成差错、遗失、被盗。

（2）麻醉药品药用原植物种植企业、定点生产企业、全国性批发企业和区域性批发企业、国家设立的麻醉药品储存单位以及麻醉药品和第一类精神药品的使用单位，应当配备专人负责管理工作，并建立储存麻醉药品和第一类精神药品的专用账册。专用账册的保存期限应当自药品有效期期满之日起不少于5年。

（3）放射性药品的包装必须安全实用，符合放射性药品质量要求，具有与放射性剂量相适应的防护装置。包装必须分内包装和外包装两部分，外包装必须贴有商标、标签、说明书和放射性药品标志，内包装必须贴有标签。

任务实施

要完成特殊管理药品的收货任务，在操作过程中，需要按照GSP要求及操作程序，以确保收进的药品符合质量要求。

1. 检查随货资料（双人）

（1）索取随货同行单、药品证明性文件等。

（2）检查资料是否齐全，核对收货单位、收货地址等信息是否正确。

（3）查验随货同行单与采购记录，核实是不是本单位采购的药品。

2. 检查运输工具和运输状况（双人）

（1）检查车厢状况　是否为封闭式货车，运输工具内是否有被雨淋、腐蚀、污染等影响药品质量的现象。

麻醉药品和精神药品的检查是否采用安全保障措施。毒性药品的包装容器上必须印有毒药标志。在运输毒性药品的过程中，检查是否采取有效措施，防止发生事故。

（2）检查运输时限　核对启运时间，检查是否符合采购订单约定的在途时限。

（3）检查委托运输信息　到货药品为供货方委托运输的，检查运输方式、承运方式、承运单位等。

3. 卸货、检查外包装与核对药品实物（双人）

（1）卸货过程中注意搬运和堆码药品应当严格按照外包装标示要求规范操作，堆码高度符合包装图示要求，避免损坏药品包装。

收货员应全程在场监督，防止造成差错、遗失、被盗。

（2）拆除运输防护包装，检查外包装是否完好，对出现破损、污染、标识不清等情况的药品，应该拒收。

（3）核对随货同行单，检查药品品名、规格、批号、生产日期、药品上市许可持有人、生产厂商、有效期等信息是否正确。

4. 填写收货记录（双人）

（1）将核对无误的药品置于相应的待验区，并在随货同行单上签字。

（2）填写收货记录，移交验收人员。

知识链接

一、蛋白同化制剂、肽类激素

蛋白同化制剂又称同化激素，俗称合成类固醇，是合成代谢类药物，具有促进蛋白质合成和减少氨基酸分解的特征，可促进肌肉增生，提高动作力度和增强男性的性特征。这类药物在医疗实践活动中常用于慢性消耗性疾病及大手术、肿瘤化疗、严重感染等对机体严重损伤后的复原治疗。但如果出于非医疗目的而使用（滥用）此类药物则会导致生理、心理的不良后果。在生理方面，滥用蛋白同化制剂会引起人体内分泌系统紊乱、肝功能损伤、心血管系统疾病甚至引起恶性肿瘤和免疫功能障碍等。在心理方面，滥用这类药物会引起抑郁情绪、冲动、攻击性行为等。此外，滥用这类药物会形成强烈的心理依赖。

肽类激素由氨基酸通过肽键连接而成，最小的肽类激素可由三个氨基酸组成，如促甲状腺激素释放激素。多数肽类激素可由十几个、几十个乃至上百及几百个氨基酸组成。肽类激素的作用是通过刺激肾上腺皮质生长、红细胞生成等实现促进人体的生长、发育，大量摄入会降低自身内分泌水平，损害身体健康，还可能引起心血管疾病、糖尿病等。同样，滥用肽类激素也会形成较强的心理依赖。

二、含特殊药品复方制剂

含特殊药品复方制剂包括含麻黄碱类复方制剂、复方地芬诺酯片、复方甘草片、复方甘草口服溶液、曲马多口服复方制剂、尿通卡克乃其片、复方枇杷喷托维林颗粒等。

三、药品类易制毒化学品

易制毒化学品是指用于非法制造麻醉药和精神药品的物质。易制毒化学品分为三类：第一类是可以用于制毒的主要原料，第二类、第三类是可以用于制毒的化学配剂。第一类易制毒化学品有1-苯基-2-丙酮、3,4-亚甲基二氧苯基-2-丙酮、胡椒醛、黄樟素、黄樟油、异黄樟素、N-乙酰邻氨基苯酸、邻氨基苯甲酸、麦角酸、麦角胺、麦角新碱、麻黄素类物质、羟亚胺，共13个品种。第二类易制毒化学品有苯乙酸、醋酸酐、三氯甲烷、乙醚、哌啶，共5个品种。第三类易制毒化学品有甲苯、丙酮、甲基乙基酮、高锰酸钾、硫酸、盐酸，共6个品种。其中第一类、第二类所列物质可能存在的盐类也纳入管制。

四、终止妊娠药品

终止妊娠药品指用于终止母体内胎儿在其体内发育成长的过程的药品，包括米非司酮、卡前列素、卡前列甲酯、米索前列醇、缩宫素、乳酸依沙吖啶、地诺前列素、天花粉蛋白、硫前列酮、甲烯前列素、环氧司坦、吉美前列素、芫花萜。

课题4　药品验收

学习目标

1. 能按照 GSP 要求，规范进行散件药品验收操作。
2. 能按照 GSP 要求，规范进行整件药品验收操作。
3. 能按照 GSP 要求，规范进行进口药品验收操作。
4. 能按照 GSP 要求，规范进行特殊管理药品验收操作。

项目12　散件药品验收

任务引入

现有一批从浙江 QG 医药有限公司采购的散件药品到货，收货员已经对该批药品进行收货操作，现需对该批药品进行验收操作。若你作为杭州 HJ 医药有限公司质管部的验收员，请根据 GSP 和企业验收操作规程要求，完成该批药品的验收检查。

任务分析

完成本次任务需要做到以下几点：
（1）明确药品验收需求信息，保证时效性。
（2）核对药品与证明性文件的关联性，保证药品质量。
（3）核对散件药品外观、包装、标签、说明书等信息，确保入库药品质量。
（4）掌握散件药品抽样要求，按要求进行验收。
（5）掌握散件药品验收的流程，按要求完成验收。
（6）按要求填写验收记录并保留相关单据，以便备查。

 **相关知识**

验收是验收员依据国家药品标准、药品质量条款及相关法律法规，在相关待验区内对来货药品质量状况进行查验的过程。验收目的是保证入库药品的质量符合规定，杜绝不合格药品、假药、劣药进入仓房。医药商品的验收包括随货凭证资料之间关联检查，核对供货票据与药品，核对药品的外观质量及抽样检查，确定实物合格与否，根据药品不同类别和特性在规定的时限内完成上架入库或做拒收处理。

一、验收时限

药品在收货完成后，应立即交接给验收人员进行验收，验收员通过 WMS 系统查询需验收的订单，根据药品的类别与特性，在规定的时间内完成验收操作。

1. 普通药品

一般普通药品在一个工作日内验收完毕，做到日清，即当天系统内完成收货的药品需完成验收操作，并在系统内点击"上架"，通知保管员上架入库。

2. 冷链药品

冷链药品一般在半个工作日内验收完毕。

3. 特殊管理药品

特殊管理药品在收货完成后应立即展开验收操作，防止药品丢失、被盗，造成安全隐患。

二、相关证明性文件

验收药品应当按照批号逐批查验药品的合格证明文件，对于相关证明文件不全或内容与到货药品不符的，不得入库，并交质量管理部门处理。

（1）按照药品批号查验同批号的检验报告书，药品检验报告书需加盖供货单位药品检验专用章或质量管理专用章原印章；从批发企业采购药品的，检验报告书的传递和保存可以采用电子数据的形式，但要保证其合法性和有效性。

（2）验收实施批签发管理的生物制品时，有加盖供货单位药品检验专用章或质量管理专用章原印章的《生物制品批签发合格证》复印件。

三、药品外观、包装、标签、说明书等要求

（1）检查运输储存包装的封条有无损坏，包装上是否清晰注明药品通用名

称、规格、生产厂商、生产批号、生产日期、有效期、批准文号、贮藏、包装规格及储运图示标志，以及特殊管理的药品、外用药品、非处方药的标识等标记。

（2）检查最小包装的封口是否严密、牢固，有无破损、污染或渗液，包装及标签印字是否清晰，标签粘贴是否牢固。

（3）检查每一最小包装的标签、说明书是否符合以下规定。

① 标签有药品通用名称、成分、性状、适应证或者功能主治、规格、用法用量、不良反应、禁忌、注意事项、贮藏、生产日期、产品批号、有效期、批准文号、生产企业等内容；对注射剂瓶、滴眼剂瓶等因标签尺寸限制无法全部注明上述内容的，至少标明药品通用名称、规格、产品批号、有效期等内容；中药蜜丸蜡壳至少注明药品通用名称。

② 化学药品与生物制品说明书列有以下内容：药品名称（通用名称、商品名称、英文名称、汉语拼音）、成分［活性成分的化学名称、分子式、分子量、化学结构式（复方制剂可列出其组分名称）］、性状、适应证、规格、用法用量、不良反应、禁忌、注意事项、孕妇及哺乳期妇女用药、儿童用药、老年用药、药物相互作用、药物过量、临床试验、药理毒理、药代动力学、贮藏、包装、有效期、执行标准、批准文号、生产企业（企业名称、生产地址、邮政编码、电话和传真）。

③ 中药说明书列有以下内容：药品名称（通用名称、汉语拼音）、成分、性状、功能主治、规格、用法用量、不良反应、禁忌、注意事项、药物相互作用、贮藏、包装、有效期、执行标准、批准文号、说明书修订日期、生产企业（企业名称、生产地址、邮政编码、电话和传真）。

（4）在保证质量的前提下，如果生产企业有特殊质量控制要求或打开最小包装可能影响药品质量的，可不打开最小包装；外包装及封签完整的原料药、实施批签发管理的生物制品，可不开箱检查。

四、抽样要求

企业应当按照验收规定，对每次到货药品进行逐批抽样验收，抽取的样品应当具有代表性。

（1）同一批号的药品应当至少检查一个最小包装，但生产企业有特殊质量控制要求或者打开最小包装可能影响药品质量的，可不打开最小包装。

（2）破损、污染、渗液、封条损坏等包装异常以及零货、拼箱的，应当开箱检查至最小包装。

（3）到货的非整件药品要逐箱检查，对同一批号的药品，至少随机抽取一个最小包装进行检查。

五、验收记录相关要求

1. 验收记录应包含的内容

验收记录包括药品的通用名称、剂型、规格、批准文号、批号、生产日期、有效期、生产厂商、供货单位、到货数量、到货日期、验收合格数量、验收结果、验收人员姓名和验收日期等内容。

中药材验收记录包括品名、产地、供货单位、到货数量、验收合格数量等内容，实施批准文号管理的中药材，还要记录批准文号。中药饮片验收记录包括品名、规格、批号、产地、生产日期、生产厂商、供货单位、到货数量、验收合格数量等内容，实施批准文号管理的中药饮片还要记录批准文号。

2. 验收记录保存年限

根据 GSP 第一百四十条规定，记录及相关凭证应当至少保存 5 年。特殊管理的药品的记录及凭证按相关规定保存。

任务实施

要完成散件药品的验收任务，在操作过程中，需要按照 GSP 要求及操作程序，以确保入库的药品符合质量要求。

1. 检查药品验收单据

（1）药品实物与收货单核对。

（2）查看药品证明性文件（生产企业供货的：应加盖生产企业药品检验专用章；批发企业供货的：应加盖生产企业药品检验专用章和供货单位质量管理专用章）。

2. 抽样

到货的非整件药品要逐箱检查，对同一批号的药品，至少随机抽取一个最小包装进行检查；但生产企业有特殊质量控制要求或者打开最小包装可能影响药品质量的，可不打开最小包装。

3. 检查外观、包装、标签、说明书

（1）检查医药商品外观。

（2）检查医药商品包装　检查内、外包装是否完好，有无破损；内、外包装应印字清晰；内容、特定运输标志以及其他标记完整并且正确无误，与实物相符。

（3）检查医药商品标签　检查内容是否完整并且正确无误，内、外标签应字迹清晰，内容一致并与实物相符。

（4）检查医药商品说明书　检查内容是否完整并且正确无误，说明书字迹清晰，内容一致并与实物相符。

4. 验收记录填写

（1）验收员填写药品验收记录，判定合格的药品在验收记录上填写"合格"，并签署姓名和日期。

（2）验收员填写药品验收记录，判定不合格的药品在验收记录上填写"不合格"，并签署姓名和日期。

（3）验收员无法判断是否合格，报质量管理部门确定。

注：对实施电子监管的药品，应按规定进行电子监管码扫码。

项目13　整件药品验收

任务引入

现有一批从浙江某制药有限公司采购的整件药品到货，收货员已经对该批药品进行收货操作，现需对该批药品进行验收操作。你作为质管部的验收员，请根据GSP和企业验收操作规程要求，完成该批药品的验收检查。

任务分析

完成本次任务需要做到以下几点：

（1）按整件药品抽样要求进行验收，保证抽取的样品具有代表性。

（2）注意整件药品验收注意事项，保证入库药品质量。

（3）掌握整件药品验收的流程，按要求完成验收。

相关知识

为规范药品验收抽样方法，保证抽取的样品具有代表性，整件药品验收一般包括检查药品验收单据，抽样，检查外观、包装、标签、说明书，药品还原，验收记录填写等事项。

一、抽样要求

验收药品抽样（简称抽样）是指根据既定目的，从同一批次到货药品中按照抽样要求抽取部分样品所指定的操作过程。验收员对每次到货的药品进行逐批抽样验收，抽取的样品应具有代表性。抽样程序应符合抽样目的，抽样设备或工具应适宜，小心仔细抽取，避免影响药品外观质量。

1. 数量要求

到货的同一批号的整件药品按照堆码情况随机抽样检查。整件数量在 2 件及以下的，要全部抽样检查；整件数量在 2 件以上至 50 件以下的，至少抽样检查 3 件；整件数量在 50 件以上的，每增加 50 件，至少增加抽样检查 1 件，不足 50 件的，按 50 件计。

2. 其他要求

（1）对抽取的整件药品需开箱抽样检查，从每整件的上、中、下不同位置随机抽取 3 个最小包装进行检查，对存在封口不牢、标签污损、有明显重量差异或外观异常等情况的，至少再增加一倍抽样数量，进行再检查。

（2）对整件药品存在破损、污染、渗液、封条损坏等包装异常的，要开箱检查至最小包装。

二、整件药品验收注意事项

1. 整件合格证检查

整件药品在开箱进行抽样检查前，应检查每整件药品是否都附有产品合格证，无产品合格证的整件药品应当拒收。

2. 药品还原

验收时，注意轻拿轻放，不损坏药品，不影响销售；验收结束后，应当将检查后的完好样品放回原包装。

3. 加贴验收标志

验收结束后，应在整件封口位置加贴"已抽样"标签，并签名，最后封箱。（部分企业将封箱胶带设置成验收专用的封箱胶带，可不加贴"已抽样"标签。）

任务实施

要完成散件药品的验收任务，在操作过程中，需要按照 GSP 要求及操作程序，以确保入库的药品符合质量要求。对实施电子监管的药品，应按规定进行电子监管码扫码。

1. 检查药品验收单据

（1）药品实物与收货单核对。

（2）查看药品证明性文件（生产企业供货的应加盖生产企业药品检验专用章；批发企业供货的应加盖生产企业药品检验专用章和供货单位质量管理专

用章)。

2. 抽样

2件以下全部抽样检查。3～50件至少抽取3件,从每整件的上、中、下不同位置随机抽样3个最小包装进行检查。整件数量在50件以上的,每增加50件,至少增加抽样检查1件,增加不足50件的按50件计。

3. 检查外观、包装、标签、说明书

(1)整件药品检查合格证或装箱单。

(2)检查医药商品外观。

(3)检查医药商品包装　检查内、外包装是否完好,有无破损;内、外包装印字清晰;内容、特定运输标志以及其他标记完整并且正确无误,与实物相符。

(4)检查医药商品标签　检查内容是否完整并且正确无误,内、外标签字迹清晰、内容一致并与实物相符。

(5)检查医药商品说明书　检查内容是否完整并且正确无误,说明书字迹清晰、内容一致并与实物相符。

4. 药品还原

验收结束,应当将检查后的完好样品放回原包装,在整件封口位置加贴"已抽样"标签,并签名,最后封箱。

5. 验收记录填写

(1)验收员填写药品验收记录,判定合格的药品在验收记录上填写"合格",并签署姓名和日期。

(2)验收员填写药品验收记录,判定不合格的药品在验收记录上填写"不合格",并签署姓名和日期。

(3)验收员无法判断是否合格,报质量管理部门确定。

 知识链接

《药品经营质量管理规范(2016)》
附录3　药品收货与验收

第十八条　对实施电子监管的药品,企业应当按规定进行药品电子监管码扫码,并及时将数据上传至中国药品电子监管网系统平台。

(一)企业对未按规定加印或加贴中国药品电子监管码,或因监管码印刷不符合规定要求,造成扫描设备无法识别的,应当拒收。

(二)监管码信息与药品包装信息不符的,要及时向供货单位进行查询、确认,未得到确认之前不得入库,必要时向当地药品监督管理部门报告。

项目14 进口药品验收

任务引入

现有一批从浙江某医药有限公司采购的进口药品到货，收货员已经对该批药品进行收货操作，现需对该批药品进行验收操作。若你作为质管部的验收员，请根据GSP和企业验收操作规程要求，完成该批进口药品的验收检查。

任务分析

完成本次任务需要做到以下几点：
（1）按要求索取相关证明文件，仔细核对，确保资料正确、齐全。
（2）掌握进口药品验收注意事项，保证入库药品质量。
（3）掌握进口药品验收的流程，按要求完成验收。

相关知识

药品经营企业对购进药品质量验收是把好药品入库质量关，是对药品质量进行有效控制的关键环节。药品经营企业在购进进口药品时，除了要按照一般药品验收方法进行验收外，还需按照进口药品验收注意事项来进行操作。

一、进口药品验收时应索取的相关证明文件

1. 进口药品

（1）进口生物制品 《进口药品检验报告书》《进口药品注册证》，必要时提供相应的《进口药品通关单》或者《进口药品批件》。实行批签发管理的生物制品还必须提供《生物制品批签发》。

（2）进口化学药品 《进口药品检验报告书》《进口药品注册证》，必要时提供相应的《进口药品通关单》或者《进口药品批件》。

（3）进口特殊管理药品 《进口药品检验报告书》《进口药品注册证》《进口准许证》，必要时提供相应的《进口药品通关单》或者《进口药品批件》。

2. 进口分装药

（1）进口生物制品 药品分装企业的检验报告书。实行批签发管理的生物制品还必须提供《生物制品批签发》。

（2）进口化学药品 药品分装企业的检验报告书。

（3）进口特殊管理药品　药品分装企业的检验报告书。

3. 港澳台进口药品

（1）进口生物制品　《进口药品检验报告书》《医药产品注册证》，必要时提供相应的《进口药品通关单》或者《进口药品批件》。实行批签发管理的生物制品还必须提供《生物制品批签发》。

（2）进口化学药品　《进口药品检验报告书》《医药产品注册证》，必要时提供相应的《进口药品通关单》或者《进口药品批件》。

（3）进口特殊管理药品　《进口药品检验报告书》《医药产品注册证》《进口准许证》，必要时提供相应的《进口药品通关单》或者《进口药品批件》。

 知识链接

《国家药品监督管理局关于进口化学药品通关检验有关事项的公告》（2018年第12号）

一、进口化学原料药及制剂（不含首次在中国销售的化学药品）在进口时不再逐批强制检验。口岸所在地药品监督管理部门在办理进口化学药品备案时不再出具《进口药品口岸检验通知书》，口岸药品检验所不再对进口化学药品进行口岸检验。

二、进口药品上市许可持有人须对进口药品的生产制造、销售配送、不良反应报告等承担全部法律责任，应确保生产过程持续合规，确保对上市药品进行持续研究，保障药品质量安全。进口药品上市许可持有人应当按照相关规定向中国食品药品检定研究院提交标准物质。

关于《进口药品通关单》及《进口药品批件》的补充说明如下。

① 2018年4月24日后，对非首次进口的化学药制剂可不提供《进口药品检验报告单》，但需要提供《进口药品通关单》《进口药品注册证》和原厂检验报告单或翻译件，必要时提供相应的《进口药品批件》。

② 如供应商提供的是原厂检验报告单或翻译件，则需提供《进口药品通关单》。

③ 如供应商提供的是进口法定检验的《进口药品检验报告单》，收检日期在《进口药品注册证》有效期之后，则需提供注明"已抽样"的《进口药品通关单》或者《进口药品批件》。

④《进口药品通关单》有效期为15天，如果通关时间在《进口药品注册证》有效期内，则无需《进口药品批件》。

⑤《进口药品通关单》如果通关时间已过期，则需提供有效期内的《进口药品批件》。

⑥ 如《进口药品检验报告单》中"批件号"一栏中有注明,则需提供"批件号"相对应的《进口药品批件》。

二、进口药品验收注意事项

1. 标签、说明书的验收

进口药品需重点查验其包装的标签应以中文注明药品的名称、主要成分、注册证号和中文说明书。

2. 其他要求

(1)针对某些进口"救命药"(如来那度胺、吉非替尼、厄洛替尼、埃克替尼、替诺福韦酯等),应及时验收入库上架,方便销售开票。

(2)进口药品一般价格较昂贵,验收员在验收时应对药品外包装再仔细检查一遍,防止外包装破损而造成损失。

(3)在验收过程中,如出现异常情况,应及时联系采购处理。

任务实施

要完成进口药品的验收任务,在操作过程中,需要按照GSP要求及操作程序,以确保入库的药品符合质量要求。

1. 检查药品验收单据

(1)药品实物与收货单核对。

(2)查看药品证明性文件(按上述要求执行)。

2. 抽样

按抽样要求进行验收操作。

3. 检查外观、包装、标签、说明书

(1)整件药品检查合格证或装箱单(整件需检查)。

(2)检查医药商品外观。

(3)检查医药商品包装 检查内、外包装是否完好,有无破损;内、外包装印字清晰;内容、特定运输标志以及其他标记完整并且正确无误,与实物相符。

(4)检查医药商品标签 检查内容是否完整并且正确无误,内、外标签字迹清晰、内容一致并与实物相符。

(5)检查医药商品说明书 检查内容是否完整并且正确无误,说明书字迹清晰、内容一致并与实物相符。

4. 药品还原

验收结束，应当将检查后的完好样品放回原包装，在整件封口位置加贴"已抽样"标签，并签名，最后封箱。（整件需加贴标签，外包装及封签完整的原料药、实施批签发管理的生物制品，可不开箱检查。）

5. 验收记录填写

（1）验收员填写药品验收记录，判定合格的药品在验收记录上填写"合格"，并签署姓名和日期。

（2）验收员填写药品验收记录，判定不合格的药品在验收记录上填写"不合格"，并签署姓名和日期。

（3）验收员无法判断是否合格，报质量管理部门确定。

注：对实施电子监管的药品，应按规定进行电子监管码扫码。

项目15　特殊管理药品验收

任务引入

现有一批从浙江某医药股份有限公司采购的特殊管理药品到货，收货员已经对该批药品进行收货操作，现需对该批药品进行验收操作。若你和张某为质管部的验收员，现需对该批药品进行验收操作，请根据GSP和企业验收操作规程要求，完成该批药品的验收检查。

任务分析

完成本次任务需要做到以下几点：

（1）明确特殊管理药品验收要求，保证入库药品质量。

（2）注意特殊管理药品的验收注意事项，防止造成差错。

（3）掌握特殊管理药品验收的流程，按要求完成验收。

相关知识

特殊管理药品的收货验收入库操作流程与普通药品基本一致。为加强麻醉药品（含罂粟壳）和第一类精神药品、第二类精神药品、医疗用毒性药品（含中药材）、放射性药品在委托储存、配送过程的质量管理和风险管控，确保特殊管理药品依法管理，保证合法、安全流通，规范全过程操作规程，其收货、验收、入库全过程操作仍存在以下需规范的事项。

一、特殊管理药品验收要求

1. 验收场所

特殊管理药品应在专库内双人验收，随到随验。

2. 包装、标签等要求

验收员需仔细检查药品运输储存包装上的封条有无损坏，包装上是否清晰注明品名、规格、生产厂商、生产批号、生产日期、有效期、批准文号、贮藏、包装规格及储运图示标志，对于特殊药品管理的药品还需检查其专有标识等标记。特殊管理的药品的包装、标签及说明书上均有规定的标识"麻""精神药品""毒"的警示说明，进口药品的包装、标签以中文注明药品通用名称、主要成分以及注册证号，并有中文说明书。

3. 抽样要求

麻醉药品、一类精神药品、医疗用毒性药品，验收员逐件查验到最小包装；二类精神药品，验收员按批号逐件开箱查验；零散药品必须验点至最小包装。验收员在仔细查看每一最小包装的标签、说明书时，特殊管理药品的包装、标签及说明书上均应该有规定的标识和警示说明；蛋白同化制剂和肽类激素及含兴奋剂类成分的药品应标明"运动员慎用"警示标识。

4. 还原要求

验收检查完毕后，验收员将检查后的完好样品放回原包装，特殊管理药品验收封箱应双人签字并标注验收日期，贴于原包装箱封箱处。

二、特殊管理药品验收注意事项

1. 人员

从事验收、养护工作的，应当具有药学或者医学、生物、化学等相关专业中专以上学历或者具有药学初级以上专业技术职称。验收时，应2人同时在场验收操作。

2. 记录

（1）麻醉药品药用原植物种植企业、定点生产企业、全国性批发企业和区域性批发企业、国家设立的麻醉药品储存单位以及麻醉药品和第一类精神药品的使用单位，应当配备专人负责管理工作，并建立储存麻醉药品和第一类精神药品的专用账册。药品入库双人验收，出库双人复核，做到账物相符。专用账册的保存期限应当自药品有效期期满之日起不少于5年。

（2）收购、经营、加工、使用毒性药品的单位必须建立健全保管、验收、领发、核对等制度；严防收假、发错，严禁与其他药品混杂，做到划定仓间或仓位，专柜加锁并由专人保管。

3. 其他

放射性药品标签必须注明药品品名、放射性比活度、装量；说明书除注明前款内容外，还须注明生产单位、批准文号、批号、主要成分、出厂日期、放射性核素半衰期、适应证、用法、用量、禁忌证、有效期和注意事项等。

 知识链接

《麻醉药品和精神药品管理条例（2016）》

第三十五条 食品、食品添加剂、化妆品、油漆等非药品生产企业需要使用咖啡因作为原料的，应当经所在地省、自治区、直辖市人民政府药品监督管理部门批准，向定点批发企业或者定点生产企业购买。

科学研究、教学单位需要使用麻醉药品和精神药品开展实验、教学活动的，应当经所在地省、自治区、直辖市人民政府药品监督管理部门批准，向定点批发企业或者定点生产企业购买。

需要使用麻醉药品和精神药品的标准品、对照品的，应当经所在地省、自治区、直辖市人民政府药品监督管理部门批准，向国务院药品监督管理部门批准的单位购买。

第四十六条 麻醉药品药用原植物种植企业、定点生产企业、全国性批发企业和区域性批发企业以及国家设立的麻醉药品储存单位，应当设置储存麻醉药品和第一类精神药品的专库。该专库应当符合下列要求：

（一）安装专用防盗门，实行双人双锁管理；

（二）具有相应的防火设施；

（三）具有监控设施和报警装置，报警装置应当与公安机关报警系统联网。

全国性批发企业经国务院药品监督管理部门批准设立的药品储存点应当符合前款的规定。

麻醉药品定点生产企业应当将麻醉药品原料药和制剂分别存放。

第四十七条 麻醉药品和第一类精神药品的使用单位应当设立专库或者专柜储存麻醉药品和第一类精神药品。专库应当设有防盗设施并安装报警装置；专柜应当使用保险柜。专库和专柜应当实行双人双锁管理。

任务实施

要完成特殊管理药品的验收任务，在操作过程中，需要按照 GSP 要求及操作程序，以确保入库的药品符合质量要求。

1. 核对药品（双人）

（1）确定特殊管理药品的"待验状态"，查对药品所处的验收区为特药专库。

（2）对照收货单核对药品，逐一核对品名、规格、数量、生产批号、有效期、生产企业、上市许可持有人、批准文号等信息内容。

2. 查验合格证明文件（双人）

（1）查验合格证明文件是否齐全，按照批号逐批查验药品的合格证明文件，按照药品批号查验同批号的合格证明文件，确认是否齐全。

（2）检查检验报告书 药品购进企业是生产企业，应当查验药品检验报告书是否为原件（加盖药品检验专用章原印章）；购进企业是批发企业，应当查验检验报告书是否加盖其质量管理专用章原印章（加盖药品检验专用章和质量管理专用章）。

（3）验收实施批签发管理的生物制品时，应当有加盖供货单位质量管理专用章原印章的《生物制品批签发合格证》复印件。

（4）验收进口药品应当有加盖供货单位质量管理专用章原印章的相关证明文件。

3. 核查药品合格证明文件与药品实物是否相符（双人）

药品合格证明文件中的药品名称、规格、批号、生产厂家等内容是否与药品实物上所载的信息一致。

4. 抽样（双人）

（1）检查药品外包装 检查运输储存包装有无封条损坏、标签污损、明显重量差异或外观异常等情况。查看包装上药品通用名称、规格、生产厂商、贮藏、专有标识"麻""精神药品""毒"等。

（2）检查药品最小包装

① 检查最小包装的封口是否严密、牢固，有无破损、污染或渗液，包装及标签印字是否清晰；检查专有标示"麻""精神药品""毒"等；检查标签粘贴是否牢固。

② 检查运输储存包装上标识的药品信息与最小包装上标识的药品信息是否一致。

③ 检查整件药品的每件包装中，应有产品合格证。合格证的内容一般包括药品的通用名称、规格、生产企业、生产批号、检验单号、出厂日期、包装人、检验部门和检验人员签章等。

（3）检查药品标签和说明书

① 检查每一最小包装药品标签内容是否齐全。
② 检查药品说明书内容是否齐全。
③ 检查药品标签和说明书上相应的警示语及专有标识。
④ 检查进口药品的包装、标签以中文注明药品通用名称、主要成分以及注册证号，并有中文说明书。

（4）检查药品外观形状　根据药品说明书和药品标准对不同剂型的外观质量要求的必要项目和内容进行检查。

5. 封箱还原（双人）

（1）还原抽取的散件药品，细小零星药品用橡皮筋进行捆扎。
（2）还原抽取的大包装整件箱，并用专用胶带进行固定，粘贴带有"已抽样"字样的标签。

6. 填写验收记录（双人）

（1）填写验收记录　药品验收结论为合格的，填写验收记录表，填写药品批号、生产日期、有效期、到货数量、验收合格数量、验收结果等内容，在验收记录上签署姓名和验收日期。

（2）填写拒收单　药品验收结论为不合格的，填写拒收记录，填写批号、生产日期、有效期、生产厂商、供货单位、到货数量、到货日期、拒收原因等内容，在拒收记录上签署姓名和拒收日期。

7. 处置验收药品（双人）

（1）调整已验收药品质量状态标识。
（2）将随货同行单（票）和检验报告书等合格证明文件分别进行整理。

模块二
药品储存与养护管理

课题5　储存养护设施设备

学习目标

1. 能根据《药品经营质量管理规范》，合理使用温度调节设备。
2. 能根据《药品经营质量管理规范》，合理使用湿度调节设备。
3. 能根据《药品经营质量管理规范》，合理使用储存设施。

项目16　温度调节设备

任务引入

某药品批发企业的经营范围包括普通药品、冷链药品。现该公司欲跨区域建设新的药品仓库，请你帮助该企业确定药品仓库所需的温度调节设备。

任务分析

完成本次任务需要做到以下几点：
（1）明确医药商品仓库的类型。
（2）分析不同类型温度调节设备的适用情形。
（3）确定温度调节设备类型。

相关知识

温度对药品质量的影响与储存有很大关系，任何药品储存都有其所适宜的储存温度条件。温度过高或过低都可能促使药品发生质量变化。温度调节设备指能采用冷气或制冷机的技术来提供低温环境，以满足药品在储存、运输等过程中的温度管理要求的设备。

一、医药商品仓库类型

医药商品仓库按温度管理要求可分为冷库（2～10℃）、阴凉库（≤20℃）、常温库（10～30℃）。药品在储存过程中应按包装标示的温度要求进行，包装上没有标示具体温度的，按照《中华人民共和国药典》（2020年版）规定的储存要求进行储存。

 知识链接

《中华人民共和国药品管理法》

第五十九条 药品经营企业应当制定和执行药品保管制度，采取必要的冷藏、防冻、防潮、防虫、防鼠等措施，保证药品质量。

药品入库和出库应当执行检查制度。

二、温度调节设备的类型

1. 储存过程中的温度调节设备

（1）空调系统　指通过人工手段，对建筑物或构筑物内环境空气的温度、湿度、洁净度、流速等参数进行调节和控制的设备。仓库中常用的空调有风冷式空调、风冷吊顶式空调、水冷柜式空调三种。在夏季高温季节，对无冷库或大型冰箱降温设备的经营企业，可安装空调机进行降温。常温库温度要求较宽松，通常使用常规空调设备。阴凉库较常温库存储温度较低，其温度在冷库与常温库之间，建议选用具有明显节能特性的制冷系统。

（2）冷库　指采用人工制冷降温并具有保冷功能的仓储建筑，按温度分为冷藏与冷冻。冷藏库房内的温度应控制在2～10℃，冷冻库房内的温度应控制在-25～-10℃。其结构组成包括库房、制冷机房、变配电间等，其中库房指冷库建筑物主体及为其配套的楼梯间、电梯间、穿堂等附属房间，库房内侧必须经过保温、隔热等技术处理，库门应设置"风幕"，其启动与库门启闭同步。在库房与外界连接部应配建"缓冲房"，使出库商品能短暂停留而缓慢升温，避免商品表面产生"结露"受潮。制冷机房指安装制冷压缩机组和制冷辅助设备的房间。

（3）冰箱　冰箱又称冷柜，恰如小型的冷库。医药行业常用的冰箱为商用冷柜，包括药品冷藏柜和药品阴凉柜，多用于药店和医院存储整件拆零的药品。一般大中规模药店选择三门阴凉柜或双门阴凉柜，小规模药店选择单开门（360L或160L）阴凉柜。药品阴凉柜的温度要求为8～20℃，药品冷藏柜的温度要求为2～8℃。所有的冰箱供电要有保障并具有调节温度的功能。冰箱内要放置温湿度计或温湿度自动记录仪，每天应定时做好温湿度监测和记录，发现异常及时处理。冰箱内药品摆放要注意间距合理，便于冷气流通。

2. 运输过程中的温度调节设备

（1）冷藏车　外形似棚车，周身遍装隔热材料，侧墙上有可密闭的外开式车门，车内有降温装置、加温装置，具有制冷、保温和加温性能，是对温度有特殊要求的药品的主要运输设备。

（2）冷藏箱　又称药品冷链保温箱，指在冷藏药品运输中，用于装载冷藏药品并控制和监测其在物流过程中温度的蓄冷式箱的统称，主要由箱体、温度监测设备、冷热媒（蓄冷剂）三部分组成。

任务实施

要完成确定药品经营企业仓库建设所需的温度调节设备，需要根据经营企业的规模、经营范围及库区面积确定。

（1）确定医药商品仓库类型　根据药品经营企业的经营范围，如是否经营冷链药品来确定库区类型。经营冷链药品必须具有独立的冷库；如具有疫苗经营范围，必须有两个以上独立的冷库；具有体外诊断试剂经营范围的冷藏区不得低于准入标准。经营冷冻药品的企业应根据品种规模设置冰柜或冰柜。冷库应划分区域进行检查。若经营范围不包括冷链药品，则可设置阴凉库、常温库。

（2）分析温度调节设备的使用情形　阴凉库、常温库库区温度的调控可选择空调系统实现。冷库温度的调控需通过制冷机房实现。

（3）确定温度调节设备类型　该药品批发企业的经营范围包括普通药品和冷链药品，业务涉及药品的储存、养护及运输过程。在建设新库区时，应同时设立常温库、阴凉库和冷库，并配备运输过程中会使用到的冷藏车及冷藏箱。

知识链接

《药品经营质量管理规范》（2016）

第四十九条　储存、运输冷藏、冷冻药品的，应当配备以下设施设备：

（一）与其经营规模和品种相适应的冷库，储存疫苗的应当配备两个以上独立冷库；

（二）用于冷库温度自动监测、显示、记录、调控、报警的设备；

（三）冷库制冷设备的备用发电机组或者双回路供电系统；

（四）对有特殊低温要求的药品，应当配备符合其储存要求的设施设备；

（五）冷藏车及车载冷藏箱或者保温箱等设备。

第一百五十九条　企业应当对营业场所温度进行监测和调控，以使营业场所的温度符合常温要求。

第一百六十一条　药品的陈列应当符合以下要求：

（八）冷藏药品放置在冷藏设备中，按规定对温度进行监测和记录，并保证存放温度符合要求。

项目17 湿度调节设备

任务引入

某药品批发企业养护员张某在某日检查时,发现常温库库内温度为25℃,相对湿度为70%,库外温度为20℃,相对湿度为40%。请问张某应该如何调节库内的相对湿度?

任务分析

完成本次任务需要做到以下几点:
(1)明确储存药品相对湿度的要求。
(2)分析调节医药商品仓库通风、防潮的常用方法。
(3)选择调节库内相对湿度的方法。

相关知识

湿度是指空气中水蒸气的含量。空气中水蒸气含量越大,相应的湿度越大;反之,湿度就越小。使用合适的湿度调节设备和方法保证库区内的湿度,对保证药品的质量意义重大。

一、湿度的概述

1. 湿度的基本知识

(1)饱和湿度 又称最大湿度。指在一定温度下,每立方米空气中所含水蒸气的最大量(单位为 g/m^3)。

(2)相对湿度 指空气中实际含有的水蒸气量(绝对湿度)与同温度同体积的空气饱和水蒸气量(饱和湿度)之百分比,即相对湿度=绝对湿度/饱和湿度×100%。

相对湿度是衡量空气中水蒸气饱和程度的一种量值。相对湿度小表示干燥,水分容易蒸发;相对湿度大表示潮湿,水分不容易蒸发;当相对湿度达100%时,空气中的水蒸气已达到饱和状态,水分不再继续蒸发;如果空气中的水蒸气超过饱和状态,就会凝结成水珠附着在物体的表面,这种现象称为"水松"或"结露",俗称"出汗"。

相对湿度与药品质量关系密切。相对湿度过大,药品容易受潮,发生潮解、长霉、生虫或分解、变质等一系列变化;若相对湿度过小,药品又容易发生风化或干裂等情况。

各种类型的药品库相对湿度若在35%以下则过于干燥,反之若高达75%以上则过于潮湿。经验表明，在相对湿度为 60% 的条件下，适宜储存药品。因此，在储存药品的仓库管理工作中，应不断检查、测量仓库内外空气的相对湿度，以便及时采取相应的调节措施。

2. 湿度的变化规律

（1）室外日变化　通常情况下，温度低，蒸发强度小，绝对湿度小；反之温度高，则绝对湿度大。大气相对湿度与温度的昼夜变化情况相反。

（2）室外年变化　绝对湿度的年变化主要受温度的影响，与气温变化基本一致。夏季气温高，蒸发旺盛、迅速，绝对湿度大，一年中绝对湿度最高值出现在最热月份（在我国是每年的 7～8 月）。冬季气温低，蒸发减慢，绝对湿度小，最低值出现在最冷月份（在我国是每年的 1～2 月）。

相对湿度的年变化比较复杂，通常是多雨的季节相对湿度大，晴朗的天气相对湿度小。但各地的地理条件、气温条件和雨季情况差异较大，难以概括出一个具有普遍性的规律。

（3）库内湿度变化　库内相对湿度的变化与库外大气相对湿度的变化规律基本一致，但库内相对湿度的变化幅度比库外的小。

库内相对湿度的变化一般和库内温度的变化相反。库内温度升高，则相对湿度减小；库内温度降低，则相对湿度增大。

库内相对湿度的变化并不完全取决于大气湿度的变化，与仓库的通风情况及仓库结构有很大的关系。库内向阳的一面气温偏高，相对湿度往往偏小；反之阴面相对湿度较大。库房上部气温较高，相对湿度较小；近地面部分的气温较低，相对湿度较大。库房墙角、墙距、垛下由于空气不易流通，相对湿度比较大；而近门窗附近处的湿度易受到库外湿度的影响。冬季气温低，仓库内部温差小，因此仓库内上、下部的相对湿度相差不大。

二、湿度调节设备的类型

1. 湿度测量设备

多采用电子式湿度计，其通过将湿度传感器采样得到的湿度参数转换成电信号，直接得到测量的湿度数字值，使用方便。但电子式湿度计与干湿球湿度计相比，电子式湿度计会产生老化、精确度下降等问题，长期稳定性和使用寿命不如干湿球湿度计。电子式湿度计需要定期重新进行标定。

2. 湿度控制与调节的方法及设备

（1）降湿措施

① 通风降湿：通风是利用库内外空气对流，达到调节库内温湿度的目的。

通风既能起到降温、降潮的作用，又可排除库内的污浊空气，使库内空气适宜于储存商品的要求。通风方式有自然通风和机械通风两种。

当库内温度、相对湿度均高于库外时，可开启全部门窗，长时间通风，库内的温湿度会有一定程度的降低。当库外温度略高于库内但不超过3℃，且相对湿度低于库内时，则可通风。当库外温度高于库内3℃以上，即使相对湿度低于库内，此时亦不能通风，因为热空气进入库内后，由于热空气的温度降低，室内相对湿度立即增加，药品更易吸潮。当库外温度低于库内，且库外相对湿度高于库内时，亦不能通风，否则会带进潮气。当库内温度、相对湿度均低于库外时，应密闭门窗，不可通风。

在一天中，一般应在上午8～12时，即当温度逐渐上升、湿度逐渐下降时通风较为适宜；在凌晨2～5时，虽然库外温度最低，但此时相对湿度最高，如库内有易吸潮的药品，则不宜通风。此外，还应结合气象情况灵活掌握，如晴天、雨天、雨后初晴、雾天、阴天以及风向等应酌情处理。

通风降湿除开启门窗进行自然通风外，还可以装置通风设备，如排气扇等，但应注意危险品库不宜装置通风设备。

通风降湿法虽简单易行，但要长年保证降湿效果则稳定性较差，有必要时可采用密封防潮或使用吸湿剂相结合的方法，才能保证达到防潮降温的效果。

② 密封防潮：指利用一些不透气、隔热、隔潮的材料，把商品严密地封闭起来，隔绝外界空气中的潮气侵入，减少或避免空气中水分对药品的影响，以达到防潮、防锈蚀、防霉、防虫、防热、防冻及防老化等目的。一般做法是将库房筑成无缝隙气孔，设双窗两道门或挂厚帘；也可根据药品性质和数量，用塑料薄膜等材料密封货垛、密封货架、密封药箱等。

上述方法只能达到相对密封，并不能完全消除气候对药品的影响。因此最好结合通风降温、吸湿降潮等方法，才能取得更好的效果。

③ 吸湿降潮：在梅雨季节或阴雨天，库内外温度都较高，不宜采取通风降温时，可以在密封库内采用吸湿的办法以降低库内温度。采用空气降湿机驱湿效果较好。一台J3型空气降湿机在温度27℃、相对湿度70%时，每小时可从空气中吸水3kg；大型降湿机的吸水量更大。此外，也可使用干燥剂吸湿降潮，常用的干燥剂有生石灰、氯化钙、硅胶、钙镁吸湿剂、活性炭、木灰、炉灰等。

（2）升湿措施　在我国西北地区，有时空气十分干燥，必须采取升湿措施。具体方法包括向库内地面洒水拖地、用电加湿器产生蒸汽、库内设置盛水容器、储水自然蒸发等。一些对湿度特别敏感的药品必须密闭保湿，使内装药物与外界空气隔绝。

任务实施

要确定调节库内的相对湿度的方法,需要以 GSP 对储存药品的相对湿度为要求,根据具体的库内外温湿度情况确定合适的湿度的控制与调节设备及方法。

(1)明确储存药品相对湿度的要求　GSP 规定企业储存药品相对湿度为 35%～75%。经验表明,在相对湿度为 60% 的条件下,适宜储存药品。

(2)分析调节医药商品仓库通风、防潮的常用方法　仓库常用的降湿措施包括通风降温、密封防潮、吸湿降潮。

(3)选择调节库内相对湿度的方法　当前常温库库内温度为 25℃,相对湿度为 70%,库外温度为 20℃,相对湿度为 40%,属于库内温度、相对湿度均高于库外时,此时可选择开启全部门窗并长时间通风的方式降低库内的温湿度。

项目18　其他常用设备

任务引入

某药品批发企业的经营范围主要为普通药品,不包含中药材、中药饮片等。现欲在某地开设一个新库区。请你帮助该企业确定该药品库区需要购买哪些保管设备。

任务分析

完成本次任务需要做到以下几点:
(1)明确企业经营范围。
(2)分析仓储机械设备类型。
(3)确定所需保管设备。

相关知识

药品仓库设备的种类繁多,除温湿度调节设备外,还需配备有保管设备、计量设备、装卸搬运设备等仓储机械设备。

一、保管设备

保管设备指用于储存保管环节的基本设施设备,其完善程度是仓库维护药品质量可靠程度的标志之一。

1. 苫垫用品

苫垫用品指起遮挡雨水和隔潮、通风等作用的用具，包括苫布、苫席、油毡、塑料布、枕木、码架、地台板、水泥条（墩）、石条（块）等，一般具有色泽鲜艳、质轻柔软、经久耐用、高强度、耐拉力、防晒、防水、防霉、抗冻、耐腐蚀等特点。货场上存放的药品，一般要上盖下垫；库房内的货垛需要垫垛，以通风隔潮。

2. 存货用具

存货用具指起保管作用的存货用具，包括各种类型的货架、托盘等。

（1）货架　指专门用于存放单元化物品和成件物品的保管设备，由立柱片、横梁和斜撑等构件组成，多用于拆件发零、业务量大的药品。货架按结构特点可分为层架、层格架、橱架、抽屉架、悬臂架、三脚架、栅型架等。

货架具有提高库容利用率、减少货物损失、便于清点及计量货物、保证储存货物的质量、利于实现仓库的机械化及自动化管理等优点。

（2）托盘　指使物品能有效地被装卸、保管，并将其按一定数量组合放置于一定形状的台面，这种台面有供叉车从下部叉入并将台板托起的叉入口。以这种结构为基本结构的平板台板和在这种基本结构上形成的各种形式的集装器具都可称为托盘。

托盘按结构可以分为平托盘、箱式托盘、柱式托盘、轮式托盘、特种托盘。我国托盘规格与国际标准化组织规定的通用尺寸一致，主要有800mm×1000mm、800mm×1200mm、1000mm×1200mm三个规格。

托盘具有提高运输效率，缩短货运时间，便于点数、理货交接，自重量小，无效运输及装卸较集装箱小，返空容易等优点。

二、计量设备

计量设备指仓库进行药品验收、发放、库内周转以及盘点等各项业务必须采用的度量衡工具，是保证出库货物准确的一个重要条件。仓库中应用的各种计量设备都必须具有稳定性、灵敏性、正确性和不变性的特点。

（1）称量设备　如各种磅秤、杆秤、台秤、天平秤以及自动称量装置等。

（2）库内量具　包括直尺、折尺、卷尺、卡钳和线卡、游标卡尺和千分尺等。

三、装卸搬运设备

装卸搬运设备指在仓库用于提升、堆码、搬运药品的机械设备。

（1）装卸堆垛设备　包括各种类型起重机、叉车、堆码机、滑车等。

（2）搬运传送设备　包括各种手推车、电瓶或内燃机搬运车、各式平面传送装置和垂直传送装置等。

四、安全设备

仓库内有较多的机械设备，需要按照科学的方法采取相应的技术措施和设施设备，加强仓储安全，防止事故，确保人员、设备和物资安全。

1. 消防安全设备

包括火灾自动报警设备，如火灾探测器、火灾报警控制器、自动喷水灭火系统及灭火器等。

2. 防盗报警设备

包括防盗报警传感器、防盗报警控制器、电视监控、网络视频监控系统等。

3. 安全专用保管设备

指用于储存特殊管理药品、贵重药品的安全专用保管设备，如铁栅栏、保险柜等。

4. 防范设备

包括防鼠、防虫、防鸟设备，如电猫、鼠夹、鼠笼等捕鼠器材；防尘、防潮、防霉、防污染的设备，如纱窗、门帘、灭蝇灯等。

5. 电器设备

包括变压器、电动机、防爆灯等。

6. 防雷装置

包括避雷针、避雷器等。

五、其他仓储设备

1. 养护检验用设备

中小型企业应配置恒温水浴锅、片剂崩解仪、澄明度检测仪、万分之一分析天平、酸度计、恒温干燥箱、自动旋光仪、高压灭菌锅、高温锅、紫外分光光度计、生化培养箱、超净化工作台、高倍显微镜。经营中药材和中药饮片的企业，应配置水分测定仪、紫外荧光灯和生物显微镜等。

大型企业还应增加片剂溶出度测定仪、真空干燥箱、恒温恒湿培养箱。

2. 照明保暖设备

指仓库进行药品养护和库内作业使用的照明和保暖的设备。照明设备应符合安全用电要求；保暖设备主要有暖气装置等。

3. 避光设备

可采用窗帘，或用其他适宜材料制成遮阴篷。

4. 劳动防护用品

指保障仓库职工在各项作业中身体安全的用品，如工作服、安全帽、绝缘手套、护目镜、防毒面具、口罩等。

5. 维修等工具类用品

包括钉锤、斧、锯、钳、开箱器、小型打包机、螺丝改锥、电工刀、剪刀、排刷、标号打印机等。

> **知识链接**
>
> 《药品经营质量管理规范》（2016）
>
> 第一百四十八条 仓库应当有以下设施设备：
>
> （一）药品与地面之间有效隔离的设备；
>
> （二）避光、通风、防潮、防虫、防鼠等设备；
>
> （三）有效监测和调控温湿度的设备；
>
> （四）符合储存作业要求的照明设备；
>
> （五）验收专用场所；
>
> （六）不合格药品专用存放场所；
>
> （七）经营冷藏药品的，有与其经营品种及经营规模相适应的专用设备。

任务实施

要确定库区内需要购买的保管设备，需先确定企业经营范围，从而确定库区类型，结合 GSP 相关规定确定所需的保管设备。

（1）明确企业经营范围 该药品批发企业的经营范围主要为普通药品，不包含中药材、中药饮片等。依据 GSP 规定，经营中药材及中药饮片的应设置中药标本室（柜），故该企业可排除中药标本室（柜）的需求。其次该企业建设的为库房，非货场。

（2）分析仓储机械设备类型　除温湿度调节设备外，药品仓库还需配备有保管设备、计量设备、装卸搬运设备、安全设备、其他仓储设备等。

（3）确定所需保管设备　保管设备包括苫垫用品和存货用具。库房内的货垛需要垫垛，以通风隔潮，可选用枕木、码架等；还需配备有起保管作用的存货用具，包括各种类型的货架、托盘等。

课题6　药品的储存养护

> **学习目标**
>
> （1）能根据《药品经营质量管理规范》，对一般品种药品进行储存养护。
> （2）能根据《药品经营质量管理规范》，对重点品种药品进行储存养护。
> （3）能根据《药品经营质量管理规范》，对特殊管理药品进行储存养护。

项目19　一般品种的储存与养护

任务引入

某药品批发企业欲安排你作为仓储养护人员开展一般品种药品的养护工作，请确定你需要完成的工作任务。

任务分析

完成本次任务需要做到以下几点：
（1）明确药品养护的整体要求。
（2）明确一般品种药品的养护时间，确定养护频率。
（3）明确一般品种药品的养护要求，确定养护内容和方法。

相关知识

药品储存与养护是指运用现代科学技术与方法，研究药品储存养护技术和储存药品质量变化规律，防止或延缓药品变质，保证药品质量，确保用药安全、有效。

一、药品储存与养护的概述

1. 含义

药品储存是指药品从生产到消费领域的流通过程中，经过多次停留而形成的储备,是药品生产与流通过程中必不可少的重要环节。药品养护指对储存药品所进行的"保养"和质量"维护"。药品在离开其生产领域且未进入消费领域前,在生产和消费之间存在着一定时间和空间的间隔过程,在此过程中为了保证药品的质量,要对药品在仓库进行储存与养护。

2. 整体要求

(1) 对人员的要求 药品储存养护是一项涉及质量管理、仓储保管、业务经营等多方面的综合性工作。按照工作性质与质量职责的不同,要求各岗位人员资质必须达到一定要求,各相关岗位必须相互协调与配合,保证药品养护工作正常有效地开展。

质量管理人员负责对药品养护人员进行业务指导,审定药品养护工作计划,确定重点养护品种,对药品养护人员上报的质量问题进行分析并确定处理措施,对养护工作的开展情况实施监督考核。仓储保管员负责对库存药品进行合理储存,对不同库房的温湿度储存条件进行管理,并按月填写近效期药品催销表,协助养护人员实施药品养护的具体操作。仓储养护人员负责指导保管人员对药品进行合理储存,定期检查在库药品储存条件和库存药品的质量,针对药品的储存特性采取科学有效的养护方法,定期汇总、分析和上报养护质量信息,负责验收养护储存仪器设备的管理工作,并建立药品养护档案。

(2) 对库房的要求 药品批发和零售连锁企业应按其经营规模设置相应的仓库。大型批发企业每年药品销售额在 2 亿元以上,中型批发企业每年药品销售额为 5000 万元至 2 亿元,小型批发企业每年药品销售额在 5000 万元以下。大型零售企业每年药品销售额在 1000 万元以上,中型零售企业每年药品销售额为 500 万~1000 万元,小型零售企业每年药品销售额在 500 万元以下。大、中、小型企业的建筑面积应分别不低于 $1500m^2$、$1000m^2$ 和 $500m^2$,药品检验室的面积应分别大于 $150m^2$、$100m^2$、$50m^2$,验收养护室的面积应分别不小于 $50m^2$、$40m^2$、$20m^2$。库房规模及条件应当满足药品的合理、安全储存,便于开展储存作业。

库房内外应环境整洁,无污染源。库区地面应硬化或绿化;库房内墙、房顶光洁,地面平整,门窗结构严密;库房应当有可靠的安全防护措施,能防止无关人员进入、货物被盗或者被混入假药;应当有防止室外装卸、搬运、接收、发运等作业受异常天气影响的措施。

知识链接

《药品经营质量管理规范》(2016)

第十八条 企业从事药品经营和质量管理工作的人员,应当符合有关法律法规及本规范规定的资格要求,不得有相关法律法规禁止从业的情形。

第十九条　企业负责人应当具有大学专科以上学历或者中级以上专业技术职称，经过基本的药学专业知识培训，熟悉有关药品管理的法律法规及本规范。

第二十条　企业质量负责人应当具有大学本科以上学历、执业药师资格和3年以上药品经营质量管理工作经历，在质量管理工作中具备正确判断和保障实施的能力。

第二十一条　企业质量管理部门负责人应当具有执业药师资格和3年以上药品经营质量管理工作经历，能独立解决经营过程中的质量问题。

第二十二条　企业应当配备符合以下资格要求的质量管理、验收及养护等岗位人员：

（一）从事质量管理工作的，应当具有药学中专或者医学、生物、化学等相关专业大学专科以上学历或者具有药学初级以上专业技术职称；

（二）从事验收、养护工作的，应当具有药学或者医学、生物、化学等相关专业中专以上学历或者具有药学初级以上专业技术职称；

（三）从事中药材、中药饮片验收工作的，应当具有中药学专业中专以上学历或者具有中药学中级以上专业技术职称；从事中药材、中药饮片养护工作的，应当具有中药学专业中专以上学历或者具有中药学初级以上专业技术职称；直接收购地产中药材的，验收人员应当具有中药学中级以上专业技术职称。

从事疫苗配送的，还应当配备2名以上专业技术人员专门负责疫苗质量管理和验收工作。专业技术人员应当具有预防医学、药学、微生物学或者医学等专业本科以上学历及中级以上专业技术职称，并有3年以上从事疫苗管理或者技术工作经历。

第二十三条　从事质量管理、验收工作的人员应当在职在岗，不得兼职其他业务工作。

第二十四条　从事采购工作的人员应当具有药学或者医学、生物、化学等相关专业中专以上学历，从事销售、储存等工作的人员应当具有高中以上文化程度。

第二十五条　企业应当对各岗位人员进行与其职责和工作内容相关的岗前培训和继续培训，以符合本规范要求。

第二十六条　培训内容应当包括相关法律法规、药品专业知识及技能、质量管理制度、职责及岗位操作规程等。

第二十七条　企业应当按照培训管理制度制定年度培训计划并开展培训，使相关人员能正确理解并履行职责。培训工作应当做好记录并建立档案。

第二十八条 从事特殊管理的药品和冷藏冷冻药品的储存、运输等工作的人员,应当接受相关法律法规和专业知识培训并经考核合格后方可上岗。

第二十九条 企业应当制定员工个人卫生管理制度,储存、运输等岗位人员的着装应当符合劳动保护和产品防护的要求。

第三十条 质量管理、验收、养护、储存等直接接触药品岗位的人员应当进行岗前及年度健康检查,并建立健康档案。患有传染病或者其他可能污染药品的疾病的,不得从事直接接触药品的工作。身体条件不符合相应岗位特定要求的,不得从事相关工作。

二、药品的储存

1. 基本要求

一般药品都应按照药典"贮藏"项下规定的条件进行储存与保管,亦可根据药品的性质、包装、出入库规律及仓库的具体条件等因地制宜进行。总的原则为保证药品质量良好、数量准确、储存安全。

药品储存时应按药品的性质、剂型结合仓库的实际情况,采取"分区分类,货位编号"的方法进行管理。药品与非药品、外用药与其他药品分开存放,并间隔一定距离或采取有效分隔、识别措施,防止混淆;中药材和中药饮片分库存放。

药品的堆码存放应符合药品保管的要求,按批号堆码;不同批号的药品不得混垛,垛间距不小于5cm,与库房内墙顶温度调控设备及管道等设施间距不小于30cm,与地面间距不小于10cm。同时还应注意外用药和内服药应分别存放,性质相抵触的药品(如强氧化剂和还原剂、酸类和碱类等)和灭火方法不同的药品应分开存放;名称相近,容易彼此混淆的药品(如甘汞和升汞等)应分别存放。

实行药品保管责任制度,建立药品保管账和药品卡,正确记载药品的进、出、存动态,经常检查,定期盘点,保证账、卡、货相符。

药品储存施行效期管理,施行效期药品的月报制度和近效期药品促销制度,将过期药品移入不合格药品库。

库房应经常保持清洁卫生,并采取有效措施防止药品出现生霉、虫蛀、鼠咬等现象。加强防护安全措施,避免仓库药品遗失等情况,确保人身安全。

2. 特殊保管方法

对于销后退货的药品,仓储部门的保管人员依据销售部门开具的退货凭证收货,并将退回的一般药品存入专门的退货库(区)内。退货的危险品及有存储温度要求的药品按有关规定存入相应的库区内,并悬挂明显的标志牌。退货的药品由专人保管,并作好退货记录。

销后退货的药品经验收合格的,由保管人员记录后方可存入合格药品库(区)内;不合格的药品由保管人员记录后放入不合格药品库(区)内。

退货记录和凭证包括退货通知单、销后退回药品台账、退货来函等。退货记录应保存3年。

三、药品的养护

1. 基本要求

药品的在库养护应遵循"以防为主"的原则。确保药品在库储存过程的质量和安全,防止燃烧、爆炸等事故发生。

根据药品的性质和包装的质量、形状,正确选择仓位、堆和苫垫形式,以便药品安全储存,及时检查盘点和进出仓库,以提高仓库的利用率。

按照库存药品性质的需要,控制和调节库房的温湿度,使药品处于适宜的储存养护环境中。

定期进行药品的在库检查,及时了解药品的质量变化,并采取相应的防制措施。

熟悉药品性能,研究影响药品质量的各种因素,掌握药品质量变化的规律,及时采取相应的预防措施,提高科学养护水平。

注意光线、空气、微生物等对药品质量的影响,及时做好遮光、隔绝、检查密封等。

催促有关业务部门及时处理久储和接近失效的药品,以避免和减少损失。

2. 养护时间

(1)按季度检查 药品在库检查的时间和方法,应根据药品的性质及其变化规律,结合季节气候、储存环境和储存时间等因素制订药品检查计划和养护工作计划,并按计划进行养护检查。目前多按季度检查,采用"三三四"检查法,即每个季度的第一个月检查30%,第二个月检查30%,第三个月检查40%,每三个月为一个循环周期,使库存药品每个季度能全面检查一次。

(2)突击检查 突击检查一般是在汛期、雨季、高温、严寒或者发现有药品质量初始变质的时候,临时组织力量进行全面或局部的检查。

3. 养护的内容与方法

药品检查的内容包括药品的有效期、仓库内的温湿度、药品储存条件及药品是否按区排号分类存放,货垛堆码、垛底衬垫、通道、墙距、垛距等是否符合规定要求,药品有无倒置现象,外观、性状是否正常,包装有无损坏以及药品的储运动态等。

药品的在库检查，要求做到经常检查与定期检查、员工检查与专职检查、重点检查与全面检查相结合进行。每次检查要做好详细记录，要求查一个品种、规格记录一次。依次详细记录检查日期、药品存放货位、品名、规格、厂牌、批号、单位数量、质量情况和处理意见，做到边检查、边整改，发现问题及时处理。检查完后，还要对检查情况进行综合整理，写出质量小结，作为分析质量变化的依据和资料。同时，还要结合检查工作，不断总结经验，提高在库药品的保管养护工作水平。

养护员应对库存药品定期进行循环质量检查，一般品种每季度检查一次，并认真填写库存药品养护检查记录。在质量检查中对易变质的药品、已经发现不合格品种的相邻批号、储存2年以上的药品、接近失效期（使用期）的药品等情况应有计划地抽样送检。

养护员发现药品质量问题时，应挂黄牌暂停发货。同时填写药品质量复检通知单，并向质管部门通报。质管部门一般在2个工作日内复检完毕，对不合格的药品应填写停售通知单，并向仓储、业务等部门通报。

任务实施

要作为仓储养护人员开展一般品种药品的养护工作，需要根据《药品经营质量管理规范》及企业相关工作要求完成对应的工作任务。

（1）明确药品养护的整体要求　仓储养护人员负责指导保管人员对药品进行合理储存，定期检查在库药品储存条件和库存药品的质量，针对药品的储存特性采取科学有效的养护方法，定期汇总、分析和上报养护质量信息，负责验收养护储存仪器设备的管理工作，并建立药品养护档案。

（2）明确一般品种药品的养护时间，确定养护频率　一般品种药品的养护通常为季度检查，采用"三三四"检查法。

（3）明确一般品种药品的养护要求，确定养护内容和方法　药品养护检查的内容包括仓库内的温湿度、药品储存条件；药品是否按区排号分类存放，货垛堆码、垛底衬垫、通道、墙距、垛距等是否符合规定要求，药品有无倒置现象；外观、性状是否正常，包装有无损坏以及药品的储运动态等。

药品的在库检查，要求做到经常检查与定期检查相结合。每次检查要做好详细记录，要求查一个品种、规格记录一次。依次详细记录检查日期、药品存放货位、品名、规格、厂牌、批号、单位数量、质量情况和处理意见，做到边检查、边整改，发现问题及时处理。检查完后，还要对检查情况进行综合整理，写出质量小结，作为分析质量变化的依据和资料。同时，还要结合检查工作，不断总结经验，提高在库药品的保管养护工作水平。

项目20　重点品种的储存与养护

任务引入

某药品批发企业新入库一批卡前列甲酯栓。该药品为具有旋光性的酯类药物，易受光、热等因素影响发生差向异构，受潮、吸水会导致该药物水解。同时本品系用脂肪性基质制备的栓剂，遇热易软化变形，甚至融化。若你作为养护人员，请制定该药的养护计划和内容。

任务分析

完成本次任务需要做到以下几点：
（1）明确待养护药品所属类型。
（2）明确重点品种药品的养护时间，确定养护频率。
（3）明确重点品种药品的养护要求，确定养护内容和方法。

相关知识

药品的储存质量是受储存环境和药品性质的制约和影响的。在实际工作中，应根据经营药品的品种结构、药品储存条件的要求、自然环境的变化和监督管理的要求等，在确保日常工作有效开展的基础上，将部分药品确定为重点养护品种，采取有针对性的养护工作。

一、重点养护品种的范围

1. 首营品种

首营品种指第一次经营的品种、新药及已经经营的药品更改进货渠道，包括更改厂牌或更改供货企业的品种。

2. 质量性质不稳定的品种

质量性质不稳定的品种包括遇光易变质的药品、受热易变质的药品、易挥发的药品、易风化的药品、怕冻药品、易吸潮引湿的药品、易霉变虫蛀的药品、易串味的药品、易氧化和易吸收二氧化碳的药品。

3. 有特殊储存要求的品种

有特殊储存要求的品种包括危险药品、冷藏/冷冻药品。

4. 近效期品种

近效期品种指距离药品有效期截止日期不足6个月的药品。

5. 其他品种

其他品种指近期内发生过质量问题的品种及药监部门重点监控的品种。

二、储存方法

1. 质量性质不稳定品种的储存方法

遇光易变质的药品应置于避光容器中，在干燥凉暗处存放，防止日光照射。受热易变质的药品、易挥发的药品和易风化的药品应置凉爽处密封保存；但易风化的药品储存温度不宜过高或过于干燥，以免失去结晶水，影响药品计量的准确。怕冻药品一般在0℃以上的仓库保存，以防药品冻结、变质或冻裂容器。易吸潮引湿的药品和易霉变虫蛀的药品在干燥阴凉处保存，梅雨季节要加强防潮措施。易串味的药品应储存于按阴凉库标准设置的易串味药品库中，不能与一般药品特别是有吸附性的药品共存。易氧化和易吸收二氧化碳的药品应注意密封保存。

2. 有特殊储存要求品种的储存方法

危险药品的储存以防火、防爆、确保安全为关键，在保管期间，必须熟悉各种危险药品的特性，严格执行《危险化学品安全管理条例》中的各项规定采取适当措施，预防险情的发生。

冷藏/冷冻药品的储存必须在冷库内，并配置温湿度自动监测系统，可实时采集、显示、记录、传送储存过程中的温湿度数据并具有远程及就地实时报警功能，可通过计算机读取和存储所记录的监测数据。

3. 近效期品种的储存方法

近效期药品的储存，特别要控制好温度和湿度，严格按照规定的储存条件进行保管，以防止或延缓药品变质。要按药品的有效期远近专垛堆放；要建立近效期药品月报制度，设置近效期药品专用卡片。应严格掌握"先产先出，近效期先出，近效期先用"的原则，加速运转调拨近效期药品，以免过期失效。过期药品作为劣药不得再用，劣药等不合格药品的确认、报告、报损、销毁应有完善的手续和记录。

 知识链接

《中华人民共和国药品管理法》

第九十八条 禁止生产（包括配制，下同）、销售、使用假药、劣药。

有下列情形之一的，为假药：

（一）药品所含成分与国家药品标准规定的成分不符；

（二）以非药品冒充药品或者以他种药品冒充此种药品；

（三）变质的药品；
（四）药品所标明的适应证或者功能主治超出规定范围。
有下列情形之一的，为劣药：
（一）药品成分的含量不符合国家药品标准；
（二）被污染的药品；
（三）未标明或者更改有效期的药品；
（四）未注明或者更改产品批号的药品；
（五）超过有效期的药品；
（六）擅自添加防腐剂、辅料的药品；
（七）其他不符合药品标准的药品。

三、养护方法

1. 重点品种的确定

重点养护的品种应由养护组按年度制订及调整，应填写重点养护药品品种确定表，报质量管理机构审核后实施。

2. 养护时间的确定

对首营品种、质量性质不稳定的品种、有特殊储存要求的品种、近效期的品种、已发现质量问题品种的相邻产品批号的药品要重点检查，至少应每月检查一次。对受热易变质、吸潮易引湿、遇冷易冻结的药品加强检查。如高温季节加强检查受热易变质、易挥发、易熔化的药品；雨季、霉季加强检查易吸潮、易引湿的药品；寒冬季节加强对遇冷易冻结药品的检查。

3. 养护的内容和要求

重点品种的养护内容和方法与一般品种的要求保持一致。在检查中，要加强对质量不够稳定、出厂较久、包装容易损坏和近效期的药品的查看和检验。企业应当采用计算机系统对库存药品的有效期进行自动跟踪和控制，采取近效期预警及超过有效期自动锁定等措施，防止过期药品销售。对药品因破损而导致液体、气体、粉末泄漏时，应当迅速采取安全处理措施，防止对储存环境和其他药品造成污染。对质量可疑的药品应当立即采取停售措施，并在计算机系统中锁定，同时报告质量管理部门确认。药品在库储存应配备温湿度自动监测系统，自动对药品储存运输过程中的温湿度环境进行不间断监测和记录。系统应当至少每隔1分钟更新一次测点温湿度数据，在储存过程中至少每隔30分钟自动记录一次实时温度数据。当监测的温湿度值超出规定范围时，系统应当至少每隔2分钟记录一次实时温湿度数据。

养护检查工作应有记录，包括药品养护检查记录、药品外观质量检查记录、养护仪器的使用记录以及养护仪器的检查、维修、保养计量检定记录。养护检查记录的内容包括检查的时间、库房名称、药品货位、药品通用名称、剂型、规格、产品批号、生产企业、药品入库时间、生产日期、检查内容、检查结果与处理、检查人员等。当需要抽取样品到验收养护室进行外观质量检查时，应建立药品外观质量检查记录，其内容与药品验收时外观质量检查记录相同；凡进行外观质量检查时，均应同时做好养护仪器的使用记录；养护仪器在检查、维修、保养及计量检定时，应做好相应记录。

任务实施

作为养护人员制定对卡前列甲酯栓的养护计划和具体工作，需要根据《药品经营质量管理规范》及企业相关工作要求完成对应的工作任务。

（1）明确待养护药品所属类型　本药为具有旋光性的酯类药物，易受光、热等外界因素影响发生差向异构，受潮、吸水会导致该药物水解；同时本品系用脂肪性基质制备的栓剂，遇热易软化变形，甚至融化。故需在遮光、密闭、低温（低于 -5 ℃）条件下保存，本品为质量性质不稳定及有特殊储存要求的品种，属于重点品种。

（2）明确重点品种药品的养护时间，确定养护频率　对于重点品种要重点养护，至少应每月检查一次。如遇高温季节、雨季、霉季应加强检查。

（3）明确重点品种药品的养护要求，确定养护内容和方法　养护检查的内容包括仓库内的温湿度、药品储存条件；药品是否按区排号分类存放，货垛堆码、垛底衬垫、通道、墙距、垛距等是否符合规定要求，药品有无倒置现象；外观性状是否正常，包装有无损坏以及药品的储运动态等。并需及时填写养护记录，包括库房名称、药品货位、药品通用名称、剂型、规格、产品批号、生产企业、生产日期、检查内容、检查结果与处理、检查人员等项目。

项目21　特殊管理药品的储存与养护

任务引入

某药品批发企业购买了一批麻醉药品舒芬太尼，因属于特殊药品，需按照特殊药品的储存与养护方法制定养护措施。若你作为该企业的养护人员，请你分析其储存养护的方法。

任务分析

完成本次任务需要做到以下几点：
（1）明确待养护药品所属类型。
（2）明确具体药品的储存养护方法。

相关知识

特殊管理药品具有双重性，当其作为药品使用时与其他药品一样，具有医疗价值，在预防诊断、治疗疾病等过程中必不可少，正确使用能发挥防病治病的积极作用，具有不可替代性；反之，由于特殊管理药品具有特殊的生理、药理作用，若使用不当或管理不善会造成人体健康公共卫生、社会治安和经济等方面的严重问题及危害。因此，世界各国对特殊管理药品都采取了比其他药品更为严格的管理模式，国际上还专门组建了管制机构，制定了国际公约，对其研制、生产、流通、使用和管理等全部过程实行严格的监督管理，且制订了严厉的处罚措施，在保证满足正常医疗、教学、科研需要的同时，防止这些药品被滥用或流入非法渠道。

一、特殊管理药品概述

1. 麻醉药品

麻醉药品指具有依赖性潜力，连续使用、滥用或不合理使用易产生生理依赖性和精神依赖性（即成瘾性），列入麻醉药品目录的药品和其他物质。按临床应用可分为麻醉用（辅助麻醉和麻醉诱导与维持用），如舒芬太尼；镇痛用，如枸橼酸芬太尼、盐酸哌替啶；镇咳用，如阿桔片等。

2. 精神药品

精神药品指直接作用于中枢神经系统，使之兴奋或抑制，具有依赖性潜力，滥用或不合理使用能产生药物依赖性且列入精神药品目录的药品和其他物质。根据对人体产生依赖性和危害人体健康的程度不同，可将精神药品分为第一类精神药品和第二类精神药品。我国生产及使用的第一类精神药品品种有去氧麻黄碱、苯丙胺、氯胺酮、吗叉哚、司可巴比妥、三唑仑；我国生产及使用的第二类精神药品品种有异戊巴比妥、布托啡诺及其注射剂、咖啡因、安钠咖、去甲伪麻黄碱、地佐辛及其注射剂、喷他佐辛、阿普唑仑、巴比妥、氯氮䓬、地西泮、艾司唑仑、氟西泮等。

3. 医疗用毒性药品

医疗用毒性药品简称毒性药品，指毒性剧烈、治疗剂量与中毒剂量相近，使用不当会致人中毒或死亡的药品。医疗用毒性药品分毒性中药和毒性化学药，毒性中药如砒霜、雄黄、洋金花等共28种；毒性化学药如阿托品、洋地黄毒苷、水杨酸毒扁豆碱等共12种及亚砷酸注射液（主要成分为三氧化二砷）这一毒性化学药制剂品种。

4. 放射性药品

放射性药品指用于临床诊断或治疗的放射性核素制剂或其标记药物，包括裂变制品、加速器制品、放射性同位素发生器及其配套药盒、放射性免疫分析药盒等。按医疗用途可分为用于诊断的放射性药品，即利用放射性药品对人体各脏器进行功能、代谢的检查以及动态或静态的体外显像，如甲状腺吸 ^{131}I 试验；和少量用于治疗的放射性药品，如 ^{131}I 治疗甲亢、^{90}Sr 敷贴治疗皮肤病等。

二、储存养护方法

1. 麻醉药品和精神药品的储存养护

（1）麻醉药品和第一类精神药品　麻醉药品和第一类精神药品应严格遵守"五专管理"：专人负责、专柜加锁、专用账册、专用处方、专用登记。

麻醉药品和第一类精神药品要实行专库、专柜保管，可以放于同一专用库房或专柜内，严格执行双人双锁保管制度，并实行色标管理和效期管理。进出本仓库的人员须登记姓名、时间和目的。仓库内须有安全措施，如报警器、监控器等，且与当地公安部门联网。

应建立麻醉药品和第一类精神药品的专用账册，要进行专人登记，每日盘点与定期盘点相结合，确保账物相符，若发现问题，应立即报告上级和当地药品监督管理部门。

麻醉药品和第一类精神药品的部分品种，特别是注射剂，如盐酸吗啡等，遇光易变质，所以库房或专柜应采取遮光措施，注意避光。

麻醉药品和第一类精神药品的养护工作须严格执行《仓储保管、养护和出库复核的管理制度》，药品养护人员对麻醉药品和第一类精神药品进行养护时，必须有专职保管人员在场。

由于破损、变质、过期失效等原因而不可供药用的品种，应清点登记，单独妥善保管，并列表上报药品监督部门，听候处理意见。如需销毁的为麻醉药品或第一类精神药品，应向所在地药品监督部门提出申请，在药品监督部门的监督下进行销毁，并对销毁情况进行登记。

发生麻醉药品和第一类精神药品被盗、被抢、丢失事件或以其他形式流入非法渠道的情况，案发单位要立即报告所在地的公安机关和药品监督部门。

麻醉药品和第一类精神药品无论每天是否有入库和出库操作，保管员每天都应检查仓库，每周重点对质量进行检查；仓库领导每月进行一次检查，安全保卫部门应在节假日重点进行抽查。

（2）第二类精神药品　第二类精神药品可按一般药品进行储存，但必须储存在相对独立的储存区域，加强账、货管理。

第二类精神药品的在库养护检查应严格遵守《仓储保管、养护和出库复核的管理制度》。药品养护人员对此类药品进行养护检查时，必须有专职保管人员在场。

2. 医疗用毒性药品的储存养护

毒性药品必须储存于专用仓库或专柜内，实行"五专管理"，同时实行色标管理和效期管理。仓库内应有安全措施，如报警器、监视器等，并严格实行双人、双锁管理制度。

毒性药品严禁与其他药品混存，应建立毒性药品收支账目，每日盘点与定期盘点相结合，做到账物相符，发现问题应立即报告上级和当地药品监督管理部门。专用账册的保存期限应当自药品有效期期满之日起不少于5年。对不可药用的毒性药品，单位领导审核，报当地有关主管部门批准后方可销毁，并建立销毁档案，包括销毁日期、时间、地点、数量、方法等，销毁批准人、销毁人员、监督人员均应签字盖章。

毒性药品的在库养护检查应严格遵守《仓储保管、养护和出库复核的管理制度》。药品养护人员对此类药品进行养护检查时，必须有专职保管人员在场。

3. 放射性药品的储存保管

放射性药品应由专人负责保管。收到放射性药品时，应认真核对药品名称、产品批号、生产厂家、出厂日期、有效期、特殊标识、批准文号、放射性浓度、总体积、总强度、容器号、溶液的酸碱度及物理性状等，注意液体放射性药品容器有无破损、渗漏，注意发生器是否已作细菌培养、热原检查。应做好放射性药品使用登记，储存放射性药品的容器应贴好标签。

建立放射性药品使用登记表或登记册，在使用时认真按要求逐项填写，并作永久性保存。放射性药品应放在铅罐内，置于贮源室的贮源柜内，应有专人负责保管，严防丢失。常用放射性药品应按不同品种分类放置在通风橱贮源槽内，标识要鲜明，以防发生差错。发现放射性药品丢失时，应立即追查去向，并报告上级机关。

过期失效不可供药用的药品，不得随便处理，应单独存放，并报告上级管理部门，等候处理。

> ## 知识链接
>
> ### 《麻醉药品和精神药品管理条例》
>
> 第四十六条　麻醉药品药用原植物种植企业、定点生产企业、全国性批发企业和区域性批发企业以及国家设立的麻醉药品储存单位，应当设置储存麻醉药品和第一类精神药品的专库。该专库应当符合下列要求：
>
> （一）安装专用防盗门，实行双人双锁管理；
>
> （二）具有相应的防火设施；
>
> （三）具有监控设施和报警装置，报警装置应当与公安机关报警系统联网。
>
> 全国性批发企业经国务院药品监督管理部门批准设立的药品储存点应当符合前款的规定。
>
> 麻醉药品定点生产企业应当将麻醉药品原料药和制剂分别存放。
>
> 第四十七条　麻醉药品和第一类精神药品的使用单位应当设立专库或者专柜储存麻醉药品和第一类精神药品。专库应当设有防盗设施并安装报警装置；专柜应当使用保险柜。专库和专柜应当实行双人双锁管理。
>
> 第四十八条　麻醉药品药用原植物种植企业、定点生产企业、全国性批发企业和区域性批发企业、国家设立的麻醉药品储存单位以及麻醉药品和第一类精神药品的使用单位，应当配备专人负责管理工作，并建立储存麻醉药品和第一类精神药品的专用账册。药品入库双人验收，出库双人复核，做到账物相符。专用账册的保存期限应当自药品有效期期满之日起不少于5年。
>
> 第四十九条　第二类精神药品经营企业应当在药品库房中设立独立的专库或者专柜储存第二类精神药品，并建立专用账册，实行专人管理。专用账册的保存期限应当自药品有效期期满之日起不少于5年。

任务实施

作为养护人员完成舒芬太尼的养护，需要根据《药品经营质量管理规范》《麻醉药品和精神药品管理条例》及企业相关工作要求完成对应的工作任务。

（1）明确待养护药品所属类型　舒芬太尼为麻醉药品。

（2）明确具体药品的储存养护方法　麻醉药品应严格遵守"五专管理"，即专人负责、专柜加锁、专用账册、专用处方、专用登记。在储存养护过程中要实行专库、专柜保管，严格执行双人双锁保管制度，并实行色标管理和效期管理。进出本仓库的人员须登记姓名、时间和目的。仓库内须有安全措施，如报警器、监控器等且与当地公安部门联网。应建立麻醉药品的专用账册，要进行专人登记，每日盘点与定期盘点相结合，确保账物相符，若发现问题，应立即报告上级和当地药品监督管理部门。

麻醉药品的养护工作须严格执行《仓储保管、养护和出库复核的管理制度》，药品养护人员对麻醉药品和第一类精神药品进行养护时，必须有专职保管人员在场。麻醉药品和第一类精神药品无论每天是否有入库和出库操作，保管员每天都应检查仓库，每周重点对质量进行检查；仓库领导每月进行一次检查，安全保卫部门应在节假日重点进行抽查。由于破损、变质、过期失效等原因而不可供药用的品种，应清点登记，单独妥善保管，并列表上报药品监督部门，听候处理意见。

课题7　校准与验证管理

> 学习目标 >>>>

1. 能根据《药品经营质量管理规范》的要求，完成计量器具、温湿度监测设备的校准。
2. 能根据《药品经营质量管理规范》的要求，完成冷库的验证。
3. 能根据《药品经营质量管理规范》的要求，完成温湿度监测系统的验证。

项目22　计量器具、温湿度监测设备的校准

任务引入

某药品批发企业因温湿度监测设备未定期进行校准或者检定被市场监督管理局限期整改。请你帮助企业确定定期校准或检定的频率。

任务分析

完成本次任务需要做到以下几点：
（1）辨别检定及校准的不同。
（2）明确设备的类型。
（3）确定定期校准或检定的频率。

相关知识

校准或检定是保证计量器具、温湿度监测设备等正常使用、计数准确的前提条件。新版 GSP 引入校准或检定是为了更好地保证药品流通领域中的药品质量。确保计量器具、温湿度监测设备等计量准确、运行状态稳定，是实现真正的高质量、高效益的药品经营质量管理的关键。

一、概述

1. 检定

检定指依据国家、地区、部门制定的《计量检定规程》查明和确认计量器具是否符合法定要求的程序，包括检查、加标记和（或）出具检定证书，通常是进行量值传递、保证量值准确一致的重要措施。根据国家计量法相关规定，对属于国家强制检定的计量器具应当依法强制检定。检定具有强制性，属于法制计量范畴。

2. 校准

校准指依据国家、地区、部门制定的《计量检定规程》或企业自行制定的《校准规范》，给测量仪器的特性赋值并确定示值误差，将测量仪器所指示或代表的量值，与对应的由标准所复现的量值之间进行比较的过程。通过检验、校正、报告或调整来消除被比较的测量装置在准确度方面的偏差。

> **知识链接**
>
> 《中华人民共和国计量法实施细则》（2022 年）
>
> 第十一条　使用实行强制检定的计量标准的单位和个人，应当向主持考核该项计量标准的有关人民政府计量行政部门申请周期检定。
>
> 使用实行强制检定的工作计量器具的单位和个人，应当向当地县（市）级人民政府计量行政部门指定的计量检定机构申请周期检定。当地不能检定的，向上一级人民政府计量行政部门指定的计量检定机构申请周期检定。
>
> 第十二条　企业、事业单位应当配备与生产、科研、经营管理相适应的计量检测设施，制定具体的检定管理办法和规章制度，规定本单位管理的计量器具明细目录及相应的检定周期，保证使用的非强制检定的计量器具定期检定。
>
> 第十三条　计量检定工作应当符合经济合理、就地就近的原则，不受行政区划和部门管辖的限制。

二、设备类型

1. 需检定的设备

药品经营企业需强制检定的计量器具主要包括台秤、天平、地磅、电子秤等，必须有计量检测机构出具的检定合格证。

2. 需校准的设备

温湿度监测的温湿度传感器、验证用的温湿度传感器、制冷机组自带的温湿度传感器等属于国家非强制检定的计量器具，应当按年度组织定期校准。

三、企业校准工作的展开

1. 定文件

制定包括校准、检定管理制度或规程，验证操作规程，验证方案、标准、报告、评价、偏差处理和预防措施等。

2. 查周期

计量器具、温湿度监测设备校准或检定，每年至少一次。相关设备校准或检定期间不得出现库房温湿度记录数据的缺失。

3. 查报告

国家规定需强制检定的，必须有计量检测机构出具的检定合格证；校准设备需带中国合格评定国家认可委员会（CNAS）的校准报告（报告需标明测量不确定度、测量误差等）；有根据验证方案形成的验证报告，并经审核和批准。

4. 查内容

（1）验证使用的温度传感器应当经有 CNAS 资质的计量机构校准，其温度测量的最大允许误差为 ±0.5℃。

（2）校准证书复印件应当作为验证报告的必要附件。

（3）冷库验证的项目齐全，如运行参数及使用状况测试、测点安装位置、开门作业影响、布点数量、数据采集时间等。冷藏/冷冻药品的温湿度记录仪使用检定或校准的方式来保证记录仪的精确性。

（4）储运温湿度监测系统的数据以及报警功能的确认，测量范围和准确度确认，测点安装数量及位置，应急性能确认，防用户修改、删除、反向导入数据等功能确认。

（5）冷藏运输等设施设备的温度分布特性的测试与分析，运行参数及使用状况测试，测点数量及安装位置确认，开门作业影响，车厢保温性能分析，数据采集间隔时间等。

（6）验证报告应包括验证实施人员，验证过程中采集的数据汇总，各测试项目数据分析图表，验证现场实景照片，各测试项目结果分析，验证结果总体评价等。

知识链接

《药品经营质量管理规范》（2016）

附录5 验证管理

第十条 验证使用的温度传感器应当经法定计量机构校准，校准证书复印件应当作为验证报告的必要附件。验证使用的温度传感器应当适用被验证设备的测量范围，其温度测量的最大允许误差为 ±0.5℃。

任务实施

要完成帮助企业确定定期校准或检定温湿度监测设备的频率，需要根据《药品经营质量管理规范》的设备类型确定。完成本次任务需要做到以下几点。

（1）辨别检定及校准的不同 检定具有强制性，属于法制计量范畴，目的是查明和确认计量器具是否符合法定要求的程序；校准是通过检验、校正、报告或调整来消除被比较的测量装置在准确度方面的偏差。

（2）明确设备的类型 本次被市场监督管理局责令限期整改点为某药品批发企业因温湿度监测设备未定期进行校准或者检定。温湿度监测设备属于国家非强制检定的计量器具。

（3）确定定期校准或检定的频率 依据《药品经营质量管理规范》中"附录3 温湿度自动监测"相关规定，企业应当对测点终端每年至少进行一次校准，对系统设备应当进行定期检查、维修、保养，并建立档案。因温湿度监测设备属于国家非强制检定的计量器具，应当按年度组织定期校准。

项目23 冷库的验证

某药品批发企业的冷库设置在仓库一楼，是用于储存冷链药品的库区。某日质量管理人员检查发现冷库的温度分布不均，部分区域温度高，部分区域温度低。调整高温区域制冷机组的启停参数后，发现其他区域的低温超限，反复调整也找不到问题根源。请你作为验证人员帮助企业解决冷库温度分布不均的问题。

📋 任务分析

完成本次任务需要做到以下几点：
（1）明确冷库验证的项目及要求。
（2）明确冷库验证的操作要点。
（3）确定问题根源并采取解决措施。

⚙ 相关知识

验证是保证设施设备达到预定目标正确使用的基础测试。没有验证，就没有基本的冷链安全。确认冷库符合规定的设计标准和要求，并能安全、有效地正常运行和使用，是保证冷藏、冷冻药品在储存养护过程中的质量安全的关键。

一、冷库

1. 概念

冷库指采用人工制冷降温并具有保冷功能的仓储建筑，包括库房、制冷机房、变配电间等，其中库房指冷库建筑物主体及为其配套的楼梯间、电梯间、穿堂等附属房间，制冷机房指安装制冷压缩机组和制冷辅助设备的房间。

2. 验证项目及要求

根据《医药产品冷链物流温控设施设备验证 性能确认技术规范》（GB/T 34399—2017）及《药品经营质量管理规范》的规定，冷库验证的项目及工作要求详见表23-1。

表23-1　冷库验证项目及要求

验证项目	工作要求
库房存储空间温度的偏差、均匀度和波动度确认（温度分布测试）	库房空调或制冷系统在既定运行条件下，空载和满载温度分布测试结果应证明温度控制在规定范围内：温度偏差、均匀度、波动度不高于±3℃
温度自动监测系统测点终端的准确度测试	温度自动监测系统测点终端与验证用温度记录仪的差值应在±1.0℃以内（冷冻库差值应在±2℃以内）
温度监测系统配置的测点终端安装位置确认	应确定冷点和热点并在冷点、热点设置温度自动监测系统测定终端
温控设施设备运行参数及使用状况测试	应对温度记录仪定期进行校准或检定：测量范围在0～40℃之间，温度的最大允许误差为±0.5℃；测量范围在-25～0℃之间，温度的最大允许误差为±1.0℃
开门作业对库房温度分布的影响	应证明导致任一测点超温的最短开门时间值大于规定值
确定设备故障或外部供电中断的状况下库房保温性能及变化趋势	应证明设备故障或外部供电终端情况下保温时限值大于规定值
冬季、夏季极端环境温度条件下的温度保障能力确认	冬季、夏季极端环境温度条件下仓储设施的温度控制符合前述要求

 **知识链接**

《药品经营质量管理规范》(2016年)

第五十三条 企业应当对冷库、储运温湿度监测系统以及冷藏运输等设施设备进行使用前验证、定期验证及停用时间超过规定时限的验证。

第五十四条 企业应当根据相关验证管理制度,形成验证控制文件,包括验证方案、报告、评价、偏差处理和预防措施等。

第五十五条 验证应当按照预先确定和批准的方案实施,验证报告应当经过审核和批准,验证文件应当存档。

第五十六条 企业应当根据验证确定的参数及条件,正确、合理使用相关设施设备。

二、验证的操作要点

1. 温度分布测试的布点原则

在仓库内一次性同步布点,确保各测点采集数据的同步、有效。每个库房中均匀性布点数量不应少于9个,仓间各角及中心位置均应布置测点,每两个测点的水平间距不应大于5m,垂直间距不应超过2m。库房每个作业出入口及风机出风口区域至少布置5个测点,库房中每组货架或建筑结构的风向死角位置至少应布置3个测点。特殊区域应布设温度监测点,包括空调或制冷设备回风位置,温度自动监测系统测点终端安装位置,门、窗、灯等位置。温度监测点均应布设在货位上或货物可能存放的位置。

2. 明确测点

应绘制测点分布示意图,设置多个测点的位置(如出风口、死角等)应覆盖相应的区域边界和中点(如送风夹角的两边和中线)。标明各测点序号,并注明各序号对应的测试用温度记录仪编号。

3. 放置验证用温度记录仪

放置于温度自动监测系统测点终端位置的验证用温度记录仪应尽可能靠近传感器以获得客观的数据。

4. 开门测试要求

开门测试应确保库门全开,如有多个库门应逐一测试(即库内温度恢复正常稳定后再进行下一库门的测试);判断超温时限以验证用温度记录仪的读数和温度监测系统的超温报警提示为依据(以先到达者为准)。

5. 设备故障或断电保温测试要求

对于设备故障或断电保温测试，由于超温风险较高，可考察设备停运后，变化最快测点的温度接近温控限度的时长（如由 5℃升高至 7℃的时长），据此推断超温时限，作为性能确认结果。

6. 满载测试要求

满载测试使用模拟物的装载情况应尽量接近库房使用时货物的存储状态，以获得具可比性的库内气流分布状态。

7. 空载及满载性能确认情形

库房初次使用前、库房改造后再次使用前、库房停用超过确定的最大时限再启用前应进行空载及满载性能确认。

8. 定期验证要求

定期验证时应进行满载性能确认，满载条件为库容率高于 70%。

9. 数据采集时间要求

在库房空调或制冷系统温度控制参数符合设定要求、库房温度符合设定范围后，数据有效持续采集时间不应少于 48 小时。性能确认数据采集的间隔时间不应大于 5 分钟。

任务实施

要作为验证人员帮助企业解决冷库温度分布不均的问题，需要根据《医药产品冷链物流温控设施设备验证　性能确认技术规范》(GB/T 34399—2017)及《药品经营质量管理规范》的规定展开验证，找出问题点。

（1）明确冷库验证的项目及要求　冷库验证的项目包括库房存储空间温度的偏差、均匀度和波动度确认（温度分布测试）、温度自动监测系统测点终端的准确度测试、温度监测系统配置的测点终端安装位置确认、温控设施设备运行参数及使用状况测试、开门作业对库房温度分布的影响、确定设备故障或外部供电中断的状况下库房保温性能及变化趋势、冬季/夏季极端环境温度条件下的温度保障能力确认。根据本问题的描述，此次冷库验证应主要围绕库房存储空间温度的偏差、均匀度和波动度确认（温度分布测试）、温控设施设备运行参数及使用状况测试三方面展开。

（2）明确冷库验证的操作要点　根据此次冷库验证的主要项目，制定验证实施方案，验证方案确认后，确定温度分布测试的布点，放置验证用温度记录仪，依据数据采集时间要求，进行设备故障或断电保温测试，分项测试验证，完成数据采集。对所有的验证数据进行分析汇总，整理测试项目数据分析图表，评价分项测试验证结果，出具验证报告。

（3）确定问题根源并采取解决措施　根据验证报告，明确问题根据，采取相应的方式解决冷库的温度分布不均的问题。

项目24　温湿度监测系统的验证

任务引入

某药品批发企业为高架仓库，经营范围不包括冷链药品。其中一个完整库区的层高为6m，面积为500m^2。若你作为验证人员对该库区的温湿度监测系统进行验证，请问至少需要安装多少个测点终端。

任务分析

完成本次任务需要做到以下几点：
（1）明确医药商品仓库的类型。
（2）确定医药商品仓库的层高及面积。
（3）计算测点终端的数量。

相关知识

药品储存过程中环境的温湿度对药品质量影响较大，在储存过程中需要使用温湿度监测系统对存储的环境进行实时监控，保证温湿度符合药品储存的要求。在使用温湿度监测系统进行监测前需要对温湿度监测系统进行验证，以确保监测系统的功能正常。

一、温湿度自动监测系统

1. 概念

温湿度自动监测系统指能对环境多点温湿度进行实时监测，并将数据传到计算机系统上进行数据存储与分析、输出打印，在温湿度超限时或设备出现异常时能自动报警的系统。该系统一般由温湿度传感器、数字变送器、通信总线和嵌入版触摸屏及上位机管理软件四部分组成。

> **知识链接**
>
> **《药品经营质量管理规范》(2016年)**
>
> 第五十三条 企业应当按照国家有关规定,对计量器具、温湿度监测设备等定期进行校准或者检定。
>
> 企业应当对冷库、储运温湿度监测系统以及冷藏运输等设施设备进行使用前验证、定期验证及停用时间超过规定时限的验证。

2. 验证项目及要求

根据《医药产品冷链物流温控设施设备验证 性能确认技术规范》(GB/T 34399—2017)及《药品经营质量管理规范》的规定,温湿度自动监测系统验证的项目及工作要求详见表24-1。

表24-1 温湿度自动监测系统验证的项目及工作要求

验证的项目	工作要求
温湿度数据的采集、传送、存储以及报警功能符合要求	系统应至少每隔1min更新一次测点温度数据 数据传送及时、完整 记录内容包括温度值、日期、时间、测点位置、库区或运输工具类别 在药品储存过程中至少每隔30min自动记录一次实时温湿度数据,在运输过程中至少每隔5min自动记录一次实时温湿度数据 当监测的温湿度值超出规定范围时,系统应至少每隔2min记录一次实时温湿度数据;当监测的温湿度达到设定的临界值或者超出规定范围,系统应能够实现就地和指定地点进行声光报警,同时采用短信通信的方式,向至少3名指定人员发出报警信息 测量终端采集的数据通过网络自动传送到管理主机,进行处理和记录,并采用可靠的方式进行数据保存,确保不丢失和不被改动
监测设备的测量范围和准确度符合要求	测量范围在0~40℃之间,温度的最大允许误差为±0.5℃;测量范围在-25~0℃之间,温度的最大允许误差为±1.0℃ 应自行对湿度进行确认,相对湿度的最大允许误差为±5%RH
测点终端安装数量及位置符合要求	每一独立的药品库房或仓间至少按照2个测点终端,并均匀分布 平面仓库面积在100m²以下的,至少安装2个测点终端;100m²以上的,每增加100m²至少增加1个测点终端,不足100m²按100m²计算 高架仓库或全自动立体仓库的货架层高在4.5~8m之间的,每100m²面积至少安装4个测点终端,每增加100m²至少增加2个测点终端,并均匀分布在货架上、下位置;货架层高在8m以上的,每100m²面积至少安装6个测点终端,每增加100m²至少增加3个测点终端,并均匀分布在货架的上、中、下位置,不足100m²的按100m²计算 高架仓库或全自动立体仓库上层测点终端安装的位置,不应低于最上层货架存放药品的最高位置 每台独立的冷藏、冷冻药品运输车辆或车厢,安装的测点终端数量不应少于2个 车厢容积超过20m³的,每增加20m³至少增加1个测点终端,不足20m³的按20m³计算 每台冷藏箱或保温箱应当至少配一个测点终端,测点终端应当牢固安装在经过确认的合理位置,避免储运作业及人员活动对监测设备造成影响或损坏,其安装位置不应随意变动

续表

验证项目	工作要求
系统与温度调控设施无联动状态的确认	控制系统与监测系统分别使用独立的传感器、控制主机、报警器和运行软件
系统在断电、计算机关机状态下可保证实时数据监测、记录、报警、传送功能正常，符合要求	系统在断电、计算机关机状态下可不间断地采集、记录温度数据并可实现声光报警和短信报警功能
应可防止用户修改、删除、反向导入数据	系统操作员与管理员应凭不同密码登录系统；无法修改、删除及反向导入数据

二、温度监测系统验证的操作要点

（1）应至少导出三个不同时间段的温度数据进行核查确认。

（2）应利用人体或其他热源改变测点终端的温度触发报警，确认报警功能是否符合要求。

（3）应人为制造系统故障以判断故障报警功能是否正常。

（4）应核查生产厂家提供的测点终端合格证明资料或定期校验资料以确认其准确度。在进行相应库房或车辆的性能确认时应同时进行测点终端的准确度确认。

（5）应检查是否在另一台独立的计算机或存储设备按日备份数据。

（6）应检查不间断电源容量，确认其可为整个监测系统供电，断电情况下可实现数据采集、存储、报警灯全部功能。

任务实施

要计算进行温湿度监测系统验证时需要安装的测点终端最小数量，需要依据《医药产品冷链物流温控设施设备验证 性能确认技术规范》（GB/T 34399—2017）及《药品经营质量管理规范》的规定确定。

（1）明确医药商品仓库的类型 该药品批发企业为高架仓库。高架仓库层高在 4.5～8m 之间的，每 100m^2 面积至少安装 4 个测点终端，每增加 100m^2 至少增加 2 个测点终端，并均匀分布在货架上、下位置。

（2）医药商品仓库的层高及面积 层高为 6m，面积为 500m^2。

（3）计算测点终端的数量 层高为 6m，每 100m^2 至少需安装 4 个测点终端，每增加 100m^2 至少增加 2 个测点终端，因此共需 4+（500−100）/100×2=12 个测点终端，并需均匀分布在货架上、下位置。

模块三

药品销售管理

课题8　药品宣传

学习目标

1. 能根据规定，进行药品广告的申请。
2. 能根据药品广告的发布要求，确定药品广告发布的范围，规范药品广告发布形式。
3. 能根据药品广告的要求，进行药品广告内容的审核。
4. 能识别违法药品广告，并指出相应的法律依据。

项目25　药品广告管理

任务引入

广州某药业生产的非处方（OTC）感冒药品即将投放市场。为宣传该药品，促进该药品的销售，该公司市场专员胡某某需对该药品进行广告报批、发布，请帮助胡某某完成任务。

任务分析

完成本次任务需要做到以下几点：
（1）按照药品广告内容制定的原则，确定广告内容，避免药品广告出现不得出现的内容。
（2）明确药品广告发布的形式、媒体限制、异地广告管理要求。
（3）按照广告的审批流程准备报批材料。
（4）在符合要求的媒体上发布经过审批的广告。

相关知识

药品广告，是指利用各种媒介或者形式发布的广告，含有药品名称、药品适应证（功能主治）或者与药品有关的其他内容。

药品属于事关人体健康和生命安全的特殊商品。《中华人民共和国药品管理法》第八章和《药品管理法实施条例》第七章对药品广告的管理提出总的要求。2018年修正的《中华人民共和国广告法》中也有涉及药品广告的管理规定。2020年3月1日起施行的《药品、医疗器械、保健食品、特殊医学用途配方食品广告审查管理暂行办法》（以下简称《暂行办法》）对药品广告的申请、审查、内容要求和处罚规定进一步细化。

 知识链接

《药品、医疗器械、保健食品、特殊医学用途配方食品
广告审查管理暂行办法》

第五条　药品广告的内容应当以国务院药品监督管理部门核准的说明书为准。药品广告涉及药品名称、药品适应症或者功能主治、药理作用等内容的，不得超出说明书范围。

药品广告应当显著标明禁忌、不良反应，处方药广告还应当显著标明"本广告仅供医学药学专业人士阅读"，非处方药广告还应当显著标明非处方药标识（OTC）和"请按药品说明书或者在药师指导下购买和使用"。

一、药品广告的审批

药品广告须经企业所在地省、自治区、直辖市人民政府食品药品监督管理部门批准，并发给药品广告批准文号；未取得药品广告批准文号的，不得发布。

1. 药品广告的申请

药品广告批准文号的申请人必须是具有合法资格的药品生产企业或者药品经营企业。药品经营企业作为申请人的，必须征得药品生产企业的同意。申请药品广告批准文号，应当向药品生产企业所在地的药品广告审查机关提出。申请进口药品广告批准文号，应当向进口药品代理机构所在地的药品广告审查机关提出。

2. 药品广告的审查

国家市场监督管理总局负责组织、指导药品广告审查工作。

各省、自治区、直辖市药品监督管理部门（以下称广告审查机关）负责药品广告审查，依法可以委托其他行政机关具体实施广告审查。

非处方药仅宣传药品名称（含药品通用名称和药品商品名称）的，或者处方药在指定的医学或药学专业刊物上仅宣传药品名称（含药品通用名称和药品商品

名称）的，无需审查。

申请审查的药品广告，符合《中华人民共和国广告法》《中华人民共和国药品管理法》《药品管理法实施条例》《药品广告审查发布标准》以及国家有关广告管理的其他规定的，方可予以通过审查。

二、药品广告的发布

经广告审查机关审查通过并向社会公开的药品广告，可以依法在全国范围内发布。广告主、广告经营者、广告发布者应当严格按照审查通过的内容发布药品广告，不得进行剪辑、拼接、修改。已经审查通过的广告内容需要改动的，应重新申请广告审查。

1. 不得发布广告的药品

麻醉药品、精神药品、医疗用毒性药品、放射性药品、药品类易制毒化学品以及戒毒治疗的药品，医疗机构配制的制剂，军队特需药品，国家药品监督管理部门依法明令停止或者禁止生产、销售和使用的药品，法律、行政法规禁止发布广告的情形。

2. 药品广告发布媒体的限制

处方药（不得发布广告的除外）只能在国务院卫生行政部门和国务院药品监督管理部门共同指定的医学、药学专业刊物上发布。不得利用处方药的名称为各种活动冠名进行广告宣传。不得使用与处方药名称相同的商标、企业字号在医学、药学专业刊物以外的媒介变相发布广告，也不得利用该商标、企业字号为各种活动冠名进行广告宣传。

3. 异地发布药品广告的管理

在药品生产企业所在地和进口药品代理机构所在地以外的省、自治区、直辖市发布药品广告的（以下简称异地发布药品广告），在发布前应当到发布地药品广告审查机关办理备案。

三、药品广告的内容

1. 药品广告内容的原则性规定

药品广告的内容应当真实、合法，以国务院药品监督管理部门核准的药品说明书为准，不得含有虚假的内容。药品广告涉及药品名称、药品适应证或者功能主治、药理作用等内容的，不得超出说明书范围。

药品广告应当显著标明禁忌、不良反应、广告批准文号，处方药广告还应当显著标明"本广告仅供医学药学专业人士阅读"，非处方药广告还应当显著标明非处方药标识（OTC）和"请按药品说明书或者在药师指导下购买和使用"。

广告中应当显著标明的内容，其字体和颜色必须清晰可见、易于辨认，在视频广告中应当持续显示。

2. 药品广告的科学性要求

药品广告中有关药品功能疗效的宣传应当科学准确，不得出现下列情形。

（1）表示功效、安全性的断言或者保证；利用国家机关、科研单位、学术机构、行业协会或者专家、学者、医师、药师、患者等的名义或者形象作推荐、证明。

（2）说明治愈率或者有效率的。

（3）与其他药品的功效和安全性进行比较的。

（4）违反科学规律，明示或者暗示可以治疗所有疾病、适应所有症状、适应所有人群，或者正常生活和治疗病症所必需等内容。

（5）含有"安全无毒副作用""毒副作用小"等内容，明示或者暗示成分为"天然"因而安全性有保证等内容的。

（6）引起公众对所处健康状况和所患疾病产生不必要的担忧和恐惧，或者使公众误解使用该产品会患某种疾病或者加重病情的内容。

（7）其他不科学的用语或者表示，如"最新技术""最高科学""最先进制法"等。

（8）非处方药广告不得利用公众对于医药学知识的缺乏，使用公众难以理解和容易引起混淆的医学、药学术语，造成公众对药品功效与安全性的误解。

（9）利用广告代言人作推荐、证明。

四、药品广告的法律责任

违反《中华人民共和国药品管理法》有关药品广告的管理规定的，依照《中华人民共和国广告法》的规定处罚，并由发给广告批准文号的药品监督管理部门撤销广告批准文号，1年内不受理该品种的广告审批申请；构成犯罪的，依法追究刑事责任。

药品监督管理部门对药品广告不依法履行审查职责，批准发布的广告有虚假或者其他违反法律、行政法规的内容的，对直接负责的主管人员和其他直接责任人员依法给予行政处分；构成犯罪的，依法追究刑事责任。

任务实施

要完成药品广告的发布任务，在药品广告发布活动过程中，需要按照药品广告的审批、发布要求，以确保药品广告符合要求。

（1）制定药品广告内容：以国务院药品监督管理部门核准的药品说明书为准，确定广告内容，不得超出说明书范围。

（2）准备《广告审查表》与依法有效的材料。

（3）制定发布内容相一致的样稿（样片、样带）和药品广告申请的电子文件。

（4）提交审批材料：向企业所在的省、自治区、直辖市药品监督管理部门（以下称广告审查机关）依法提交《广告审查表》、与发布内容一致的广告样件，以及合法有效的材料。

（5）确定药品广告发布的地域、媒体。

（6）发布广告。

 知识链接

《药品、医疗器械、保健食品、特殊医学用途配方食品广告审查管理暂行办法》

第十一条 药品、医疗器械、保健食品和特殊医学用途配方食品广告不得违反《中华人民共和国广告法》第九条、第十六条、第十七条、第十八条、第十九条规定，不得包含下列情形：

（一）使用或者变相使用国家机关、国家机关工作人员、军队单位或者军队人员的名义或者形象，或者利用军队装备、设施等从事广告宣传。

（二）使用科研单位、学术机构、行业协会或者专家、学者、医师、药师、临床营养师、患者等的名义或者形象作推荐、证明。

（三）违反科学规律，明示或者暗示可以治疗所有疾病、适应所有症状、适应所有人群，或者正常生活和治疗病症所必需等内容。

（四）引起公众对所处健康状况和所患疾病产生不必要的担忧和恐惧，或者使公众误解不使用该产品会患某种疾病或者加重病情的内容。

（五）含有"安全""安全无毒副作用""毒副作用小"；明示或者暗示成分为"天然"，因而安全性有保证等内容。

（六）含有"热销、抢购、试用""家庭必备、免费治疗、免费赠送"等诱导性内容，"评比、排序、推荐、指定、选用、获奖"等综合性评价内容，"无效退款、保险公司保险"等保证性内容，怂恿消费者任意、过量使用药品、保健食品和特殊医学用途配方食品的内容。

（七）含有医疗机构的名称、地址、联系方式、诊疗项目、诊疗方法以及有关义诊、医疗咨询电话、开设特约门诊等医疗服务的内容。

项目26　药店营销活动管理

任务引入

小林新接管连锁药店，营业面积约 80m²，属社区医保药店。日营业额 2000 元以上。店内实行多元化经营，药品、医疗器械、保健食品总计约 1000 个品种，以上三类品种各占三分之一，但动销率较低，公司总部要求小林作为新任店长设计一整套营销方案，请根据药店情况帮助店长完成任务。

任务分析

完成本次任务需要做到以下几点：
（1）明确药店市场营销定位。
（2）调研与分析药店营销环境。
（3）根据药店定位和营销环境，制订合理的药店营销策略。
（4）实施药店营销策略。
（5）总结和评估药店营销活动。

相关知识

药店营销指药店通过提供以医药产品为核心、以药学服务和用药信息为辅助的健康服务组合，采取一系列的营销策略使其所提供的产品及健康服务能够更好地满足消费者的需求，并获得利润及自身发展的一系列行为活动。

一、药店市场营销定位

根据目标顾客群体、产品组合、地理位置和药学服务特色的差异，药店市场营销定位可以分为以下几种类型。

1. 综合型药店定位

综合型药店会向不特定顾客群体提供多元化的产品，同时强调药学服务的重要性。主要特征为：目标顾客广泛、经营品种多、服务全，兼营与健康相关联的产品，在服务上除以药学服务为核心外，一般还提供包括白领女性的美容美体服务、针对老年人的营养健康服务以及药材加工服务等。

2. 健康美丽型药店定位

健康美丽型药店除了经营药品外，还经营保健食品或者化妆品。经营品种不如综合型药店多，一般专注药品、保健食品、化妆品。主要特征为：经营特色以提供健康服务或美容服务为核心，为顾客提供专业化、个性化的保健或美容解决方案，保健品或化妆品是药店经营的核心产品。

3. 社区型药店定位

社区型药店多在社区或居民聚集区选址，经营的目标是满足社区居民日常用药的需求。主要特征为：目标顾客为社区居民，经营的药品多为社区居民日常用药，价格相对低廉，以治疗社区居民的常见病、慢性病的药品为主，并开展免费测量血压、送药上门服务等社区型药店服务特色。

4. 专业型药店定位

专业型药店是专门致力于提供某一专科药品或某一品牌药品的药店，注重单一品种。其主要特征为：目标顾客人群相对较为单一，服务专业、深入，更能满足特定客户的个性化需求。

5. 平价型药店定位

平价型药店是以低价取胜、薄利多销的药店。其主要特征为：目标顾客主要为对药品价格敏感或者是不能享受"医保"的中低收入者。

二、药店营销管理内容

1. 调研与分析药店营销环境

药店营销环境分析是药店开展市场营销活动的重要基础工作，可分为宏观营销环境（如人口、经济、政治、法律和文化等因素）和微观营销环境（内部环境有营销人员、医药品种、药店的位置、商圈环境、装潢等；外部环境有供应商、顾客、竞争者的情况等）。

2. 制订与实施药店营销策略

正确选择和运用营销策略是制订与实施药店营销策略使药店经营成功的关键。根据药店经营的需要，制订合理的药店营销策略非常重要。

3. 总结和评估药店营销活动

通过对药店营销策略是否切合市场需求、营销计划是否周密和具有可行性、营销计划执行是否到位及营销效果如何等进行科学地总结和评估，根据评估结果，对药店营销过程中存在的问题进行修正和调整。

三、药店营销策略

主要包括产品策略、价格策略、促销策略、展示策略、药学服务策略等。实施营销策略是药店营销的重要环节。

1. 药店营销产品策略

（1）药店产品的差异化及关联产品组合策略　为顾客提供全面的健康管理方案，并采取与经营产品关联的组合销售策略，为顾客提供差异化服务，提升顾客的忠诚度。如当顾客患有口腔溃疡前来药店购药时，药师在为其配备西瓜霜喷剂的同时，可建议服用 B 族维生素和维生素 C，B 族维生素能防止口腔溃疡，维生素 C 能防止牙龈出血，帮助溃疡愈合。此外，高档、中档、低档药品都需要备货，保证在同一病症下，有不同价格、不同剂型的药品，给顾客更多样的选择。

（2）药店产品的多元化策略　以医药产品为基础，围绕"大健康、大生活"，兼营与健康、美丽相关的护理产品、化妆品、健康食品，与家庭生活紧密相关的日常生活用品等，满足不同消费者的需求，同时满足顾客的"一站式购物"需求。

（3）药店的品类管理策略　通过药品品类的管理，满足商圈顾客的需求来获得顾客的最大满意度进行策略管理，是药店营销中非常重要的环节。

2. 药店营销价格策略

药店医药产品的价格通常对交易结果有重要影响，同时又是药店营销组合中的重要组成部分。药店可以根据目标顾客、药品种类、销售情况等的不同，运用价格杠杆，采取灵活的定价策略进行营销。可采用折扣与折让价格策略、差异定价策略、心理定价策略、促销定价策略等。

3. 药店促销策略

药店促销指综合运用人员销售、广告、销售促进、公共关系以及直接营销等营销传播组合，向顾客传递有关药店和医药产品的信息，有利于有效地刺激消费者购买。药店常用的促销策略有以下 8 种。

（1）赠送营销策略　赠送产品或赠券。

（2）会员制营销策略　通过设立会员卡积分制，会员分级管理，提供差异化服务，不同等级的会员可以享受不同层次的优惠折扣及积分可以兑换礼券等。

（3）社区促销策略　通过药店的销售人员进社区，开展一系列的医药产品宣传和药学服务，为药店树立更好的形象，确保客源稳定和增长，促进销售。

（4）体验促销策略　针对消费者开展免费体验活动。

（5）POP 广告促销策略　POP 又叫做店头陈设，常用于短期促销，包括户外招牌、橱窗海报、店内台牌、价目表、吊旗、立体卡通模型等多种形式，可以将医药产品的特性及说明传达给消费者，有效地吸引消费者的关注，唤起购买欲望。

（6）主题促销策略　根据全年的主要节假日和药店的实际情况，选择合适的促销主题以及促销形式来实施促销活动。如在每年的端午节、中秋节和重阳节等节日，促销各种保健品、部分医药产品、老年人用品等产品，提高药店的销量和扩大药店的影响力。

（7）团购促销策略　根据薄利多销的原则，给顾客提供低于零售价的团购折扣和优质服务，此举能够在较短的时间内获得较高的人气。

（8）换购活动　药店可以与药品生产企业联手实施医药产品的"换购"，如将"过期药品换购"变成药店的常规便民服务。"换购"不仅帮助顾客解决了过期药品的难题，同时又提高了药店形象和知名度。

4. 药店展示营销策略

良好的药店展示能很好地促进药品的销售，提高药店的市场竞争力。主要包括药店环境展示、药店形象设计和药品陈列设计以及药店销售人员展示。

（1）药店环境展示策略　温度、湿度、通风情况、整洁度等构成了药店的环境。一个好的药店环境，会增加顾客的流量。

（2）药店形象设计策略　药店的招牌设计、门面设计、照明设计等构成了药店的形象。光亮、整洁、色彩搭配得体和照明舒适的店面设计，是刺激消费者视觉的环境因素和最容易被消费者察觉的有形服务。

（3）药品陈列设计策略　药店可以通过药品陈列提高顾客对医药产品的了解，并加深其记忆，激发顾客的购买欲望，以起到促进销售的作用。

（4）药店销售人员展示策略　通过销售人员的服务活动来展示药店形象，提高顾客的满意度。

5. 药学服务营销策略

提供安全有效的药学服务，科学地指导消费者选购药品，开展合理用药咨询业务，加强与消费者的交流和沟通，确保消费者安全、有效、经济合理地使用药品。

（1）核心服务　指向顾客提供最基本的医药学专业咨询服务。

（2）感知服务　药店给患者提供服务的基本形式，是核心服务借以实现的形式。通过亲情服务，重视顾客的感知与体验。

（3）延伸服务　指顾客在获得其核心服务和感知服务的同时，附带收获的各种利益的总和。延伸服务可以深化并提升药学服务的内涵，还可以展现企业的特色并使本企业与竞争者区分开来。如为慢性疾病的顾客建立患者的用药档案，提供较为全面的慢病管理服务。

（4）特色服务　药店可以定期或不定期地开展一些健康讲座、专家义诊等活动，增强客户预防疾病和保健的意识。药店可以开展富有特色的服务项目。如开展免费送药上门等服务，与消费者建立稳定持久的关系，并进行跟踪服务，留住老顾客，发展潜在的消费人群。

任务实施

要完成药店营销活动的任务，需要了解药店情况，以确保营销活动符合市场需求。

（1）确定药店市场定位　分析目标顾客群体、产品组合、地理位置和药学服务特色。

（2）调研和分析药店营销环境　包括宏观环境和微观环境。

（3）制定营销策略　包括产品策略、价格策略、促销策略、展示策略、药学服务策略等。

（4）实施营销计划。

（5）总结和评估　营销策略、营销计划、营销效果。

项目27　互联网药品信息服务

任务引入

越来越多的年轻人选择网上购买药品。林某某所在的本地较大的连锁药房之一，为开拓"互联网＋药品"业务，准备开设网上药店。林某某接到开办网上药店准备工作的通知，请帮助林某某完成任务。

任务分析

完成本次任务需要做到以下几点：

（1）按照申请《互联网药品信息服务资格证书》办理条件，审核企业情况。

（2）准备申请办理《互联网药品信息服务资格证书》的资料。

（3）按照《互联网药品信息服务资格证书》审批流程报批材料。

相关知识

网上药店是医药电子商务发展的产物。申请开设网上药店的企业必须是连锁企业，有实体连锁药房，具备专业的信息化设备，具备完善的仓储和物流体系。

同时须取得《互联网药品交易服务资格证书》。

互联网药品信息服务，是指通过互联网向上网用户提供药品（含医疗器械）信息的服务活动。分为经营性和非经营性两类。

经营性互联网药品信息服务是指通过互联网向上网用户有偿提供药品信息等服务的活动。非经营性互联网药品信息服务是指通过互联网向上网用户无偿提供公开的、共享性药品信息等服务的活动。

一、网上药店的开办条件

1. 互联网药品信息服务许可证办理条件

（1）互联网药品信息服务的提供者应当为依法设立的企事业单位或者其他组织。

（2）具有与开展互联网药品信息服务活动相适应的专业人员、设施及相关制度。

（3）有两名以上熟悉药品、医疗器械管理法律、法规和药品、医疗器械专业知识，或者依法经资格认定的药学、医疗器械技术人员。

2. 互联网药品信息服务许可证办理需要的资料

（1）《互联网药品信息服务申请表》。

（2）企业营业执照复印件（新办企业提供工商行政管理部门出具的名称预核准通知书及相关材料）。

（3）网站域名注册的相关证书或者证明文件。

（4）网站栏目设置说明（申请经营性互联网药品信息服务的网站需提供收费栏目及收费方式的说明）。

（5）网站对历史发布信息进行备份和查阅的相关管理制度及执行情况说明。

（6）（食品）药品监督管理部门在线浏览网站上所有栏目、内容的方法及操作说明。

（7）药品及医疗器械相关专业技术人员学历证明或者其专业技术资格证书复印件、网站负责人身份证复印件及简历。

（8）健全的网络与信息安全保障措施，包括网站安全保障措施、信息安全保密管理制度、用户信息安全管理制度。

（9）保证药品信息来源合法、真实、安全的管理措施、情况说明及相关证明。

《互联网药品信息服务申请表》见表27-1。

表27-1 《互联网药品信息服务申请表》

互联网药品信息服务单位名称							
互联网药品信息服务申请类别			经营性 □		非经营性 □		
单位地址（详细填写）							
企业法定代表人							
邮编		电话（区号）	（　）	传真		E-mail	
网站名称							
网站主服务器所在地地址/域名/IP地址（详细填写）							
网站其他服务器所在地地址/域名/IP地址（详细填写）							
		姓名	联系电话		传真	E-mail	
单位负责人							
单位联系人							
熟悉药品管理法律、法规和药品知识的人员情况							
姓名		毕业学校/专业		对药品管理法律、法规和药品知识的熟悉程度			
				熟悉 □		一般 □	
				熟悉 □		一般 □	
				熟悉 □		一般 □	
上级单位或投资者名称							
单位地址（详细填写）							
邮编		电话（区号）		传真		E-mail	
非收费栏目和主要内容							
收费栏目和主要内容							
药品监督管理部门意见	（审核意见） （加盖公章） 　　年　　月　　日						

> **知识链接**
>
> 《互联网药品信息服务管理办法》
>
> 　　第八条　提供互联网药品信息服务的网站，应当在其网站主页显著位置标注《互联网药品信息服务资格证书》的证书编号。
>
> 　　第九条　提供互联网药品信息服务网站所登载的药品信息必须科学、准确，必须符合国家的法律、法规和国家有关药品、医疗器械管理的相关规定。
>
> 　　提供互联网药品信息服务的网站不得发布麻醉药品、精神药品、医疗用毒性药品、放射性药品、戒毒药品和医疗机构制剂的产品信息。
>
> 　　第十条　提供互联网药品信息服务的网站发布的药品（含医疗器械）广告，必须经过（食品）药品监督管理部门审查批准。
>
> 　　提供互联网药品信息服务的网站发布的药品（含医疗器械）广告要注明广告审查批准文号。

二、互联网药品信息服务许可证办理流程

互联网药品信息服务许可证办理流程见图27-1。

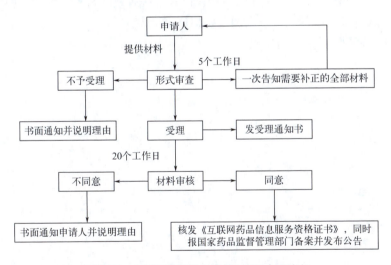

图27-1　互联网药品信息服务许可证办理流程

三、互联网药品信息服务许可证变更和换发

《互联网药品信息服务资格证书》有效期为5年。有效期届满，需要继续提供互联网药品信息服务资格证的，持证单位应在有效期届满6个月内，向原发证

机关申请换发《互联网药品信息服务资格证书》。

互联网药品信息服务提供者变更下列事项之一的，应当向原发证机关申请办理变更手续，填写《互联网药品信息服务项目变更申请表》，同时提供下列相关证明文件。

（1）《互联网药品信息服务资格证书》中审核批准的项目（互联网药品信息服务提供者单位名称、网站名称、IP 地址等）。

（2）互联网药品信息服务提供者的基本项目（地址、法定代表人、企业负责人等）。

（3）网站提供互联网药品信息服务的基本情况（服务方式、服务项目等）。

任务实施

要完成网上药店开办任务，需要按照《互联网药品信息服务管理办法》的审批要求，进行《互联网药品交易服务资格证书》申请。

（1）审核企业办理互联网药品信息服务许可证的办理人员、设施及相关制度等条件。

（2）准备办理互联网药品信息服务许可证需要的资料。

（3）提交审批材料：向企业所在的省、自治区、直辖市药品监督管理部门依法提交《互联网药品信息服务申请表》，以及合法有效的材料。

（4）取得《互联网药品交易服务资格证书》。

（5）开通网上药店。

课题9　药品出库

学习目标

1. 能按照普通药品出库要求，规范普通药品拣选、复核出库操作。
2. 能按照冷链药品出库要求，规范冷链药品拣选、复核出库操作。
3. 能按照特殊管理药品出库要求，规范特殊管理药品拣选、复核出库操作。

项目28　普通药品出库

 任务引入

秋冬季节感冒频发，市场对于感冒灵颗粒、酚麻美敏（泰诺）、复方氨酚烷胺（快克）等药品的需求也逐渐增大。某医药物流企业接到订单，需要发出一批相关药品。拣货员李某和复核员张某等接到任务，需要根据本企业普通药品出库的流程和要求进行出库操作，请帮助他们完成任务。

任务分析

完成本次任务需要做到以下几点：
（1）明确普通药品出库的原则和流程。
（2）熟悉普通药品出库的环境设备。
（3）采用电子标签系统进行普通药品拣选。
（4）对普通药品进行复核装箱操作。
（5）规范填写相关单据与记录，确保正确出货。

相关知识

药品出库是按照业务部门开出的出库凭证所列具体内容，由保管部门组织配货和发出的过程。药品出库包括拣选与复核出库两个方面，过程中需要对拟销售的药品进行仔细检查，保证其数量准确、质量良好，是药品流通过程的重要环节。《药品经营质量管理规范》（GSP）第九十六至一百零二条，分别对药品的出库注意事项以及直调药品、特殊管理药品、冷藏冷冻药品等的出库和药品发运作出了明确规定，有助于提高药品出库环节的质量风险控制能力，确保公众用药安全。

一、普通药品出库的原则

药品出库必须严格执行"三查六对"制度。"三查"，即查核发票的货号、单位印鉴、开票日期是否符合要求；"六对"，即查核品名、规格、包装、批号、数量及发货日期是否相符。

药品出库必须遵循"先产先出、近期先出、先进先出、易变先出、按批号发货"的原则。

1. 先产先出原则

库存中同一品名、规格的药品在出库时应先将生产日期在先的批号发出，有利于缩短药品的流通储存时间，提高仓储效率，保证药品质量。

2. 近期先出原则

每一个药品都有使用期限，到期的药品不可继续使用，所以较接近有效期截止日期的药品应首先发出，使得药品在有效期截止日期之前投入使用，以保障药品质量。

3. 先进先出原则

同一品种的药品，按进库的先后顺序出库，即先入库的药品先出库。这是因为药品经营企业进货频繁、渠道较多且库存量大，同一品种不同厂家的进货也较为普遍，如不遵循"先进先出"原则，就有可能将后入库的药品发出，而先进库的药品一直贮存在仓库中，导致久贮变质。

4. 易变先出原则

对于质量易于变化的药品，如中药材（中药饮片）等，应尽快先出库，以减少损失。

5. 按批号发货原则

药库发货时按照药品生产批号集中发货，尽量减少同一品种在同一批发货中的批号，这是药品实行批号管理的要求，主要为了确保药品的可追溯性。一旦出现药品不良反应或其他问题，企业能以最快的速度进行通告和回收，并开展原因的分析与查明，以保障患者用药权益。

二、普通药品出库环境设备

1. 环境条件

企业接到药品订单，核对单据、出库复核的整个过程都在仓库进行，普通药品是一些常见的对储存条件要求不高的品种，普通药品出库操作主要在阴凉库进行。该库区温度一般不高于20℃，涉及多种设备和用具，由不同的岗位操作人员配合完成出库操作。

2. 设备与用具

（1）周转箱　周转箱是一种物流容器，用于各类仓库、生产现场等多种场合，适用于企业物流中的运输、配送、储存、流通加工等多个环节，是现代物流管理的必备品。周转箱能耐酸耐碱、耐油污，无毒无味，具有清洁方便、周转便捷、堆放整齐、便于管理等优点。目前常用的周转箱主要有可堆式周转箱、可插式周转箱、折叠式周转箱三种。

（2）电子标签辅助系统　电子标签辅助系统安装在货架储位上，是采用先进电子和通信技术开发而成的物流辅助作业系统，通过计算机与软件的控制灯号、蜂鸣器、数字显示等作为辅助工具，引导拣货员正确、快速地完成拣货工作。电子标签系统与仓储管理系统（warehouse management system，WMS）配合使用，极大地提升了流通作业的速度与品质，大幅降低错误率，同时可实现无纸化、标准化作业。

（3）自动分拣系统　自动分拣系统（automatic sorting system）是现代化配送中心必备的设施条件之一，它可以把分拣的前后作业连接起来，连续、大批量地分拣货物，极大地提高了货物的分拣效率。按照分拣模式不同，自动分拣系统主要有堆块式分拣系统、滑块式分拣机、交叉带式分拣系统、摇臂式自动分拣系统等几种类型。

三、普通药品出库流程

1. 拣选

拣选是指拣货员根据任务指令信息，从储位上提取药品的过程，其中整件药品加贴箱标签，直接进入集货区，而拆零品种则置于周转箱传送到复核打包台。拣选是药品流通配送的中心环节，包括订单下发、拣货单制作与拣货三个步骤，目前各企业多采用电子标签辅助系统进行散件药品拣货作业，极大地提高了拣货效率。普通药品的拣选应在阴凉区域内完成，若库存不足应及时补货。

> **知识链接**
>
> **补货作业**
>
> 补货是依据拣货区内各种药品的储存量要求,将库存药品运送到拣货区,并准确地放置到相应区域的作业流程。当拣选区的存货水平下降至预先设定的标准数量以下时,为补充拣货区所缺药品,需进行补货操作。补货作业的基本过程包括补货信息确认、行走与搬运、货品上架。按照运送方式不同,可分为取货箱补货、托盘补货、货架补货;按补货时间可分为定时补货、随机补货;按照操作类型可分为批量补货、直接补货、复合式补货和自动补货等。

2. 复核

为了防止差错的出现,拣货完成后需要对药品的品名、规格、生产厂商、批号、有效期、送货日期以及送货单位名称等项目进行检查,同时检查商品是否完好,数量是否准确,确保实物与票据内容相符。复核完成后,确认复核结果,完成出库复核记录(表 28-1)。

表 28-1 ××××医药物流有限公司药品出库复核记录单

收货单位:××医药股份有限公司　　　　　　编号×××××
收货地址:杭州市××××

出库日期	购货单位	药品名称	剂型	规格	生产企业	上市许可持有人	批号	批准文号	有效期	数量	质量状况

单位盖章:　　　　　　　　　复核人:×××　　　　　　复核日期:××××.××.××

3. 装箱

复核员将已复核无误的零货药品按照一定要求装入包装箱内,进行"十"字封箱,并粘贴相应拼箱标签,若有易碎或贵重药品,还需粘贴"易碎""贵重"等字样。拼箱过程按照药品的属性、剂型归类打包,遵循"大不压小、重不压轻、整不压零、正反不倒置、最小受力面"的原则,避免运输过程中的损失。封箱后需要用胶带将装箱清单(表 28-2)封在箱体的正上方,注意不能遮挡箱体上的药品相关信息。

4. 出货

根据货物标签的指示,将复核打包完成、确认外包装完好的货物放置到仓库内对应的集货暂存区或待发区域。仓库工作人员与提货人、承运人等要当面清点交接,并交代注意事项,签字做好相应记录。

表 28-2　××××医药物流有限公司装箱清单

收货单位：××医药股份有限公司　　　　　　　　编号×××××
收货地址：杭州市××××

出库日期	购货单位	药品名称	剂型	规格	生产企业	上市许可持有人	批号	批准文号	有效期	数量

装箱人：　　　　　　　　　　　　　　　　　　装箱日期：

四、普通药品出库注意事项

拣选时发现以下情况应停止拣货，并报质量管理部门处理：药品包装内有异常响动或液体渗漏；外包装出现破损、封口不牢、衬垫不实、封条严重损坏等现象；包装标识出现模糊不清或脱落情况；药品过期等。

普通药品应在阴凉库（区）内的复核打包台进行复核、拼箱工作，并将药品放置阴凉库（区）待发区。在复核时发现药品与票据内容不一致时，应立即向拣货员提出，确认原因后调整更换。

普通药品拼箱时遵循"大不压小、重不压轻、整不压零、正反不倒置、最小受力面"原则；非药品、外用药、液体药、易串味药、其他药品之间要分开摆放，液体药品需使用安全防护包装，易串味药还需用塑料袋包住并用胶带封口，防止串味影响其他药品质量；外包装箱不宜过大或过小，箱内空隙的地方应用符合规定的衬垫物塞紧，防止碰撞；封箱标签应贴在显眼的位置，但不能遮挡装箱清单及关键药品信息。

任务实施

要完成普通药品出库的任务，在出库活动过程中，需要按照普通药品出库程序和要求，以确保出库的药品准确无误。

（1）生成拣货计划　公司接到药品订单，制作拣货单。

（2）拣选　根据指示灯确定药品位置，按电子标签显示的货位及数量拣取药品，拍灭指示灯完成拣货并进行下一个药品拣货，本订单全部药品拣选完毕，拍灭总指示灯，并将所有药品放置周转箱，由流水线转至复核区。

（3）复核　扫描周转箱条码获取药品信息，根据订单，逐一清点药品数量，核对药品信息（品名、规格、批号、有效期等内容）；核对无误后，扫描药品电子监管码，上传至中国药品电子监管网；点击复核按钮，完成复核记录。

（4）装箱　选择大小适宜的纸箱，液体药品进行防震包装，易串味药品用塑料袋密封，非药品、外用药、液体药、易串味药、其他药品之间用隔板分离，箱内空隙用衬垫物塞紧;采用"十"字封箱,并粘贴拼箱、易碎、贵重等标签及装箱清单,完成零货药品装箱。

(5)集货 将复核打包完成的药品转移至相应的发货区,等待发货。

> **知识链接**
>
> **《药品经营质量管理规范》(2016)**
>
> 第九十四条 出库时应当对照销售记录进行复核。发现以下情况不得出库,并报告质量管理部门处理:
>
> (一)药品包装出现破损、污染、封口不牢、衬垫不实、封条损坏等问题;
>
> (二)包装内有异常响动或者液体渗漏;
>
> (三)标签脱落、字迹模糊不清或者标识内容与实物不符;
>
> (四)药品已超过有效期;
>
> (五)其他异常情况的药品。
>
> 第九十五条 药品出库复核应当建立记录,包括购货单位、药品的通用名称、剂型、规格、数量、批号、有效期、生产厂商、出库日期、质量状况和复核人员等内容。
>
> 第九十七条 药品拼箱发货的代用包装箱应当有醒目的拼箱标志。
>
> 第九十八条 药品出库时,应当附加盖企业药品出库专用章原印章的随货同行单(票)。
>
> 企业按照本规范第六十九条规定直调药品的,直调药品出库时,由供货单位开具两份随货同行单(票),分别发往直调企业和购货单位。随货同行单(票)的内容应当符合本规范第七十三条第二款的要求,还应当标明直调企业名称。

项目29 冷链药品出库

任务引入

近日,某医药物流企业新到几批四价人乳头瘤病毒疫苗和九价人乳头瘤病毒疫苗,需要发运至某医院。冷库工作人员张某、赵某等接到任务,需要根据本企业冷链药品出库的流程和要求,进行人乳头瘤病毒疫苗订单的出库操作,请帮助他们完成任务。

任务分析

完成本次任务需要做到以下几点：
（1）明确冷链药品出库的原则和流程。
（2）熟悉冷链药品出库的环境设备。
（3）采用电子标签系统进行冷链药品拣选。
（4）对冷链药品进行复核装箱操作。
（5）规范填写相关单据与记录，确保正确出货。

相关知识

冷链药品是指对药品的贮藏、运输过程有冷藏、冷冻等温度要求的药品，多为生物制剂，其性质不稳定，容易受外界环境的影响。根据药品温控条件的不同，冷链药品一般分为冷藏药品和冷冻药品两大类，其中冷藏药品储存温度为 2～8℃，如疫苗、胰岛素类药品，冷冻药品储存温度为 –25～–10℃，如地诺前列酮栓等。

一、冷链药品出库的原则

冷链药品出库与普通药品出库相同，也需要严格执行"三查六对"制度，并按照"先产先出、近期先出、先进先出、易变先出、按批号发货"原则出库。冷链药品要求全程不断链，冷藏、冷冻药品需在相应区域内及时准确操作出库。

二、冷链药品出库环境设备

1. 环境条件

对于冷链药品订单、拣货、复核装箱的整个过程都需在冷库内进行。冷藏药品储存温度为 2～8℃，冷冻药品储存温度为 –25～–10℃，冷链设施设备众多，用于制造低温环境，确保药品质量。

2. 设备与用具

常用的冷链设备有冷库、冷藏车、冷藏箱、冰袋／冰排等。
（1）冷库　冷库采用人工制冷的方法，让固定的空间达到规定的温度和湿度条件。医药领域所用的冷库主要用于冷藏储存在常温条件下无法保质的各类药品，按存储温度的不同分为冷藏库和冷冻库两类。
（2）冷藏车　冷藏车是一种封闭式厢式运输车，由隔热保温厢体、制冷机组、车厢内温度记录仪等部件组成，用于维持冷冻或保鲜的货物的温度。按车厢型式不同，可分为面包式冷藏车、厢式冷藏车和半挂式冷藏车三类。

（3）冷藏箱　冷藏箱是一种保温设备，主要用于生物制品、疫苗、血液等的冷藏、运输和保存，针对不同的需要与冰袋、冰排等配合使用。常见冷藏箱分为蓄冷式冷藏箱、温显式电子冷藏箱两种。蓄冷式冷藏箱不耗能，使用时配合已经充分冷冻的蓄冷剂，箱内温度可在8℃以下保持80小时以上，适用于中远距离低温药品的运输。温显式电子冷藏箱具有温度控制能力，同时还具有温度采集、加热、制冷功能。

（4）冰袋/冰排　冰袋/冰排是一种冷冻介质，与冷藏箱配合使用，保持药品储存和运输环境的低温状态。冰袋/冰排有效使用的冷容量为同体积冰的6倍，且可反复使用，代替干冰、冰块等广泛应用于医疗、各种生物冷冻试剂、药品、血浆等的冷链运输。

三、冷链药品出库流程

1. 拣选

冷库拣货员扫描周转箱条形码，根据电子标签的指示及时拣选药品。

2. 复核

复核员核对药品的品名、规格、生产厂商、批号、有效期以及购货单位名称等项目，同时检查药品外观完整性及数量准确性，确保实物与票据内容相符。复核完成后，确认复核结果，完成出库复核记录。

3. 装箱

冷藏箱应在冷库进行预冷，使得箱体温度达到运输药品的标示温度范围；蓄冷剂（冰排）在5～7档冷冻区（−26～−16℃）的冰柜中充分冻结，冷冻时间为24小时以上，并按要求释冷；其他物品如隔离纸板、无污染泡沫等均应事先放置于冷库内，使表面温度降到规定的范围内。

冷链药品装箱首先选择符合要求的冷藏箱，检查其密闭性及温控监测设备的完好性，确定电池电量充足；按照验证报告要求将蓄冷剂合理摆放于冷藏箱内，并添加隔离装置将蓄冷剂与药品隔开，防止药品局部低温冻结；将不同种类的药品或同种药品不同批号分别用塑料袋装好，并用胶带封闭，防止药品受潮变质；将已安全包装的药品放入冷藏箱，并将温度探头直接放在药品的安全包装上；关闭箱盖，在箱外贴冷藏药品标签，并用胶带将装箱清单封在箱体的正上方，同时在箱体右上方贴拼箱、贵重、易碎等标签。

4. 出货

冷链药品封箱、贴签完成后，将药品放置冷库指定的待发货区域。冷库工作人员与提货人、承运人等要当面清点交接，并交代冷链运输注意事项，签字做好相应记录。

四、冷链药品出库注意事项

冷藏、冷冻药品复核员应经过相关培训并通过考核后方可进行操作。冷藏、冷冻药品的出库应及时准确，拆零拼箱应选择合适的冷链设备并在冷库中完成。

冷藏箱、冷藏车等冷链设施设备在使用前都应经过验证。冷藏药品由库区转移到符合配送要求的运输设备的时间应控制在30分钟内。冷藏药品装箱时，冷藏箱应预冷至符合药品储存的温度，装车前应当检查冷藏车的启动、运行状态，达到规定温度后方可装车。

知识链接

《药品经营质量管理规范》

第九十九条　冷藏、冷冻药品的装箱、装车等项作业，应当由专人负责并符合以下要求：

（一）车载冷藏箱或者保温箱在使用前应当达到相应的温度要求；

（二）应当在冷藏环境下完成冷藏、冷冻药品的装箱、封箱工作；

（三）装车前应当检查冷藏车辆的启动、运行状态，达到规定温度后方可装车；

（四）启运时应当做好运输记录，内容包括运输工具和启运时间等。

任务实施

要完成冷链药品出库的任务，在出库活动过程中，需要按照冷链药品出库程序和要求，以确保出库的药品准确无误。冷链药品出库全程在冷库区域内完成。

（1）生成拣货计划　公司接到冷链药品订单，制作拣货单。

（2）拣选　根据指示灯确定药品位置，按电子标签显示的货位及数量拣取药品，拍灭指示灯完成拣货并进行下一个药品拣货，本订单全部药品拣选完毕，拍灭总指示灯，并将所有药品放置周转箱，由流水线转至复核区。

（3）复核　扫描周转箱条码获取药品信息，根据冷链药品订单，逐一清点冷链药品数量，检查药品外观，核对药品信息；核对无误后，扫描药品电子监管码，上传至中国药品电子监管网；点击复核按钮，完成复核记录。

（4）装箱　选择已在冷库预冷的冷藏箱，检查密闭性及温控监测设备是否完好，电池电量是否充足；按照验证报告要求合理放置蓄冷剂（冰排），采用隔层装置，将药品与蓄冷剂隔离；将药品分别安全包装，并用胶带封闭，放入冷藏箱，并将箱中的温度探头直接放在药品的安全包装上；封闭箱盖，在箱外贴冷藏

课题9　药品出库　117

药品标签，并用胶带将装箱清单封在箱体的正上方，同时在箱体右上方贴拼箱、易碎、贵重等标签。

（5）集货　药品封箱、贴签完成后，将药品放置冷库指定的待发货区域，等待发货。

项目30　特殊管理药品出库

任务引入

三唑仑片是一种精神类药品，属于特殊管理药品。近日，某医药物流企业接到三唑仑片订单，需要将其发运至某医院。工作人员孙某、周某等接到任务，需要根据本企业特殊管理药品出库的流程和要求，进行该订单的出库操作，请帮助他们完成任务。

任务分析

完成本次任务需要做到以下几点：
（1）明确特殊管理药品出库的原则和流程。
（2）熟悉特殊管理药品出库的环境设备。
（3）采用电子标签系统进行特殊管理药品拣选。
（4）对特殊管理药品进行复核装箱操作。
（5）规范填写相关单据与记录，确保正确出货。

相关知识

按特殊性可以将药品分为普通药品和特殊管理的药品。根据《中华人民共和国药品管理法》规定，国家对麻醉药品、精神药品、医疗用毒性药品、放射性药品实行特殊管理，这几类药品统称特殊管理药品。在管理和使用过程中，特殊管理药品应比其他药品更加严格地执行国家有关规定。

一、特殊管理药品的分类

（1）麻醉药品　麻醉药品指的是连续使用可以使躯体和精神产生依赖性的药品、药用原植物或者物质。

（2）精神药品　精神药品分为第一类精神药品和第二类精神药品，其作用于中枢神经系统可使之兴奋或者抑制，不合理使用或者滥用可以产生药物依赖性，包括中枢兴奋剂、致幻剂、镇静催眠剂等。

（3）医疗用毒性药品　毒性药品指的是毒性剧烈、治疗量与中毒量相近，使用不当会导致人中毒或者死亡的药品。

（4）放射性药品　放射性药品是指用于临床诊断或者治疗的放射性核素制剂或者其标记化合物，包括裂变制品、推照制品、加速器制品、放射性同位素发生器及其配套药盒、放射性免疫分析药盒等。放射性药品含有的放射性核素能放射出射线，凡在分子内或制剂内含有放射性核素的药品都称为放射性药品。

二、特殊管理药品出库的要求

特殊管理药品出库更要严格执行"三查六对"制度，出库需双人复核，对进出专库（柜）的药品建立专用账册，出库逐笔记录。记录的内容包括：日期、凭证号、领用部门、品名、剂型、规格、单位、数量、批号、有效期、生产单位、发药人、复核人和领用人签字，做到账、物、卡相符。

三、特殊管理药品出库流程

1. 拣选

特殊管理药品专库拣货员在特殊药品规定的区域内双人完成拣选工作。

2. 复核

特殊管理药品应双人复核、双人签字。麻醉药品、精神药品、医疗用毒性药品、放射性药品等特殊管理药品复核要求双人同时在场、面对面复核，按照发货凭证对实物进行质量检查、有效期检查、项目与数量核对和专有标识的检查，并复核到每个最小包装，使货单相符，并双人签字，填写特殊药品复核单（表30-1）。

表30-1　××××医药物流有限公司特殊管理药品出库复核记录单

收货单位：××医药股份有限公司　　　　　　　　编号×××××
收货地址：杭州市××××

出库日期	购货单位	药品名称	剂型	规格	生产企业	上市许可持有人	批号	批准文号	有效期	数量	质量状况

单位盖章：　　　第一复核人：×××　　　第二复核人：×××　　　复核日期：××××.××.××

3. 装箱

选择合适的包装材料对特殊管理药品进行正确包装、装箱并包扎牢固，在麻醉药品和精神药品包装箱上、下均贴上"特殊药品"封签，同时检查箱外的专有标识和运输标志。

4. 出货

将要出库的药品放置在对应的特殊管理药品专库的待发货区域。工作人员与提货人、承运人等要当面清点交接，并交代特殊管理药品运输注意事项，签字做好相应记录。

四、特殊管理药品出库注意事项

从事特殊管理药品的工作人员应经过相关培训并通过考核后方可进行操作。

特殊管理药品在专库内双人复核，并双人签字，零头药品最小包装逐一复核。装箱不能倒置，不能暴箱，封箱确保牢固，在麻醉药品和精神药品包装箱上、下均贴上"特殊药品"封签，箱外标签不能倒置。特殊管理药品单据内容填写及时、准确、完整。

任务实施

要完成特殊管理药品出库的任务，在出库活动过程中，需要按照特殊管理药品出库程序和要求，以确保出库的药品准确无误。特殊管理药品出库全程在专库区域内完成。

（1）生成拣货计划　公司接到特殊管理药品订单，制作拣货单。

（2）拣选　双人拣货，根据指示灯确定药品位置，按电子标签显示的货位及数量拣取药品，并记录。

（3）复核　双人同时在场、面对面复核，按照发货凭证对实物进行质量检查、有效期检查、项目与数量核对和专有标识的检查，并复核到每个最小包装，使货单相符，并双人签字，填写特殊管理药品复核单。

（4）装箱　正确包装、装箱并包扎牢固，上、下均贴上"特殊药品"封签，同时检查箱外的专有标识和运输标志。

（5）集货　将药品放置特殊管理药品专库指定的待发货区域，等待发货。

课题10　药品运输与配送

学习目标

1. 能按照国家有关商品运输的各项规定，进行药品发运和交付操作。
2. 能按照订单要求，合理配置资源，进行运输调度作业。
3. 能按照特殊管理药品出库要求，规范特殊管理药品拣选、复核出库操作。

项目31　药品发运和交付

任务引入

某药店是一家大型零售药店，为了满足市场需要，近日向某医药物流公司购买了一批药品，要求该企业三日内送达。该物流公司接到订单，选择自营运输方式进行药品的配送。张某作为本公司的送货员，需要根据公司药品运输的流程和要求进行配送操作，请帮助他完成任务。

任务分析

完成本次任务需要做到以下几点：
（1）明确药品发运和交付的流程。
（2）熟悉药品安全运输基本知识。
（3）对药品进行搬卸、装车操作。
（4）规范填写相关单据与记录，及时、准确交付药品。

相关知识

运输是利用一定的工具设备将商品从一处转移至另一处的过程。药品运输是药品流通的重要环节，药品的发运和交付过程对药品质量影响较大，需要按照法律法规要求，掌握一定知识，将货物安全运输并交接到客户手中。

一、药品安全运输知识

1. 运输原则和要求

药品运输应遵循"及时、准确、安全、经济"的基本原则,认真执行国家有关医药商品运输的各项规定,结合产品特点,根据市场规律,规划适宜的路线、方式等,把药品安全及时地送达目的地。

药品运输前应进行检查,发运货物单货同行,按照发运单据核对货物数量、运输标志、包装情况等。提货依据"提单到库、随到随收、自提自运"的要求,提货员与发货员在仓库现场当面清点出库药品,并办理签收交接手续。

2. 特殊药品的运输

(1) 怕冻药品运输 怕冻药品是指在低温下容易冻结,冻结后易变质或冻裂容器的药品。怕冻药品在冬季运往寒冷地区时应根据各地气候实际情况做好防冻工作。如拟定防寒发运期;按先北方后南方、先高寒地区后低寒地区的原则提前安排调运;采用防寒包装、保温车,在怕冻药品的发货单及有关的运输单据上应注明"怕冻药品"字样等。

(2) 怕热药品运输 怕热药品是指受热易变质的药品,超过一定温度时怕热药品性质不稳定,故在天气炎热期间运输应做好温度控制工作。如拟定怕热药品品种和怕热发运期限;在发运前按先南方后北方、先高温地区后一般地区的原则提前调运;采取冷藏措施,在怕热药品发货单上注明"怕热药品"字样,并注意妥善装车,及时发运,快装快卸,尽量缩短途中运输时间。

(3) 特殊管理药品运输 特殊管理药品的运输必须按照《麻醉药品和精神药品管理条例》《医疗用毒性药品管理办法》《放射性药品管理办法》《药品类易制毒化学品管理办法》等规定执行。麻醉药品和第一类精神药品运输还需办理麻醉药品和第一类精神药品运输证明,企业自己配送车辆运输麻醉药品和第一类精神药品时需携带麻醉药品和第一类精神药品运输证明副本,以备查验。托运、承运和自行运输麻醉药品和精神药品的,应当采取安全保障措施,防止麻醉药品和精神药品在运输过程中被盗、被抢、丢失。

二、药品搬卸、装车作业要求

1. 搬卸作业要求

药品的搬运和装卸应轻拿轻放,严格按照外包装图示要求搬运,堆码整齐牢固,不得将药品倒置、重压,堆码高度适中。并根据送货单位先后到达顺序,按照先送货的后装靠外摆放、后送货的先装靠里摆放的原则,提高运输效率。

2. 装车作业要求

装车前应按照发运单据核对药品数量和信息，确定运输标志是否正确，检查拼箱包装是否牢固、有无破损，衬垫是否妥实等，做好装车前检查工作。装车前，应检查药品运输车辆的运行状况，禁止在阳光下停留时间过长或下雨时无遮盖。若是产品对运输温度有要求，还需提前准备，使得运输车温度符合药品运输规定。药品装车时明确运输注意事项，办理运输交接手续，并做好详细记录。

三、药品发运和交付程序

1. 出库交接

仓库保管员应与配送员（运输员）交接单据，通常包括随货同行单、同批号检验报告、进口药品通关单等随货票据资料。配送员核对各药品信息，清点数量，查看包装是否完好、封箱是否牢固，有无异样。经查无误，在随货同行单的配送员一栏上签字确认。

2. 装车

配送车间应为封闭式货车，首先进行装车前检查，按要求将药品搬运至运输车，装车时应按照装车作业要求，考虑所送药品卸货的先后顺序，做到缓不围急，做到"重箱在下，轻箱在上，整箱在下，零箱在上"。

3. 在途运输

选择适宜的线路并按预定路线运输至目的地。已装车的药品应当及时发运并尽快送达，防止因在途时间过长影响药品质量。企业应当采取运输安全管理措施，防止在运输过程中发生药品盗抢、遗失、调换等事故。准确填写药品运输记录，包括发货时间、发货地址、收货单位、收货地址、货单号、药品件数、运输方式、委托经办人、承运单位等，采用车辆运输的还应当载明车牌号，并留存驾驶人员的驾驶证复印件，记录应当至少保存5年。

冷藏、冷冻药品运输途中应采取必要的保温或者冷藏、冷冻措施，实时监测并记录冷藏车、冷藏箱或者保温箱内的温度数据。运输过程中温度超过规定范围时，温湿度自动检测系统应当实时发出报警指令，由相关人员查明原因，及时采取有效措施进行调控。

4. 到货交付

药品送达后，将车辆停靠在指定卸货点，与客户交接随货同行单，客户核对信息确认订单后按要求卸货。客户根据随货同行单核对药品信息，清点数量，检查外包装，经核对无误，在随货同行单上签名确认，完成药品所有权的转移手续。交付完成，配送员带回"顾客签收回单联"并交仓储部存档。若出现异常情况，应及时与物流和销售部门联系，进行差异处理。特殊药品双人进行交付作业，冷藏药品在冷藏区域进行交付作业。

四、发运与交付过程异常情况处理

配送药品出现异常情况，如药品数量与票据不符，配送员应现场向服务投诉办公室（或其他负责部门）报事故单；没有药品检验合格证，配送员与客户沟通先收货随后补送药品检验合格证或直接将货物退回；药品挤压、破损等不符合销售要求的，退回公司。原车带回的药品应填写《原车退回通知单》，经运输部门负责人确认签字后，与物流部门退货人员交接药品并签字确认。

任务实施

按照药品运输流程和要求，进行药品发运和交付作业。
（1）公司配送部门打印配送明细单。
（2）出库交接　配送员根据送货任务和要求，去仓库提货，与保管员交接单据资料和注意事项，检查药品，确保票货相符。
（3）装车　检查运输工具，按照装车作业原则和要求将药品装车。
（4）运输　根据配送路线，将药品运送至客户处，做到"及时、准确、安全、经济"。
（5）交付　将药品转移至客户指定位置，并办理交接手续。

知识链接

《药品经营质量管理规范》（2016）
第十三节　运输与配送

第一百条　企业应当按照质量管理制度的要求，严格执行运输操作规程，并采取有效措施保证运输过程中的药品质量与安全。

第一百零一条　运输药品，应当根据药品的包装、质量特性并针对车况、道路、天气等因素，选用适宜的运输工具，采取相应措施防止出现破损、污染等问题。

第一百零二条　发运药品时，应当检查运输工具，发现运输条件不符合规定的，不得发运。运输药品过程中，运载工具应当保持密闭。

第一百零三条　企业应当严格按照外包装标示的要求搬运、装卸药品。

第一百零四条　企业应当根据药品的温度控制要求，在运输过程中采取必要的保温或者冷藏、冷冻措施。

运输过程中，药品不得直接接触冰袋、冰排等蓄冷剂，防止对药品质量造成影响。

第一百零五条　在冷藏、冷冻药品运输途中，应当实时监测并记录冷藏车、冷藏箱或者保温箱内的温度数据。

第一百零六条　企业应当制定冷藏、冷冻药品运输应急预案，对运输途中可能发生的设备故障、异常天气影响、交通拥堵等突发事件，能够采取相应的应对措施。

第一百零七条　企业委托其他单位运输药品的，应当对承运方运输药品的质量保障能力进行审计，索取运输车辆的相关资料，符合本规范运输设施设备条件和要求的方可委托。

第一百零八条　企业委托运输药品应当与承运方签订运输协议，明确药品质量责任、遵守运输操作规程和在途时限等内容。

第一百零九条　企业委托运输药品应当有记录，实现运输过程的质量追溯。记录至少包括发货时间、发货地址、收货单位、收货地址、货单号、药品件数、运输方式、委托经办人、承运单位，采用车辆运输的还应当载明车牌号，并留存驾驶人员的驾驶证复印件。记录应当至少保存5年。

第一百一十条　已装车的药品应当及时发运并尽快送达。委托运输的，企业应当要求并监督承运方严格履行委托运输协议，防止因在途时间过长影响药品质量。

第一百一十一条　企业应当采取运输安全管理措施，防止在运输过程中发生药品盗抢、遗失、调换等事故。

第一百一十二条　特殊管理的药品的运输应当符合国家有关规定。

项目32　药品运输调度

 任务引入

近日，某医药物流企业接到一批订单，需要对各个门店进行运输配送服务。车辆调度部门工作人员陈某等接到任务，需要根据订单的要求和企业的车辆及人员情况进行安排和调度，将药品及时运送至购货单位，请帮助他完成任务。

任务分析

完成本次任务需要做到以下几点：

（1）掌握运输调度的工作流程。
（2）明确车辆调度的原则和要求。
（3）熟悉运输资源配置及运输调度知识。
（4）合理选择运输方式和路线，安排药品运输工作。

相关知识

运输调度是药品运输配送的准备工作，是指承运单位根据待运药品的重量、去向、规格、缓急程度等对车辆和人员进行合理安排的过程，其好坏直接影响运输配送车辆的利用率、配送成本以及是否能够满足客户需求，是药品的运输和配送过程的首要步骤。

一、药品运输方式

运输方式关系到药品运输的成本和时间，正确选择运输方式是降低运输成本的重要途径。运输药品应当使用封闭式货物运输工具，对储存、运输设施设备要定期检查、清洁、维护，应当由专人负责，并建立记录和档案。常见的药品运输方式主要有铁路运输、水路运输、公路运输和航空运输。随着经济的不断发展，多式联运作为一种既能提高效率又能降低成本的运输方式越来越受到追捧。

二、货物运输合同

货物运输合同是指承运人按照托运人的要求将货物从起运地运到目的地，托运人或者收货人支付运费的合同。签订货物运输合同应遵循合法合规、平等互利、协商一致、等价有偿的原则。

运输合同的内容由当事人约定，规定当事人的权利和义务，包括当事人信息、运输货物（名称、数量、规格等）、包装要求、配送区域、合同期限、运输质量及安全要求、货物装卸责任、收货人领取货物及验收办法、收费标准及费用结算方式、双方权利和义务等条款。

三、运输资源配置

运输资源配置是指运输生产活动所涉及的劳动资本和技术资源在各种运输方式之间、不同地区之间、同一种运输方式的不同服务类型和企业之间的分配。进行资源配置是为了在有限的条件下有效分配经济活动的各种资源，使得这些资源产出尽可能多的产品和劳务。

运输资源配置应遵循统筹规划、合理利用、最优配置、社会效益与经济效益并重的原则，通过优化运输组织、推进运输服务一体化、促进信息共享、提高综合运输管理效能等途径，提高运输效益，实现资源最优配置。

四、车辆调度作业原则和要求

1. 车辆调度原则

车辆调度应遵循按制度调度原则、科学合理原则及灵活机动原则。按制度调度原则是指企业相关人员在执行车辆调度工作时应该严格按照企业制定的运输质量管理制度、运输配送部门及岗位职责、运输配送操作管理规程等执行,不得擅自进行修改;科学合理调度原则是指企业应该根据运输配送部门当日拟定的配送计划,综合考虑配送区域内各线路配送家数、配送件数、配送次数、交通限制等实际情况合理安排配送车辆;灵活机动调度原则是指在正常车辆调度工作外,对于制度没有明确规定但确实需要用车的、紧急的情况,运输配送部门要从实际出发、灵活机动、快速响应。

2. 车辆调度要求

车辆调度总体要求是:根据运输任务和运输计划,编制车辆运行作业计划;掌握货物流量、流向、季节性变化;加强现场管理和运行车辆的调度指挥。

安排车辆时根据药品的质量特性,选择不同的运输工具和运输方式,如对运输有温度控制要求的药品,应配置具备保温或者冷藏、冷冻措施的运输工具,运输具有特殊质量特性的药品时,调度时应优先安排配送等;根据划分的区域,梳理每条线路客户数量、货品数量、客户要求等,确保在规定时限内完成目标线路中所有客户配送任务;掌握天气情况,了解各配送线路上的最新交通动态,例如限牌、限号、限时、限重等交通管制规定,以及道路维修改造、长期拥堵实时道路状况,选择符合需要的车辆及路线执行配送任务;充分考虑驾驶员自身的技术水平和思想情况、个性、家庭情况、身体状况,配送员自身能力、与驾驶员相处情况、对接客户情况等,合理安排运输配送人员。

🧩 任务实施

企业进行自营运输,先需要完成自营运输调度作业。

(1)生成运输计划　查看配送订单,明确送货地址、送货时间、送货量等信息;结合配送线路分布图,查看自有车辆的生产动态、整车运力及行车路况;遵循重点客户和加急订单优先原则,合理规划线路,集中安排车辆,生成预自营运输计划。

(2)确定运输计划　审核运输计划,将预自营运输计划传递给仓库并与其确认预约提货事宜,得到仓库回复确认后,确定最终运输计划。

(3)生成排车单　运输调度员根据运输计划,在所有业务部门报单后通过系统或手工生成排车单,确保数据准确完整;在仓库数据传输完毕后打印或填写排车单。

（4）安排配送车辆　运输部调度员与车队队长配合，根据实际情况安排驾驶员与配送员，进行药品提货与配送。

项目33　零售药品配送

任务引入

近日，小明由于感染病毒发热，卧床不起，于是在网络平台下单购买退热药。某药房是小明家附近的大型连锁药店，店员接到了本订单，根据顾客订单要求拣选并包装好药品，然后需要将药品尽快送至小明手中，以完成本次订单，请帮助他完成任务。

任务分析

完成本次任务需要做到以下几点：
（1）明确零售药品出库配送的流程。
（2）熟悉网络零售的知识和要求。
（3）熟悉零售药品的配送要求。
（4）了解配送异常情况的处理方法。

相关知识

药品零售配送是指根据消费者购药需求，对药品进行拣选、复核、包装、封签、发货、运输等作业，将药品送达消费者指定地点并签收的物流活动。零售药品一般由药店、药房等经营，直接面向广大消费者。随着时代和技术的发展，药品网络零售配送模式也发展迅速。

一、零售药品配送类型

1. 自营配送

自营配送药品零售企业自己组织人员进行订单配送的方式。对于一些冷藏、冷冻药品的配送，配送人员应经过相关法律法规和专业知识的培训并且考核合格后方可上岗，采用企业内部人员，更有利于企业对物流配送系统的有效控制，更好地满足企业在配送时间、空间、质量等方面的要求。但自营配送系统投资规模大，运维成本高，缺乏灵活性，对于中小零售企业来说是一个很大的负担。

2. 委托配送

药品零售企业委托第三方配送企业将已经包装封签的药品送至消费者指定地点，完成签收。提供药品配送服务的企业不直接参与药品销售，应具有一定资质，符合药品相关法律法规要求，保证药品流通质量安全。委托第三方配送有利于获得专业化的物流服务，降低零售企业物流成本，减少企业经营风险。

委托配送分为即时配送和快递发货等。即时配送指完全按照用户突然提出的时间、数量方面的配送要求，随即进行配送的方式，是网络零售配送的常用方式。零售药店与第三方平台达成协议，将产品上架网络平台，供消费者线上购买，门店可设置起送价、配送费、划定配送范围等，顾客下单后，平台指派配送员或者门店自行选择配送员进行订单配送服务。一般情况下，即时配送能在30～60分钟完成从用户下单到拣货打包再到商品配送的整个环节，时效性高。另一种常用的委托配送方式为快递配送，快递方式可以实现零售药品在全国范围内的配送，减少了配送的地域限制。

二、零售药品配送工具和材料

1. 配送车辆

零售药品采用封闭式货物运输工具配送，药品独立放置，并有物理隔离的措施，以防止药品被污染、混淆或产生差错，应采取安全保障措施，以防止药品在配送过程中丢失或被替换。专门配送冷藏、冷冻药品的车辆，应当符合GSP有关冷藏车的要求。

2. 配送箱

配送箱箱体采用吸水性低、透气性小、导热系数小、具有良好保温性质的材料，非药品与药品混箱配送的，药品存放区域应进行物理隔离，确保药品与非药品分开存放。配送箱需要安装防盗装置，防止药品在配送过程中丢失或被替换。配送冷藏、冷冻药品采用保温箱或冷藏箱，并符合GSP的要求。

3. 包装物及填充材料

包装和填充材料选取无毒、无污染的材料，按要求填充防震，避免药品破碎或被挤压。有温湿度、避光等要求的药品还应当选取隔温、防潮、避光的包装材料进行正确包装，确保药品质量。

4. 寄递配送单及封签

制作寄递配送单和配送包装封签的材料，应当牢固不易损坏，用于打印信息的油墨不易被擦拭，字迹不易模糊不清，封签上印有明显标示的"药"字样，且被拆启后无法恢复原状。

三、零售药品配送要求

1. 质量要求

药品零售企业应当按照 GSP 要求，制定药品配送质量管理制度，包括人员管理、岗位职责、设施设备、操作规程、记录和凭证、应急管理等内容，并每年至少开展一次药品配送环节质量管理运行情况内审，将配送环节反馈的质量问题及意见作为实施评审的相关依据，并根据评审结果及时修订、完善相关体系文件，提升药品配送质量管理水平。另外，药品零售企业委托其他单位配送药品时，应当将其配送活动也纳入本企业药品质量管理体系定期审核其配送资质。

药品零售企业对药品配送全过程进行质量控制及追溯，满足药品信息化追溯要求。

2. 人员要求

药品零售企业应当配备具有专业能力的专职或兼职人员负责药品配送质量管理。从事普通药品配送的人员符合健康卫生要求，从事冷藏、冷冻药品配送的人员，还应经过培训且合格。

3. 包装要求

药品需采用单独包装，不得与非药品混合。包装过程中根据药品的体积、重量、储存条件等选取适宜的包装及填充材料，防止药品污染、损坏、破碎等。药品外包装封口处或者其他适当位置必须使用封签进行封口，并在包装件外部加贴寄递配送单，包括药品零售企业名称及联系方式、配送企业名称及联系方式、药品储存要求（如常温、阴凉、冷藏、冷冻等）等。

4. 配送要求

药品配送时企业应当根据订单需要选择合适的配送工具、配送设备和包装方式，冷藏、冷冻药品配送应严格遵守 GSP 有关规定，防止"断链"。药品与非药品不可混淆，配送过程中，应避免包装件遭受雨淋、潮湿、高温、阳光直射、严寒等外界特殊环境的影响，以免影响药品质量。

药品零售企业应当在保证药品质量安全的前提下，尽量减少配送的在途时间，确保药品配送时效性。在配送过程中必须暂时储存的，应符合药品贮藏规定的相关条件。注意冷藏、冷冻药品禁止暂时储存。

药品送达后，通过有效方式提示消费者确认药品的配送信息，确认药品是否完好，当面完成签收。

四、配送异常情况处理

当出现药品包装破损、污染、封条破坏，药品包装内有异常响动或者液体渗漏，药品标签脱落、字迹模糊不清或者标识内容与实物不符，药品已超过有效期或无法在有效期内送达消费者等情况时，不予配送，并上报质量管理部门处理。

药品送达消费者指定位置时，发生包装损坏、封签损坏、配送信息不符以及包装内药品有质量问题等，消费者不予签收的，由配送员退回药品零售企业，按照GSP相关要求处理。

药品被消费者签收后原则上不予退货，但如果发现药品存在质量问题，药品零售企业应当给予退货，退回药品不得继续销售。

知识链接

《药品经营质量管理规范》（2016）
附录6 药品零售配送质量管理

第十四条 药品零售企业应当对照消费者购买记录进行拣选、复核、包装与发货。发现以下情况不得发货：

（一）药品包装出现破损、污染、封条破坏等问题；

（二）药品包装内有异常响动或者液体渗漏；

（三）药品标签脱落、字迹模糊不清或者标识内容与实物不符；

（四）药品已超过有效期或无法在有效期内送达消费者；

（五）其他异常情况的药品。

第十五条 药品零售企业应当对配送的药品进行妥善包装，操作中应当符合以下要求：

（一）对药品采用单独包装，不得与非药品合并包装；

（二）根据药品的体积、重量、储存条件等选取适宜的包装物及填充材料，保证配送过程中包装不易损坏或变形，防止包装内药品出现破碎、被污染等情形；

（三）药品及销售单据装入包装物后，要对包装物进行外形固定，并在封口处或者其他适当位置使用封签进行封口；

（四）在包装件外部加贴寄递配送单，寄递配送单记载的信息至少包括药品零售企业名称及联系方式、配送企业名称及联系方式、药品储存要求（如常温、阴凉、冷藏、冷冻等）等，寄递配送单亦可当做封签使用；

（五）包装件存放于专门设置的待配送区，待配送区符合所配送药品的贮藏条件。

第十六条 配送过程应当按以下要求操作：

（一）使用配送箱进行配送的，药品包装件应当有序摆放并留有适当空间，避免挤压致使包装或封签破损，与非药品混箱配送的，应当将药品包装件放置于配送箱内药品专用区；

（二）使用配送车辆进行运输的，应当将包装件放置于车厢内的药品区域，配送车辆不能直接将药品配送至消费者的，配送企业应当按照配送要求，继续选择其他适宜的配送工具；

（三）与药品储存要求有明显温度差异的商品混箱、混车配送的，应当采取隔温封装等有效措施，并按有关要求予以验证，确保药品持续符合储存要求；

（四）配送过程中，应当采取必要措施，避免包装件在途中、交接、转运或转存等环节遭受雨淋、潮湿、高温、阳光直射、严寒等外界特殊环境的影响；

（五）配送冷藏、冷冻药品的，还应当符合《规范》的有关规定。

第十七条　药品零售企业应当在保证药品质量安全的前提下，尽量减少配送的在途时间。在配送过程中确需暂时储存的，储存场所应当具有与配送规模相适应的仓储空间，并符合药品贮藏规定的相关条件。冷藏、冷冻药品禁止暂时储存。

第十八条　药品送达后，药品零售企业应当通过有效方式提示消费者确认药品的配送信息以及配送包装内药品有无破损或差错等情况。

第十九条　药品在送达时发生不予签收或者售后发生退货的情况，应当按照以下要求处理：

（一）药品送达时，因配送包装损坏、封签损坏、配送信息不符以及包装内药品有质量问题等情形，消费者不予签收的，由配送员退回药品零售企业按照《规范》相关要求处理；

（二）药品被消费者签收，但事后发现药品质量存在问题的，药品零售企业应当给予退货，退回药品不得继续销售。除此以外其他情形，按照《规范》相关规定，原则上不予退货。

第二十条　药品零售企业委托其他单位配送药品时，应当将其配送活动纳入本企业药品质量管理体系，保证委托配送过程符合《规范》和本附录要求：

（一）核查配送单位是否具有独立的药品配送质量管理机构或质量负责人；

（二）对配送单位的配送设施设备、人员能力、质量保障能力、风险控制能力进行定期审计；

（三）与配送单位签订委托配送协议，明确双方质量责任、配送操作规程、在途时限及药品质量安全事故处置等内容。

委托其他单位配送冷藏、冷冻药品的，还应当对配送单位冷藏、冷冻的配送设施设备、温度自动监测系统等进行验证。

> 第二十一条　药品网络交易第三方平台应当为接入的药品零售配送相关单位，按照药品信息化追溯要求，根据需要提供药品配送过程中有关信息数据共享的条件。
>
> 药品网络交易第三方平台应当对相关配送企业每年至少开展一次评审，评审内容至少包括配送设备设施、人员资质、质量管理水平、风险控制能力等，对评审结果不符合要求的配送企业应停止合作。
>
> 第二十二条　本附录涉及的下列术语的含义是：
>
> 包装物，是指在配送过程中为保护药品、方便配送，按一定技术方法而采用的容器、包装材料及辅助物等的总称。
>
> 包装件，是指已将药品、销售单据等需配送的物品放置于包装物内，并经外形固定、封口封签、加贴寄递配送单后，可以进行配送的物件。
>
> 包装封签，是指在将药品等放入包装物后，为防止药品在配送过程中污染、丢失或被替换，在包装物上一次性使用的封口件。
>
> 寄递配送单，是指加贴在包装物外部的、记载着药品配送信息的标签。

任务实施

要完成零售药品的配送操作，需要按照零售药品配送流程和要求，以确保药品安全及时送达消费者。

（1）线上平台管理　零售企业与线上平台达成协议，门店可进行线上销售药品，店内销售人员可根据权限进行平台管理。

（2）接单　平台接受消费者订单，了解订单要求，选择配送方式。

（3）出库　店员根据订单拣选、复核、包装药品，并将包装件放置储存区。

（4）取货　配送员接到任务，到店交接取货，店员交代注意事项。

（5）送货　配送员妥善保管包装件，选择合适路线，在配送时间范围内送达指定地址。

（6）签收　配送员联系消费者确认订单信息，检查药品，完成签收。

课题11　药品售后管理

学习目标

1. 能根据顾客咨询的内容，做出解答。
2. 能根据投诉处理流程，完成顾客投诉的处理。
3. 能根据药品召回的定义，实施药品召回。
4. 能根据药物警戒的定义，实施药物安全警戒。

项目34　药品咨询服务

任务引入

王女士有感冒症状，之前服用感冒药后就昏昏欲睡，于是来到药店咨询服用哪种感冒药既没有嗜睡的情况，又能缓解鼻塞、头痛等症状。若你作为药店店员，该如何对王女士咨询问题做出解答，并完成这次咨询工作。

任务分析

完成本次任务需要做到以下几点：
（1）接待咨询，与咨询者沟通，了解顾客需求。
（2）与顾客确认，明确咨询问题。
（3）根据顾客咨询内容，提供相关药品介绍。
（4）填写顾客咨询记录。

相关知识

药品咨询服务，是指由药学专业人员运用自己掌握的药学专业知识，向顾客提供直接的、负责的、与药品有关的咨询服务，保障用药的安全、合理、有效，切实做到以患者为中心的药学服务。为顾客提供药品咨询服务时，药师应热情主动、耐心细致，不得推诿。

一、咨询类型

药学人员在为顾客服务过程中，常常会遇到顾客咨询，一般有以下咨询内容。

1. 知识性咨询

因为某种药品或某种症状、疾病提出咨询，希望能得到有关健康、药品购买或使用上的正确指导。

2. 质量查询

对公司提供的药品或服务质量有抱怨而通过来电、来函或直接上门进行查询。这多半反映在投诉上。

3. 购销业务咨询

顾客对某类（种）感兴趣的医药商品提出有关购销业务上的询问，或者在销售过程中，顾客对营业员的陈述提出异议。

 知识链接

《药品经营质量管理规范》（2016）

第一百二十五条　企业法定代表人或者企业负责人应当具备执业药师资格。

企业应当按照国家有关规定配备执业药师，负责处方审核，指导合理用药。

二、咨询操作步骤

药品咨询工作流程如下。

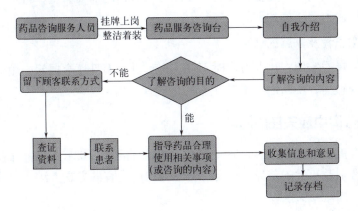

三、咨询原则

1. 了解患者对疾病和药品知识的了解程度

目前各种资讯渠道来源广泛，许多患者在网上查资料，还有的受广告影响，对疾病和用药有了一定的认识。因此了解对方受了哪些认识的影响、认识是否正确，是用药咨询前的必要阶段。

2. 尽量多地了解患者疾病和用药的情况

在咨询过程中应尽量多地了解与咨询问题解答可能有关的患者情况，如既往病史、现病史、既往用药情况和现在正在使用的药品等，一方面为了周全考虑解答方案，另一方面避免因情况了解不全而给患者带来用药风险。

3. 让患者按处方正确使用药物

如何让患者坚持用药、准确用药是用药咨询的关键点。因此，需要了解患者的生活和工作习惯；还要关注患者哪些习惯可能会干扰患者用药的安全性和疗效；某些药物的使用还要示范给患者看。

4. 运用恰当的解释技巧

在解答咨询问题时，应使用通俗易懂的语言，尽量少使用专业的医学、药学术语以及带数字的词语，尽量使用描述性语言，还可以采用口头与书面并用的方式，使咨询者能够正确理解。

5. 尊重患者，保护患者隐私

在用药咨询工作中，一定要尊重患者的意愿，保护患者的隐私，尤其不得将咨询档案等患者的信息资料用于商业用途。

6. 及时回答，不拖延

对于患者所咨询的问题，能够当即解答的就当即解答；不能当即答复的或者答案不十分清楚的，不要贸然回答，要问清对方何时需要答复，待进一步查询相关资料后尽快给予正确的回答。

7. 感谢患者及家属的认可

有些患者或家属在用药咨询时不仅认真听讲，而且还会提问、做记录。要及时表达你的感谢，不断地给予对方正面的鼓励。

四、药品咨询中应关注的问题

向顾客提供咨询服务时，应注意不同顾客对信息的要求及解释存在种族、文化背景、性别及年龄的差异，要有针对性地选用适宜的方式方法，并尊重患者的个人意愿，同时要关注以下几点。

1. 特殊人群特殊对待

如对老年人语速宜放慢，可以适当地多用文字、图片的形式以便其理解和记忆；对女性顾客注意询问其是否已经妊娠或有无准备妊娠、是否正在哺乳期等。此外，顾客的疾病状况也是不能忽视的问题，如患者有肝、肾功能不全，会影响药物的代谢和排泄，易导致药品不良反应的发生。

2. 确保顾客已经理解了你的建议

给顾客交代用法用量和注意事项后，一定要求对方复述，以表明对方已经接受或理解。如果发现对方并没有完全接受或理解的话，考虑用其他沟通方式帮助对方理解和掌握，如详细的笔录、画示意图、录音、录像等。

3. 给顾客适当的用药警示

有些顾客会自作主张停药或改变剂量。因此在提供用药咨询服务的最后阶段，要告知在什么情况下应及时就诊或咨询，并列举几种常见不遵医嘱用药的后果。

还要特别关注多病共存、多药同服以及有药物过敏史的患者。

五、咨询异议处理

在接待顾客咨询的过程中，只要顾客不断地提出问题和异议，就表明他们一直存在购买药品的兴趣，这一桩交易就有可能达成。药学人员要掌握回答顾客异议的技巧，顾客提出的每一个问题都有其具体的情况和背景，有的问题需要详细说明，有的三言两语即可解决，不能采取千篇一律的方法来处理。一般说来，回答顾客的异议总共有以下八种方法。

1. "是，但是"法

这是一个回答顾客异议时广泛应用的一种方法。它的特点是简单而有效。"是，但是"法的核心是：一方面，要对顾客的意见表示同意；另一方面，又要解释顾客产生意见的原因及顾客看法的片面性。大多数顾客在提出对药品的不同看法时，都是从自己的主观感受出发的，往往带有某种偏见。采用"是，但是"法，可在不和顾客发生争执的情况下，委婉地指出顾客的看法是错误的。

2. "高视角，全方位"法

顾客可能提出药品某个方面的缺点，药学人员则可以强调药品的突出优点，以弱化顾客提出的缺点，当顾客提出的异议基于事实依据时，可用此法。

3. "自食其果"法

采用这种方法，实际上是把顾客提出的缺点转化成优点，并作为他购买的理由。

4. "问题引导"法

有时可以通过向顾客提问题的方法引导顾客,让顾客自己解除疑虑,自己找出答案,这可能比让药学人员直接回答问题效果还好些。

5. "示范"法

示范法就是操作商品的表演,通过示范表演来证明顾客的看法是错误的,而不用直接指出来。

6. "介绍他人体会"法

这种方法就是利用使用过药品的顾客的"现身说法"来说服顾客。一般说来,顾客都愿意听听使用者对药品的评价,所以那些感谢信、表扬信等,都是说服顾客的活教材。

7. "展示流行"法

这种方法就是通过揭示当今药品流行趋势,劝说顾客改变自己的观点,从而接受营业员的推荐。这种方法一般适用于对年轻顾客的说服上。

8. "直接否定"法

当顾客的异议来自不真实的信息或误解时,可以使用"直接否定"法。

六、咨询记录

每次药品咨询服务应建立顾客咨询登记本,对咨询者情况、咨询内容、解答内容等做详细的记录(如下表),并及时将咨询记录整理归档。记录的目的,一方面是药品经营质量管理要求所有行为需要有记录;另一方面,通过信息收集采集可以改善公司内部管理。

顾客咨询记录

日期	咨询内容	顾客姓名	地址	电话	接待人	处理意见	咨询解答	备注

🟦 任务实施

要完成药品咨询任务,在咨询过程中,需详细了解咨询内容、目的,并给予专业的建议和指导合理用药的相关咨询。

(1)根据顾客咨询的内容,了解顾客的情况与诉求。

(2)分析咨询内容的类型是知识性咨询、质量查询还是购销业务咨询。

(3)关注顾客药品咨询中的特殊情况,有针对性地给予解答。
(4)填写顾客咨询记录并归档。

项目35　药品投诉处理

🛫 任务引入

近日,市民王女士在某连锁药房购铝碳酸镁咀嚼片2盒,店内标价为折后26元一盒,回去查看购物小票时发现实际收款金额为35元一盒,就此事投诉药店销售人员并希望能退差价。店长沈某接待处理,请帮助沈某对该顾客的投诉进行处理。

任务分析

完成本次任务需要做到以下几点:
(1)安抚顾客情绪,协助顾客填写顾客投诉登记表。
(2)对顾客投诉进行初步分析,辨别投诉的类型。
(3)分清责任,明确投诉处理的部门、人员进行处理。
(4)提出解决方案,执行解决方案。
(5)对投诉处理情况进行记录、总结。

相关知识

投诉是顾客主张自己权力的一种表达方式。药品投诉指顾客在购买医药商品后使用过程对门店、所购商品本身或门店提供的服务不满意而产生的向工作人员诉求解决方法的一种行为。顾客可通过电话、网络、邮件、上门等多种方式进行投诉。正确的做法是要客观理性地分析顾客投诉的原因,并有针对性地解决。

一、投诉的常见类型及原因

1. 对门店的投诉

门店的设施设备、环境、对顾客的虚假承诺、商品售价与标价不符、商品缺货等因素给顾客带来不便或不利影响时会导致顾客对门店的不满而产生投诉。

2. 对医药商品的投诉

医药商品本身存在质量问题、特价商品的标示不清、药品价格过高、使用药品后未达到心理期望值会引起顾客对医药商品的不满甚至投诉。

3. 对服务的投诉

药店销售人员在销售过程中存在的服务方式不当、服务态度不佳、服务能力欠缺、服务项目不足或取消及在医药商品销售后未及时兑现售前承诺的服务等情况会引起顾客对销售人员服务的投诉。

二、接待顾客投诉的原则

1. 心态平和

理解顾客投诉是经营活动中的正常现象，尊重顾客的权利，重视顾客的投诉。保持心情平静地接待顾客，避免过分激动。

2. 有效倾听

认真倾听顾客的诉说，交谈过程中与顾客的距离建议保持在1m内，并注视顾客的眼睛以表示自己的诚恳。

3. 诚恳致歉

无论顾客提出的意见责任在谁，都要诚心地向顾客表达歉意，不推诿，并感谢顾客提出的问题，以示对顾客的尊重。

4. 明确权限

一般情况下，顾客向门店投诉应由店长负责处理，遇到解决不了的问题上报区域经理或总部解决。若顾客直接向总部投诉，则接待人员应及时将问题交由被投诉门店店长处理。对于药物不良反应、药疗事故等重大问题应及时报公司相关部门协助处理。

5. 及时处理

处理顾客投诉时切记不要拖延时间，更不能推卸责任。所有人都应通力合作，迅速做出反应，向顾客"稳重+清楚"地说明有关情况和事件的原因，并力争在最短时间里全面解决问题，给顾客一个满意的答复。

6. 留档分析

对每一起顾客投诉及其处理结果，要由专人负责进行详细的记录，内容包括投诉内容、处理过程、处理结果、顾客满意程度等。通过对记录的回顾，吸取教训，总结经验，为以后更好地处理顾客投诉提供参考。另外，还要注意做好各种可能出现情况的预防工作，防患于未然，尽量减少顾客投诉。

三、投诉处理流程

应对顾客投诉时应当妥善处理每一位顾客的不满意与投诉，并且情绪上使之觉得受到尊重。因此在处理顾客投诉时应遵循如下流程。

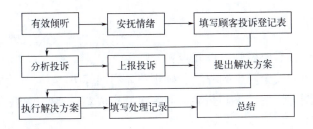

四、处理顾客投诉技巧

正确妥善地处理顾客的投诉，可以提高服务质量，增进顾客的信任。反之，不但无益于顾客的药物治疗，无益于改善自身的服务，同时对顾客的失信和伤害可能会产生链式反应，从而失去更大的顾客群。因此，在处理顾客投诉时，应注意做好以下几点。

（1）选择合适的地点　如投诉即刻发生（即刚接受服务后便发生投诉），应尽快将顾客带离现场，以缓和顾客情绪，避免事件对其他服务对象造成影响。接待顾客的地点宜选择办公室、会议室等场所，有益于谈话和沟通。

（2）选择合适的人员　无论是即刻或事后的投诉，均不宜由当事人来接待顾客，以排除情感干扰。一般的投诉，可由当事人的主管或同事接待。事件比较复杂或顾客反映的问题比较严重，则应由店长、经理亲自接待。

（3）处理时态度要温和　首先保持对顾客的尊重，其次运用换位思考的方式，通过恰当的语言和诚恳的态度，使顾客能站在药品购销员或药店的立场上，理解、体谅其工作，使双方在一个共同的基础上达成谅解。

（4）保存证据　保存适当的有形证据，如处方、清单、病历、药历或电脑存储的相关信息，以应对顾客的投诉，同时需要保证证据和说辞具有一致性。

项目36　药品召回管理

任务引入

经某省药品检验机构检验，某药品上市许可持有人持有麝香镇痛膏黏附力测定不符合规定，为了控制药品质量安全风险和可能存在的安全隐患，需召回以下批次麝香镇痛膏，批号1190501（规格10片/盒），公司质量管理部职员许某需对该批次药品启动调查评估、实施召回，请帮助她完成任务。

任务分析

完成本次任务需要做到以下几点:

(1) 根据药品安全隐患的程度,确定药品召回等级。

(2) 根据调查评估结果和药品召回等级,形成调查评估报告,科学制定药品召回计划。

(3) 根据药品召回计划,发布召回通知,实施药品召回工作。

(4) 对召回药品进行处理。

(5) 向主管部门提交药品召回的总结报告。

相关知识

药品召回是指药品上市许可持有人(以下称持有人)按照规定的程序收回已上市的存在质量问题或者其他安全隐患的药品,并采取相应措施,及时控制风险、消除隐患的活动。已经确认为假药、劣药的,不适用召回程序。

召回的药品是指存在安全隐患的药品,即发现有可能对健康带来危害的药品。药品召回可以有效降低缺陷药品所导致的风险,最大限度地保障公众用药安全;可以降低行政执法成本,简化由严重药品不良反应造成的复杂经济纠纷,降低可能发生的更大数额的赔偿;可以维护企业的良好形象,维护消费者对企业的信赖,为广大消费者安全用药建立了一道保护屏障。

知识链接

国家药监局关于发布《药品召回管理办法》的公告

第四条 本办法所称质量问题或者其他安全隐患,是指由于研制、生产、储运、标识等原因导致药品不符合法定要求,或者其他可能使药品具有的危及人体健康和生命安全的不合理危险。

第十二条 对存在质量问题或者其他安全隐患药品评估的主要内容包括:

(一)该药品引发危害的可能性,以及是否已经对人体健康造成了危害;

(二)对主要使用人群的危害影响;

(三)对特殊人群,尤其是高危人群的危害影响,如老年人、儿童、孕妇、肝肾功能不全者、外科手术病人等;

(四)危害的严重与紧急程度;

(五)危害导致的后果。

一、药品召回分类和召回分级

1. 药品召回分类

（1）主动召回　是指持有人经调查评估后，对确定存在质量问题或者其他安全隐患的药品，由持有人决定并实施召回，同时通过企业官方网站或者药品相关行业媒体向社会发布召回信息。

（2）责令召回　是指药品监督管理部门经过调查评估，认为持有人应当召回而未召回的药品，或药品监督管理部门经对持有人主动召回结果审查，认为持有人召回药品不彻底的，责令持有人召回药品。

2. 药品召回分级

根据药品质量问题或者其他安全隐患的严重程度，药品召回分为三级。

（1）一级召回　使用该药品可能或者已经引起严重健康危害的。

（2）二级召回　使用该药品可能或者已经引起暂时或者可逆的健康危害的。

（3）三级召回　使用该药品一般不会引起健康危害，但由于其他原因需要收回的。

二、药品召回管理

1. 持有人职责

持有人是控制风险和消除隐患的责任主体，应当保存完整的购销记录并完善药品召回制度，收集药品质量和安全的相关信息，对可能存在的质量问题或者有其他安全隐患的药品应当立即停止销售，进行调查、评估，告知相关药品生产企业、经营企业和使用单位停止生产、销售和使用，召回已销售的药品。制定药品召回信息公开制度，依法主动公布药品召回信息。持有人应当在药品年度报告中说明报告期内药品召回情况。协助药品监督管理部门对药品可能存在的安全隐患开展调查。

境外生产药品涉及在境内实施召回的，境外持有人指定的在中国境内履行持有人义务的企业法人负责具体实施召回。

2. 药品生产、销售、使用单位的职责

药品生产企业、经营企业、使用单位应当建立并实施药品追溯制度，保存完整的购销记录，保证上市药品的可溯源。在生产、销售或者使用过程中发现药品可能存在质量问题或者其他安全隐患的，应暂停生产、放行、销售、使用，通知持有人，必要时应当向所在地省级药品监督管理部门报告。

在持有人实施药品召回时，药品生产企业、经营企业、使用单位应当积极协助持有人对可能存在质量问题或者其他安全隐患的药品进行调查、评估，主动配合持人履行召回义务，按照召回计划及时传达、反馈药品召回信息，控制和收回存在质量问题或者其他安全隐患的药品。

配合药品监督管理部门开展有关药品安全隐患的调查，提供有关资料。

3. 药品召回的监管

召回药品所在地的省级药品监督管理部门负责药品召回的监督管理工作。市县级药品监督管理部门应当配合、协助做好药品召回的有关工作，并协助负责行政区域内药品经营企业、药品使用单位召回情况的监督管理工作。

国家药品监督管理局和省级药品监督管理部门应当按照药品信息公开有关制度，采取有效途径向社会公布存在质量问题或者其他安全隐患的药品信息和召回信息，必要时向同级卫生健康主管部门通报相关信息。国家药品监督管理局负责指导全国药品召回的管理工作。

4. 主动召回的实施和要求

（1）药品召回的通知时限　持有人作出药品召回决定后，应当制定召回计划并组织实施：一级召回在1日内，二级召回在3日内，三级召回在7日内。

（2）调查评估报告、召回计划和召回通知提交时限　持有人应当向药品生产企业、经营企业、使用单位等发出召回通知，同时向所在地的省级药品监督管理部门备案调查评估报告、召回计划和召回通知。

（3）药品召回进展报告　持有人在实施药品召回过程中，一级召回每日，二级召回每3日，三级召回每7日，应当将药品召回进展情况向所在地的省、自治区、直辖市人民政府药品监督管理部门报告。召回过程中，持有人应当及时评估召回效果，发现召回不彻底的，应当变更召回计划，扩大召回范围或者重新召回。变更召回计划的，应当及时向所在地省级药品监督管理部门备案。

（4）召回后的处理　持有人对召回药品的处理应当有详细的记录，在召回完成后10个工作日内，将药品召回和处理情况向所在地的省级药品监督管理部门和卫生健康主管部门报告。必须销毁的药品，应当在持有人、药品生产企业或者储存召回药品所在地的县级以上药品监督管理部门或者公证机构监督下销毁。

（5）召回完成后的效果评价　持有人在完成召回和处理后10个工作日内向所在地的省级药品监督管理部门和卫生健康主管部门提交药品召回的总结报告。

省级药品监督管理部门应当自收到总结报告之日起10个工作日内对报告进行审查，并对召回效果进行评价，必要时组织专家进行审查和评价。认为召回尚未有效控制风险或者消除隐患的，应当书面要求持有人重新召回。

5. 责令召回的实施和要求

药品监督管理部门作出责令召回决定，应当将责令召回通知书送达持有人。持有人被要求执行药品召回决定后，应当制定召回计划并组织实施，并启动药品召回。药品生产企业应当向药品监督管理部门报告药品召回的相关情况，进行召回药品的后续处理。责令召回程序要求与主动召回程序要求一致。

> **知识链接**
>
> 国家药监局关于发布《药品召回管理办法》的公告
>
> 　　第十四条　持有人应当根据调查和评估结果和药品召回等级，形成调查评估报告，科学制定召回计划。
>
> 　　调查评估报告应当包括以下内容：
>
> 　　（一）召回药品的具体情况，包括名称、规格、批次等基本信息；
>
> 　　（二）实施召回的原因；
>
> 　　（三）调查评估结果；
>
> 　　（四）召回等级。
>
> 　　召回计划应当包括以下内容：
>
> 　　（一）药品生产销售情况及拟召回的数量；
>
> 　　（二）召回措施具体内容，包括实施的组织、范围和时限等；
>
> 　　（三）召回信息的公布途径和范围；
>
> 　　（四）召回的预期效果；
>
> 　　（五）药品召回后的处理措施；
>
> 　　（六）联系人的姓名及联系方式。
>
> 　　第十六条　……召回通知应当包括以下内容：
>
> 　　（一）召回药品的具体情况，包括名称、规格、批次等基本信息；
>
> 　　（二）召回的原因；
>
> 　　（三）召回等级；
>
> 　　（四）召回要求，如立即暂停生产、放行、销售、使用；转发召回通知等；
>
> 　　（五）召回处理措施，如召回药品外包装标识、隔离存放措施、储运条件、监督销毁等。

任务实施

要完成药品召回任务，在召回过程中，需经调查评估后，实施召回，以确保药品召回符合要求。

（1）根据药品安全隐患的严重程度，确定药品召回等级。

（2）根据调查评估结果和药品召回等级，形成调查评估报告，并制定召回计划。

（3）制定药品召回通知的内容，发布召回通知，同时通过企业官方网站或者药品相关行业媒体向社会发布召回信息。

（4）对召回药品进行处理并保留记录。

（5）召回完成后，进行药品召回总结报告。

项目37　药品警戒管理

任务引入

某药品生产持有人接到热线电话：12岁男孩诊断为上呼吸道感染，在服用该持有人生产的双黄连颗粒，口服5g/次，3次/天，服药1小时后即感头晕，全身出现红色丘疹，后服用马来酸氯苯那敏、维生素C，次日症状消失。陆某某作为持有人药物警戒部门的职员，需对此事件进行处理。请帮助陆某某完成此任务。

任务分析

完成本次任务需要做到以下几点：

（1）根据药物警戒信息收集，对疑似不良反应信息进行记录。

（2）对收集的疑似不良反应进行风险评估。

（3）根据安全风险评估，采取适宜的风险控制措施。

（4）根据法律法规要求，向主管部门进行上报。

相关知识

药物警戒于1974年由法国学者提出，是药事管理活动的重要内容之一。2019年，新修订的《中华人民共和国药品管理法》做出规定——国家建立药物警戒制度，对药品不良反应及其他与用药有关的有害反应进行监测、识别、评估和控制。2021年5月，国家药品监督管理局发布了《药物警戒质量管理规范》，并于2021年12月1日起正式施行。

药物警戒的起点是监测，监测是发现风险的最前端。没有有效的监测，就不可能识别风险信号，也无法评估风险获益，更无法实现有效的风险控制。

> **知识链接**
>
> **"药品不良反应"与"药物警戒"的区别**
>
> 药品不良反应（ADR）是指不符合用药目的并给患者带来不适或痛苦的反应的统称。
>
> 药物警戒是指与发现、评价、理解和预防药品不良反应或其他任何可能与药物有关问题的科学研究与活动。

一、药物警戒的范围

药物警戒活动是指对药品不良反应及其他与用药有关的有害反应的监测、识别、评估和控制的所有活动。药物警戒涉及药物的不良反应，及与药物安全性相关的其他问题，如假劣药品、用药错误、无科学依据的超适应证范围用药、药物滥用、药物和食品的不良相互作用等。

二、药物警戒体系的建立

1. 组织机构

（1）药品安全委员会　持有人应当建立药品安全委员会，并设置专门的药物警戒部门，保障药物警戒活动的顺利开展。

药品安全委员会一般由持有人的法定代表人或主要负责人、药物警戒负责人、药物警戒部门及相关部门负责人等组成，负责建立相关的工作机制和工作程序，负责重大风险研判、重大或紧急药品事件处置、风险控制决策以及其他与药物警戒有关的重大事项。

（2）药物警戒部门　成立药物警戒部门，并配备足够数量并具备适当资质的专职人员，保证药物警戒体系的有效运行及质量目标的实现。与其他相关部门建立良好的沟通和协调机制，保障警戒活动的顺利开展。

2. 人员培训与设备

持有人警戒管理体系人员应该包括：

（1）持有人的法定代表人或主要负责人，对警戒活动全面负责。

（2）警戒负责人，负责警戒管理工作。

（3）各部门负责人作为警戒管理成员，负责本部门警戒管理工作。

持有人还应对这些人员进行药物警戒培训，根据岗位需求与人员能力制定适宜的警戒培训计划，按计划开展培训并评估培训效果。培训内容应当包括警戒基础知识和法规、岗位知识和技能等，其中岗位知识和技能培训应当与其警戒职责和要求相适应。

持有人应当配备满足警戒活动所需的设备与资源，并应当对设备与资源进行管理和维护，确保其能持续满足使用要求。

3. 药物警戒制度

持有人应当制定完善的药物警戒制度和规程文件。制度和规程文件应当标明名称、类别、编号、版本号、审核批准人员及生效日期等，内容描述应当准确、清晰、易懂，附有修订日志。

持有人应当对制度和规程文件进行定期审查，并根据相关法律法规等要求及时更新。持有人应定期开展内部审核（以下简称"内审"），审核各项制度、规程及其执行情况，评估药物警戒体系的适宜性、充分性、有效性。

4. 监测与评估

持有人应按照法律法规要求以及持有人要求，主动开展药品上市后监测，全面、有效地收集药物生产和使用过程中的安全风险，收集过程与内容应当有记录，原始记录应当真实、准确、客观。并对收集到信息的真实性和准确性进行评估。持有人通过药品生产企业、药品经营企业、门户网站公布的联系电话或邮箱收集疑似药品不良反应信息。

持有人应当按照国家药品不良反应监测机构发布的药品不良反应关联性分级评价标准，对药品与疑似不良反应之间的关联性进行科学、客观的评价。

5. 风险管理

（1）风险识别　对持有人安全事故的管理资料进行分析，发现其安全风险，风险类型分为已识别风险和潜在风险。

（2）风险评估　对已识别的安全风险，按发生机制、频率、严重程度、可预防性、可控性、对患者或公众健康的影响范围，以及风险证据的强度和局限性等进行评价。

（3）风险控制　持有人应当根据风险评估结果，对于已识别的安全风险，综合考虑风险特征、可替代性、社会经济因素等，采取适宜的风险控制措施。

在药品风险识别和评估的任何阶段，持有人认为风险可能严重危害患者生命安全或公众健康的，应当立即采取暂停生产、销售及召回产品等风险控制措施，并向所在地的省级药品监督管理部门报告。

6. 报告与处置

持有人对安全风险分析评价按要求上报。持有人应当对严重药品不良反应报告、非预期不良反应报告中缺失的信息进行随访。持有人应当对药品不良反应监测机构反馈的疑似不良反应报告进行分析评价，并按要求上报。

对于境内外均上市的药品，持有人应当收集在境外发生的疑似药品不良反应信息。境外发生的严重不良反应，持有人应当按照个例药品不良反应报告的要求提交。

持有人向国家药品不良反应监测系统提交的个例药品不良反应报告，应当至少包含可识别的患者、可识别的报告者、怀疑药品和药品不良反应的相关信息。

7. 文件和记录

持有人应当制定完善的警戒制度和规程文件，警戒活动的文件应当经药物警戒部门审核。制度和规程文件应当按照文件管理操作规程进行起草、修订、审核、批准、分发、替换或撤销、复制、保管和销毁等，并有相应的记录。对管理文件和操作文件，持有人应定期进行审查，确保现行文件持续适宜和有效。

一旦发现相关法律法规有所变更，便需要及时修订管理文件和操作文件。

持有人应当规范记录药物警戒活动的过程和结果，妥善管理药物警戒活动产生的记录与数据。记录与数据应当真实、准确、完整，保证药物警戒活动可追溯。关键的药物警戒活动相关记录和数据应当进行确认与复核。药物警戒记录和数据至少要保存至药品注册证书注销后十年，并做好记录和数据在保存期间的防护工作。

持有人转让药品上市许可的，应当同时移交药物警戒的所有相关记录和数据，确保移交过程中记录和数据不被遗失。

 知识链接

《药物警戒质量管理规范》

第一百一十五条　药物警戒体系主文件应当至少包括以下内容：

（一）组织机构：描述与药物警戒活动有关的组织架构、职责及相互关系等；

（二）药物警戒负责人的基本信息：包括居住地区、联系方式、简历、职责等；

（三）专职人员配备情况：包括专职人员数量、相关专业背景、职责等；

（四）疑似药品不良反应信息来源：描述疑似药品不良反应信息收集的主要途径、方式等；

（五）信息化工具或系统：描述用于开展药物警戒活动的信息化工具或系统；

（六）管理制度和操作规程：提供药物警戒管理制度的简要描述和药物警戒管理制度及操作规程目录；

（七）药物警戒体系运行情况：描述药品不良反应监测与报告，药品风险的识别、评估和控制等情况；

（八）药物警戒活动委托：列明委托的内容、时限、受托单位等，并提供委托协议清单；

（九）质量管理：描述药物警戒质量管理情况，包括质量目标、质量保证系统、质量控制指标、内审等；

（十）附录：包括制度和操作规程文件、药品清单、委托协议、内审报告、主文件修订日志等。

任务实施

要完成药物警戒任务，需主动收集药品不良反应及其他与用药有关的有害反应，完成监测、评估、报告与处置的所有活动，以确保药品警戒管理符合要求。

（1）对药品不良反应及其他与用药有关的有害反应进行监测，识别风险信号。

（2）收集药物警戒信息，对疑似不良反应信息进行详细记录。

（3）根据药品不良反应或用药有害反应的严重程度，进行风险评估。

（4）根据调查和评估结果，采取风险控制措施。

（5）向主管部门提交药物警戒的相关报告。

模块四

中药管理

课题12　中药材管理

学习目标

1. 能根据《进口药材管理办法》，对进口药材进行申请、审批、备案。
2. 能根据《野生药材资源保护管理条例》，正确区分等级；知晓野生药材采猎及出口相关管理规定。
3. 能知晓常见的国家重点保护的野生药材物种名称。
4. 能知晓中药材专业市场管理的相关规定。

项目38　进口药材管理

任务引入

西红花是一味可以抗焦虑，同时能美容养颜的名贵中药材，深受女性顾客欢迎，市场需求量大。某药品经营企业想购进一批伊朗产的西红花，但需要先完成申请审批手续，请你帮助该企业完成相关任务。

任务分析

完成本次任务需要做到以下几点：
（1）明确进口药材的申请审批流程和申报资料。
（2）帮助企业收集相关申报资料。
（3）向相关窗口报送申报资料，完成西红花的进口申请和审批。

相关知识

为加强进口药材监督管理，保证进口药材质量，国家市场监督管理总局制定了《进口药材管理办法》（以下简称《办法》），进口药材申请、审批、备案、口岸检验以及监督管理按相关规定执行。

一、进口药材基本制度

（一）审批制度

首次进口的药材施行审批制度。申请人按规定取得进口药材批件后，向口岸药品监督管理部门办理备案［首次进口药材是指非同一国家（地区）、非同一申请人、非同一药材基原的进口药材］。

（二）备案制度

非首次进口药材，应按《办法》规定直接向口岸药品监督管理部门办理备案。非首次进口药材实行目录管理，具体目录由国家药品监督管理局制定并调整。尚未列入目录，但申请人、药材基原以及国家（地区）均未发生变更的，按照非首次进口药材管理。

二、进口药材主管部门

国家药品监督管理局主管全国进口药材监督管理工作。国家药品监督管理局委托省级药品监督管理部门实施首次进口药材审批，并对委托实施首次进口药材审批的行为进行监督指导。

三、进口药材申请主体

进口药材申请主体为药材进口单位，即指办理首次进口药材审批的申请人或办理进口药材备案的单位。药材进口单位，应当是中国境内的中成药上市许可持有人、中药生产企业，以及具有中药材或者中药饮片经营范围的药品经营企业。

四、进口药材执行标准

基本要求是进口的药材应当符合国家药品标准。
（1）《中华人民共和国药典》现行版未收载的品种，应当执行进口药材标准。
（2）《中华人民共和国药典》现行版、进口药材标准均未收载的品种，应当执行其他的国家药品标准。
（3）少数民族地区进口当地习用的少数民族药药材，尚无国家药品标准的，应当符合相应的省级药材标准。

五、进口药材监督管理

（1）口岸药品监督管理部门收到进口药材不予抽样通知书后，对有证据证明可能危害人体健康且已办结海关验放手续的全部药材采取查封、扣押的行政强制措施，并在7日内作出处理决定。

（2）对检验不符合标准规定且已办结海关验放手续的进口药材，口岸药品监督管理部门应当在收到检验报告书后及时采取查封、扣押的行政强制措施，并依法作出处理决定，同时将有关处理情况报告所在地的省级药品监督管理部门。

（3）国家药品监督管理局根据需要，可以对进口药材的产地、初加工等生产现场组织实施境外检查。药材进口单位应当协调出口商配合检查。

（4）中成药上市许可持有人、中药生产企业和药品经营企业采购进口药材时，应当查验口岸药品检验机构出具的进口药材检验报告书复印件和注明"已抽样"并加盖公章的进口药品通关单复印件，严格执行药品追溯管理的有关规定。

（5）进口药材的包装必须适合进口药材的质量要求，方便储存、运输以及进口检验。在每件包装上，必须注明药材中文名称、批件编号（非首次进口药材除外）、产地、唛头号、进口单位名称、出口商名称、到货口岸、重量以及加工包装日期等。

（6）药材进口申请受理、审批结果、有关违法违规的情形及其处罚结果应当在国家药品监督管理部门网站公开。

任务实施

要完成首次进口药材的申请审批任务，需要按照审批流程逐一操作，以确保西红花的审批顺利完成。

（1）通过国家药品监督管理局的信息系统（以下简称信息系统）填写进口药材申请表，并向所在地的省级药品监督管理部门报送以下资料。

① 进口药材申请表。

② 申请人药品生产许可证或者药品经营许可证复印件，申请人为中成药上市许可持有人的，应当提供相关药品批准证明文件复印件。

③ 出口商主体登记证明文件复印件。

④ 购货合同及其公证文书复印件。

⑤ 药材产地生态环境、资源储量、野生或者种植养殖情况、采收及产地初加工等信息。

⑥ 药材标准及标准来源。

⑦ 由中国境内具有动植物基原鉴定资质的机构出具的载有鉴定依据、鉴定结论、样品图片、鉴定人、鉴定机构及其公章等信息的药材基原鉴定证明原件。

（2）省级药品监督管理部门收到首次进口药材申报资料后，应当对申报资料的规范性、完整性进行形式审查。申报资料存在可以当场更正的错误的，应当允许申请人当场更正；申报资料不齐全或者不符合法定形式的，应当当场或者5日内一次性告知申请人需要补正的全部内容，逾期不告知的，自收到申报资料之日起即为受理。首次进口药材申请应当出具受理或者不予受理通知书；不予受理的，应当书面说明理由。

（3）申请人收到首次进口药材受理通知书后，应当及时将检验样品报送所在地省级药品检验机构，同时提交第一步中提到的报送资料。

（4）省级药品检验机构收到检验样品和相关资料后，应当在30日内完成样品检验，向申请人出具进口药材检验报告书，并报送省级药品监督管理部门。因品种特性或者检验项目等原因确需延长检验时间的，应当将延期的时限、理由书面报告省级药品监督管理部门并告知申请人。

（5）省级药品监督管理部门应当自受理申请之日起20日内作出准予或者不予批准的决定。对符合要求的，发给一次性进口药材批件。检验、补充资料期限不计入审批时限。进口药材批件编号格式为：（省、自治区、直辖市简称）药材进字+4位年号+4位顺序号。

具体审批流程见图38-1。

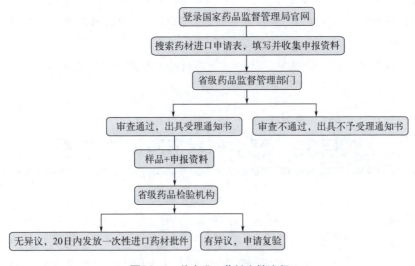

图38-1　首次进口药材审批流程

知识链接

《进口药材管理办法》

第十九条　进口单位应当向口岸药品监督管理部门备案，通过信息系统填报进口药材报验单，并报送以下资料：

（一）进口药材报验单原件；

（二）产地证明复印件；

（三）药材标准及标准来源；

（四）装箱单、提运单和货运发票复印件；

（五）经其他国家（地区）转口的进口药材，应当同时提交产地到各转口地的全部购货合同、装箱单、提运单和货运发票复印件；

（六）进口药材涉及《濒危野生动植物种国际贸易公约》限制进出口的濒危野生动植物的，还应当提供国家濒危物种进出口管理机构核发的允许进出口证明书复印件。

办理首次进口药材备案的，除第一款规定资料外，还应当报送进口药材批件和进口药材补充申请批件（如有）复印件。

办理非首次进口药材备案的，除第一款规定资料外，还应当报送进口单位的药品生产许可证或者药品经营许可证复印件、出口商主体登记证明文件复印件、购货合同及其公证文书复印件。进口单位为中成药上市许可持有人的，应当提供相关药品批准证明文件复印件。

第二十条　口岸药品监督管理部门应当对备案资料的完整性、规范性进行形式审查，符合要求的，发给进口药品通关单，收回首次进口药材批件，同时向口岸药品检验机构发出进口药材口岸检验通知书，并附备案资料一份。

第二十一条　进口单位持进口药品通关单向海关办理报关验放手续。

项目39　野生药材资源保护管理

任务引入

据全国野生动物资源调查结果显示，我国穿山甲资源急剧下降到濒危状况；蛇类资源总量不足20世纪80年代的1/10，并由此在局部地区引发生态问题；赛加羚羊角库存量严重不足，我国传统中医药正面临着资源危机。王某是一家药品批发企业采购负责人，现应业务需求，需要购买2kg的羚羊角片，根据有关法律法规，购买野生保护资源物种需要获得行政许可，请你帮助王某完成相关审批手续。

任务分析

完成本次任务需要做到以下几点：

（1）明确国家重点保护的野生药材物种分级。
（2）知晓各分级下的国家重点保护的野生药材物种。
（3）熟悉国家重点保护野生药材的采猎管理和出口管理规定。
（4）收集相关资料向对应部门提交申请，完成羚羊角片的购买审批任务。

相关知识

为保护和合理利用野生药材资源，适应人民医疗保健事业的需要，国家制定了《野生药材资源保护管理条例》，适用于我国境内采猎、经营野生药材的任何单位或个人，除国家另有规定外，都必须遵守本条例。

一、国家重点保护的野生药材物种分级

国家重点保护的野生药材物种共分为三个等级。一级保护野生药材物种是指濒临灭绝状态的稀有珍贵野生药材物种；二级保护野生药材物种是指分布区域缩小、资源处于衰竭状态的重要野生药材物种；三级保护野生药材物种是指资源严重减少的主要常用野生药材物种。

二、国家重点保护的野生药材物种名录

2021年1月4日，经国务院批准，国家林业和草原局农业农村部公告（2021年第3号）文件正式公布了最新修订的《国家重点保护野生动物名录》，同年8月7日，国家林业和草原局农业农村部公告（2021年第15号）文件公布了最新修订的《国家重点保护野生植物名录》。对以上文件中提到的野生药材资源进行整理，国家重点保护的野生药材物种具体名录见表39-1。

表39-1　国家重点保护的野生药材物种名录

分级	药材名录
一级	虎骨、豹骨（豹、云豹、雪豹）、羚羊角、鹿茸（梅花鹿）、穿山甲、麝香（林麝、马麝、原麝）、玳瑁、银杏、红豆杉、石斛（霍山石斛）
二级	鹿茸（马鹿）、熊胆（棕熊、黑熊）、白及、石斛（金钗石斛、鼓槌石斛、流苏石斛）、天麻、红景天（大花红景天）、锁阳、降香、山豆根、甘草（甘草、胀果甘草）、玫瑰花、龙眼肉、土荆皮、金荞麦、巴戟天、关黄柏（黄檗）、紫草（新疆紫草）、肉苁蓉（肉苁蓉、管花肉苁蓉）、人参、明党参、阿魏（新疆阿魏、阜康阿魏）、北沙参、冬虫夏草、黄连（黄连、三角叶黄连、云连）、厚朴（厚朴、凹叶厚朴）、龟甲（仅限野外种群）、海马（仅限野外种群）、贝母（川贝母、浙贝母、平贝母、湖北贝母、伊贝母）

备注：
1.国发〔1993〕39号文"关于禁止犀牛角和虎骨贸易的通知"中取消了虎骨的入药标准。
2.国食药监注〔2006〕118号文"关于豹骨使用有关事宜的通知"中明确自2006年1月1日起我国已全面禁止从野外猎捕豹类和收购豹骨。
3.《中华人民共和国药典》（2020年版）未收录虎骨、豹骨、玳瑁、红豆杉、熊胆、穿山甲六味野生药材。

课题12　中药材管理

> **知识链接**
>
> **关于加强赛加羚羊、穿山甲、稀有蛇类资源保护和规范其产品入药管理的通知**
>
> 林护发〔2007〕242号
>
> 自2008年1月1日起,对含赛加羚羊角、穿山甲片和稀有蛇类原材料的成药和产品,开始实行标识管理试点;至2008年3月1日起,所有含赛加羚羊角、穿山甲片和稀有蛇类原材料的成药和产品,须在其最小销售单位包装上加载"中国野生动物经营利用管理专用标识"后方可进入流通。有关企业具体使用专用标识的数量,根据其按法定程序获得行政许可的生产数量核算,由国家林业局委托全国野生动植物研究发展中心具体安排。加载有专用标识的上述成药或产品,其销售、运输可不再办理相关证明。
>
> 按照国家有关法律法规,未依法获得行政许可的,不得利用赛加羚羊角、穿山甲片和稀有蛇类原材料从事生产经营活动,未加载专用标识的产品也不得进入流通。对已经生产库存的,各生产、经营单位须尽快向所在地省级林业主管部门报告有关情况,经核实和依法履行法定行政许可手续后,参照上述程序一次性安排专用标识。加载专用标识后的上述产品可继续流通,直至销售完毕。

三、国家重点保护野生药材的采猎管理规定

1. 一级野生药材物种的管理

禁止采猎一级保护野生药材物种。

2. 二级、三级野生药材物种的管理

采猎、收购二级、三级保护野生药材物种的,必须按照批准的计划执行。采猎者必须持有采药证,需要进行采伐或狩猎的,必须申请采伐证或狩猎证。不得在禁止采猎区、禁止采猎期进行采猎,不得使用禁用工具进行采猎。二级、三级保护野生药材物种属于国家计划管理的品种,由国家药材公司统一经营管理;其余品种由产地县药材公司或其委托单位按照计划收购。

四、国家重点保护野生药材出口管理

(1)一级保护野生药材物种属于自然淘汰的,其药用部分由各级药材公司负责经营管理,但不得出口。

(2)二级、三级保护野生药材物种的药用部分,除国家另有规定外,实行限量出口。

（3）违反野生药材物种出口管理的，由工商行政管理部门或有关部门没收其野生药材和全部违法所得，并处以罚款。

任务实施

要完成野生药材资源物种的申请审批任务，需要按照审批流程逐一操作，以确保羚羊角片的审批顺利完成。

一、申请材料

申请人须按以下材料名称，分别提供与之对应的申请材料独立要件，并保证材料的清晰、完整、真实、有效。

序号	提交材料名称	原件/复印件	要求	备注
1	野生动物保护管理行政许可事项申请表（表39-2）	原件	填写完整，附申请人身份的有效文件。申请人为法人的，附法人盖章的授权委托材料；通过代理人申请的，附代理人身份的有效文件和委托代理证明文件	申请表通过登录国家林业和草原局政府网下载
2	证明野生动物或其产品来源的有效文件或相关材料	复印件	（1）出售、购买、利用野生动物产品的，申请人需提供合法购买、人工繁育、执法查没、特许猎捕、允许进口证明书或其他有效合法来源证明 （2）出售、购买野生动物及其制品的，应提供交易合同或协议	所需资料向购入单位索取

表39-2 野生动物保护管理行政许可事项申请表

申请人名称				代理人名称			
地址、邮编及电话				地址、邮编及电话			
法定代表人姓名		身份证明类型及号码		法定代表人姓名		身份证明类型及号码	
申请事由	注：包括事项目称，涉及野生动物物种类及其制品数量、规格、经营利用方式、地点、合作方等内容。如申请变更或延续，请注明变更事项或延期期限						
涉 及 物 种							
中文名	拉丁学名		我国保护级别	公约保护级别		单位或规格	数量
附件材料	注：列明本申请所附的各项材料。						
申请单位领导签字及盖章： 日期：____年____月____日				联系人姓名			
				联系电话、传真			
委托代理人签字及盖章： 日期：____年____月____日				通信地址			

二、办理流程

登录国家林业和草原局政府网,点击"行政审批"窗口,先注册后登录。根据提示要求上传相关资料,待窗口受理。审查通过后出具行政许可决定书,并在规定时限内通过网上送达、直接送达或邮寄方式将行政许可决定文书送达申请人。

三、审批收费及标准

1. 收费项目

陆生野生动物资源保护管理费。

2. 收费依据

(1)财政部、发改委《关于公布取消和免征一批行政事业性收费的通知》(财综〔2013〕67号)中免征的行政事业性收费项目(共2项):①水生野生动物资源保护费;②陆生野生动物资源保护管理费。

(2)《陆生野生动物资源保护管理费收费办法》规定:"凡经营利用野生动物或者其产品的,必须按本办法规定缴纳野生动物资源保护管理费。经批准捕捉、出售、收购、利用国家一级保护野生动物或其产品的,必须向林业部或其授权的单位缴纳野生动物资源保护管理费;经批准猎捕、出售、收购、利用国家二级保护野生动物或其产品的,必须向省、自治区、直辖市林业行政主管部门或其授权的单位缴纳野生动物资源保护管理费。"

3. 收费标准

对批准出售、收购、利用的国家一级保护野生动物或其产品,按其成交额的8%向供货方收费,对受货方不予收费;对批准出售、收购、利用的国家二级保护野生动物或其产品,按其成交额的6%向供货方收费,对受货方不予收费。

项目40　中药材专业市场管理

 任务引入

近年来,国家大力倡导中医药传承创新,推动中医药与西医药互补协调发展,给中医药产业带来了无限机遇。小刘是安徽亳州人,想进入当地中药材专业市场经营中药材,但经了解需要一定条件才能经营,根据你所知晓的相关规定,告诉他进入中药材专业市场经营中药材应具备的条件。

任务分析

完成本次任务需要做到以下几点：

（1）了解我国中药材专业市场分布情况及设立中药材专业市场应具备的条件。

（2）明确进入中药材专业市场经营中药材应具备的条件。

（3）知晓国家对中药材市场管理的相关规定和举措。

相关知识

中药材专业市场是历史形成的，承载着浓厚的中医药文化，是中药产业链的重要环节，也是专门（流通）销售中药材，反映地域中药材特色的大型市场。

一、中药材专业市场分布情况

1996年，经国家相关部门审核批准，全国共设立了17个中药材专业市场，分别是安徽亳州中药材市场、河北安国中药材市场、河南禹州中药材市场、江西樟树中药材市场、重庆解放路中药材市场、山东鄄城县舜王城药材市场、广州清平中药材市场、甘肃陇西中药材市场、广西玉林中药材市场、湖北省蕲州中药材专业市场、湖南岳阳花板桥中药材市场、湖南省邵东县药材专业市场、广东省普宁中药材专业市场、昆明菊花园中药材专业市场、成都市荷花池药材专业市场、西安万寿路中药材专业市场、兰州市黄河中药材专业市场。其中安徽亳州中药材市场、河北安国中药材市场、河南禹州中药材市场和江西樟树中药材市场被称为"中国四大药都"。

二、设立中药材专业市场应具备的条件

（1）各地区设立中药材专业市场，必须依据国务院药品生产经营主管部门的总体规划，由国务院有关主管部门审批，建在中药材主要品种的集中产地或者传统的中药材集散地，交通便利，布局合理。

（2）具有与所经营中药材规模相适应的营业场所、营业设施、仓储运输和生活服务设施等配套条件。

（3）有专业市场管理机构、称职的管理人员（其中要有中药材专业管理人员，或经县级以上药品生产经营行业主管部门、卫生行政部门认定的主管中药师、相当于主管中药师以上技术职称的人员或有经验的老药工）、严格的管理办法。具有与经营中药材规模相适应的质量检测人员和基本检测仪器、设备，负责对进入市场交易的中药材商品进行检查和监督。

三、中药材专业市场管理规定和举措

1. 规定

（1）除现有的 17 个中药材专业市场外，各地一律不得开办新的中药材专业市场。地方各级人民政府及其他部门均无权审批开办中药材专业市场。

（2）严禁场外交易。严禁出售中药饮片、中成药、化学原料药及其制剂、抗生素、生化药品、放射性药品、血清疫苗、血液制品、诊断药品及医疗器械等。

（3）严防病死病害原料流入中药材市场等流通环节。

（4）严禁制售染色增重、掺杂使假等假劣中药材。

（5）严禁药渣废料回流市场。

（6）严禁销售罂粟壳及 28 种毒性中药材品种。

（7）严禁非法销售国家规定的保护动植物制品。

（8）不得经营麻黄草类药材以及国家规定限制销售的中药材。

2. 举措

（1）明确市场管理责任　所在地人民政府要按照"谁开办、谁管理"的原则，承担起管理责任，明确市场开办主体及其责任。加强监督管理，切实负起责任，把好审查审批关。

（2）逐步建立公司化经营模式　要建立健全交易管理部门和质量管理机构，完善市场交易和质量管理的规章制度。

（3）提高市场电子、信息、物流水平　要构建中药材电子交易平台和市场信息平台，建设中药材流通追溯系统，配备使用具有药品现代物流水平的仓储设施设备，提高中药材仓储、养护技术水平，切实保障中药材质量。

任务实施

小刘想要进入当地中药材专业市场经营中药材，必须按照中药材专业市场管理规定要求，具备相关条件才可进入。你要告诉他应具备的条件如下。

（1）具有与所经营中药材规模相适应的药学技术人员，或有经县级以上药品生产经营行业主管部门、卫生行政部门认定的，熟悉并能鉴别所经营中药材药性的人员，了解国家有关法规、中药材商品规格标准和质量标准。

（2）必须依照法定程序取得《药品（中药材）经营企业合格证》《药品经营企业许可证》和《营业执照》。申请在中药材专业市场固定门店专门从事中药材批发业务的企业和个体工商户，由中药材专业市场所在地省、自治区、直辖市人民政府药品生产经营行业主管部门审查，经审查同意发给《药品（中药材）经营企业合格证》后，再向同级卫生行政部门申请并取得《药品经营企业许可证》，然后，持两证向工商行政管理部门申请办理《营业执照》，三证齐全者准予进入中药材专业市场固定门店从事中药材批发业务。药品生产经营行业主管部门、卫生行政部门、工商行政管理部门未按照上述程序审批，发给证照的，该证照无效；由此造成的损失由核发证照机关负责依法赔偿，并追究直接责任人员和主管人员的责任。

（3）申请在中药材专业市场租用摊位从事自产中药材业务的经营者，必须经所在中药材专业市场管理机构审查批准后，方可经营中药材。

（4）在中药材专业市场从事中药材批发和零售业务的企业和个体工商户，必须遵纪守法，明码标价，照章纳税。

课题13　中药饮片管理

学习目标

1. 能根据中药饮片管理规定，指导中药饮片处方的调剂工作。
2. 能按照《医院中药饮片管理规范》的要求，明确医疗机构中药饮片的流通管理规定。
3. 能根据国家相关政策规定，规范中药配方颗粒的经营和使用。

项目41　中药饮片经营管理

任务引入

某大型中药零售企业中药房每天负责完成门诊部医生为患者开具的中药饮片处方调剂工作。小王是该企业中药房新进的一名调剂员，需要了解药房中药饮片处方调剂的操作流程和内容，并能在师傅的指导下完成调剂工作。

任务分析

完成本次任务需要做到以下几点：
（1）明确中药饮片批发的质量管理相关要求。
（2）明确中药饮片零售的质量管理相关要求。
（3）了解中药饮片调剂工作的基本过程。

相关知识

颁布国家药品标准的中药饮片是国家基本药物目录品种，其质量优劣直接关系到中医治疗效果。药品生产与经营企业必须严格执行《中华人民共和国药品管理法》《药品经营质量管理规范》等法律法规，必须在符合药品 GMP、GSP 条件下组织生产和经营,经营的中药饮片应检验合格,药监部门应采取日常监管、跟踪监管、专项检查等形式,严格规范企业生产经营。

一、中药饮片批发的质量管理要求

(一)人员与培训

从事中药材、中药饮片验收工作的,应当具有中药学专业中专以上学历或者具有中药学中级以上专业技术职称;从事中药材、中药饮片养护工作的,应当具有中药学专业中专以上学历或者具有中药学初级以上专业技术职称;直接收购地产中药材的验收人员应当具有中药学中级以上专业技术职称。

直接接触药品岗位的人员应当进行岗前及年度健康检查,并建立健康档案。患有传染病或者其他可能污染药品的疾病的,不得从事直接接触药品的工作。身体条件不符合相应岗位特定要求的,不得从事相关工作。

 知识链接

中药饮片的定义

"中药饮片"是指在中医药理论指导下,根据辨证施治和调剂、制剂的需要,对中药材进行特殊加工炮制后的成品。中医临床用于治病的药物是中药饮片和中成药,而中成药的原料也是中药饮片,并非中药材。饮片有广义与狭义之分,就广义而言,凡是供中医临床配方用的全部统称"饮片"。狭义则指切制成一定形状的药材,如片、段、块、丝。中药饮片大多由中药饮片加工企业提供。

(二)设施与设备

经营中药材、中药饮片的,应当有专用的库房和养护工作场所,直接收购地产中药材的应当设置中药样品室(柜)。

(三)采购

采购中药材、中药饮片应当标明产地。

(四)收货与验收

中药饮片到货时,收货人员应当核实运输方式是否符合要求,并对照随货同行单(票)和采购记录核对,做到票、账、货相符。中药饮片验收记录应当包括品名、规格、批号、产地、生产日期、生产厂商、供货单位、到货数量、验收合格数量等内容,实施批准文号管理的中药饮片还应当记录批准文号。

（五）储存与养护

中药饮片应存放在独立的库房中，库房的存储条件一般要求是干燥通风，避免日光直射。根据药品的性能和要求，分别设置常温库和阴凉库，其中常温库的温度应控制在 10～30℃，阴凉库的温度应控制在 20℃以内，相对湿度控制在 35%～75%。中药饮片一般按不同入药部位进行分类贮存。分类贮存还包括毒性中药、贵细中药等，应单独分库（区）存放。中药饮片应当按其特性采取有效方法进行养护并记录，不得采取硫黄、磷化铝熏蒸等养护方法，不得对药品造成污染。易虫蛀的中药饮片、易生霉变质的中药饮片等也可分类集中存放，利于储存养护。

（1）易虫蛀的中药如动物类药、蜜炙的、粉性的中药等，应检查是否有虫卵或蛀粉等，必要时进行拆包检查。夏秋季温湿度利于昆虫生长繁殖，应及时把握温湿度的变化情况，以防止生虫。

（2）易受潮发霉的中药如蜜炙类、动物类、花类等，应注意药材本身有无潮湿、柔软、发霉以及生虫现象，必要时拆包检查。梅雨季节对该类中药应加大检查频率，平时注意控制库房湿度。

（3）易泛油的中药如种子类，在堆垛时不宜过多、过密，避免光照与受热等。

（4）易风化的中药如矿物类，应检查是否有风化的粉末等，包装应密封，不宜多通风。

（5）气味易散失的中药如花类、含挥发油的中药等，储存时应注意干燥、阴凉、避光、密封，不宜过多通风。

（6）贵细药材如人参、西洋参、冬虫夏草、西红花、血竭等，平时多注意巡查，列入重点养护品种。

（六）销售

企业销售药品应当如实开具发票，做到票、账、货、款一致。其中中药饮片销售记录应当包括品名、规格、批号、产地、生产厂商、购货单位、销售数量、单价、金额、销售日期等内容。

二、中药饮片零售的质量管理要求

（一）人员管理

企业应当按照国家有关规定配备执业药师，负责处方审核，指导合理用药。从事中药饮片质量管理、验收、采购的人员应当具有中药学中专以上学历或者具有中药学专业初级以上专业技术职称。营业员应当具有高中以上文化程度或者符合省级药品监督管理部门规定的条件。中药饮片调剂人员应当具有中药学中专以上学历或者具备中药调剂员资格。

（二）设施与设备

经营中药饮片的，营业场所应有存放饮片和处方调配的设备；储存中药饮片应当设立专用库房。

（三）陈列与储存

中药饮片柜斗谱的书写应当正名正字；装斗前应当复核，防止错斗、串斗；饮片药斗、木箱内壁、缝隙、死角处易藏匿仓虫和虫卵，应当定期清斗，防止饮片生虫、发霉、变质；不同批号的饮片装斗前应当清斗并记录。

（四）销售管理

中药饮片处方经执业药师审核后方可调配，对处方所列品种不得擅自更改或者代用，对有配伍禁忌或者超剂量的处方，应当拒绝调配，但经处方医师更正或者重新签字确认的可以调配，调配处方后经过核对方可销售。处方审核、调配、核对人员应当在处方上签字或者盖章，并按照有关规定保存处方或者其复印件。

销售中药饮片做到计量准确，并告知煎服方法及注意事项，提供中药饮片代煎服务，应当符合国家有关规定。

❇ 任务实施

中药饮片处方调剂工作包括准备工作、处方调剂、结束工作三个过程。每个过程和工序都有具体的操作规范和要求，作为中药调剂员应严格遵守和执行。

一、准备工作

处方调剂前，首先要做好个人清洁、着装等工作，如换好工作服、清洗双手、修剪指甲等；其次要准备好适合调剂的场地，准备好调剂所用的物品，如戥秤或电子秤、铜缸、包药纸、瓷盘等。

二、处方调剂

处方调剂的基本流程包括审方、计价、调配、复核、包装、发药六个环节。

1. 审方

按照相关规定，药学技术人员必须取得执业药师资格才可对处方进行审核签字，但调配、复核、发药人员在收到处方后仍需要再次对处方进行审核，以确保患者用药安全。若审方中发现问题，应拒绝调配，将问题反馈给处方医师，在处方医师确认无误下方可调配。具体审方内容及步骤如下。

（1）审核处方规范性及完整性，如处方前记、正文、后记内容是否完整、规范。

（2）审核处方正文中是否存在别名、并开名，应知晓对应饮片品种及剂量。

（3）审核处方正文中是否存在特殊处理药物，特别是手写处方，如先煎、后下、包煎、另煎、烊化等。

（4）审核处方正文中是否存在用药禁忌，包括配伍禁忌（十八反、十九畏）和妊娠禁忌等。

（5）审核处方正文中毒性中药是否超剂量。

（6）审核处方正文中是否有重味现象。

2. 计价

计价是按处方中的药味逐一计算得出每剂的总金额，填写在处方药价处。药价基于国家的物价政策，必须明码实价，不得任意抬高，并需准确计算。

3. 调配

（1）调配含有毒性中药饮片的处方，处方未注明"生用"的，一律给付炮制品。处方保存2年备查。

（2）含有罂粟壳的处方，需有麻醉药处方权的医师所开具签名的淡红色处方才可调配，且不得单包，应混入群药。每张处方不得超过3日用量，连续使用不得超过7天，成人的常用量为每天3～6g，调配后处方保存3年备查。

（3）调配的每剂重量误差一般应小于±5%。

4. 复核

负责复核的人员应具备中药师以上资格，但调剂员在完成调配后仍需要自查一遍，再交由复核人员进行复核，复核的内容如下。

（1）调配的药味、称取的分量、处方帖数是否与处方相符。

（2）饮片有无虫蛀、发霉变质和该制不制、该捣不捣、生炙不分的情况。

（3）有特殊煎服法的药物是否已作另包说明。

（4）用药禁忌和毒剧药、贵细药应用是否得当。

5. 包装

中药的包装方式南北各派不尽相同，但均以外形美观牢固、操作快速熟练为标准。常见的包药方法有平包、虎头包、宝塔包、双包等，其中平包、虎头包为工作中常用包法。

包装纸一般采用强拉力牛皮纸，个别企业会采用专门定制的包药袋。药包的捆扎基本采用十字扎法，且多为对角十字扎法，现今多以可降解塑料袋代替捆扎环节。

6. 发药

向患者说明煎药及服药方法、注意事项等。

项目42　医疗机构中药饮片管理

任务引入

小徐和小王是某一级医院中药房的中药师，负责中药饮片的验收和保管工作。今仓库管理员临时采购了一批中药饮片，需要小徐、小王进行验收和保管，希望你能帮助小徐进行验收，同时协助小王进行保管。

任务分析

完成本次任务需要做到以下几点：
（1）明确医疗机构对中药饮片管理的相关要求。
（2）知晓医疗机构验收中药饮片的相关规定。
（3）知晓医疗机构保管中药饮片的相关规定。

相关知识

为加强医院中药饮片管理，保障人体用药安全、有效，根据《中华人民共和国药品管理法》《中华人民共和国药品管理法实施条例》等法律、行政法规的有关规定，国家中医药管理局和卫生部制定了《医院中药饮片管理规范》（国中医药发〔2007〕11号）。该规范明确对各级各类医院中药饮片的人员配备要求、采购、验收、保管、调剂与临方炮制、煎煮等管理方面进行了规定。

一、人员配备要求

医院应配备与其级别相适应的中药专业技术人员。

（1）直接从事中药饮片技术工作的，应当是中药学专业技术人员。三级医院应当至少配备一名副主任中药师以上专业技术人员，二级医院应当至少配备一名主管中药师以上专业技术人员，一级医院应当至少配备一名中药师或相当于中药师以上专业技术水平的人员。

（2）负责中药饮片验收的，在二级以上医院应当是具有中级以上专业技术职称和饮片鉴别经验的人员；在一级医院应当是具有初级以上专业技术职称和饮片鉴别经验的人员。

（3）负责中药饮片临方炮制工作的，应当是具有三年以上炮制经验的中药学专业技术人员。中药饮片煎煮工作应当由中药学专业技术人员负责，具体操作人员应当经过相应的专业技术培训。

二、采购要求

医院应当建立健全中药饮片采购制度。

（1）采购中药饮片，由仓库管理人员依据本单位临床用药情况提出计划，经本单位主管中药饮片工作的负责人审批签字后，依照药品监督管理部门有关规定从合法的供应单位购进中药饮片。

（2）医院采购中药饮片，应当验证生产经营企业的《药品生产许可证》或《药品经营许可证》《企业法人营业执照》和销售人员的授权委托书、资格证明、身份证，并将复印件存档备查。购进国家实行批准文号管理的中药饮片，还应当验证注册证书并将复印件存档备查。

（3）医院与中药饮片供应单位应当签订《质量保证协议书》。

（4）医院应当定期对供应单位供应的中药饮片质量进行评估，并根据评估结果及时调整供应单位和供应方案。

（5）医院应当坚持公开、公平、公正的原则，考察、选择合法中药饮片供应单位。严禁擅自提高饮片等级、以次充好，严禁为个人或单位谋取不正当利益。

三、调剂与临方炮制要求

医院进行中药饮片调剂和临方炮制要符合国家有关规定。

（1）中药饮片调剂室应当有与调剂量相适应的面积，配备通风、调温、调湿、防潮、防虫、防鼠、除尘设施，工作场地、操作台面应当保持清洁卫生。

（2）药饮片调剂室的药斗等储存中药饮片的容器应当排列合理，有品名标签。药品名称应当符合《中华人民共和国药典》或省、自治区、直辖市药品监督管理部门制定的规范名称。标签和药品要相符。

（3）中药饮片装斗前要清斗，认真核对，装量适当，不得错斗、串斗。

（4）医院调剂用计量器具应当按照质量技术监督部门的规定定期校验，不合格的不得使用。

（5）中药饮片调剂人员在调配处方时，应当按照《处方管理办法》和中药饮片调剂规程的有关规定进行审方和调剂。对存在"十八反""十九畏"及妊娠禁忌、超过常用剂量等可能引起用药安全问题的处方，应当由处方医生确认（"双签字"）或重新开具处方后方可调配。

（6）中药饮片调配后，必须经复核后方可发出。二级以上医院应当由主管中药师以上专业技术人员负责调剂复核工作，复核率应当达到100%。

（7）医院应当定期对中药饮片调剂质量进行抽查并记录检查结果。中药饮片调配每剂重量误差应当在±5%以内。

（8）调配含有毒性中药饮片的处方，每次处方剂量不得超过2日极量。对处方未注明"生用"的，应给付炮制品。如在审方时对处方有疑问，必须经处方医生重新审定后方可调配。处方保存2年备查。

（9）罂粟壳不得单方发药，必须凭有麻醉药处方权的执业医师签名的淡红色处方方可调配，每张处方不得超过3日用量，连续使用不得超过7天，成人一次的常用量为每天3～6g。处方保存3年备查。

（10）医院进行临方炮制，应当具备与之相适应的条件和设施，严格遵照国家药品标准和省、自治区、直辖市药品监督管理部门制定的炮制规范炮制，并填写"饮片炮制加工及验收记录"，经医院质量检验合格后方可投入临床使用。

四、煎煮要求

（1）医院开展中药饮片煎煮服务，应当有与之相适应的场地及设备，卫生状况良好，具有通风、调温、冷藏等设施。

（2）医院应当建立健全中药饮片煎煮的工作制度、操作规程和质量控制措施并严格执行。

（3）中药饮片煎煮液的包装材料和容器应当无毒、卫生、不易破损，并符合有关规定。

任务实施

要帮小徐完成医院中药饮片的验收并协助小王进行保管的工作，首先需要知晓医院对中药饮片验收和保管的相关管理规定，以确保医院调配给患者的中药饮片符合质量标准，从而保证人体用药安全、有效。

一、验收规定

（1）医院对所购的中药饮片，应当按照国家药品标准和省、自治区、直辖市药品监督管理部门制定的标准和规范进行验收，验收不合格的不得入库。

（2）对购入的中药饮片质量有异议需要鉴定的，应当委托国家认定的药检部门进行鉴定。

（3）有条件的医院，可以设置中药饮片检验室、标本室，并能掌握《中华人民共和国药典》收载的中药饮片常规检验方法。

（4）购进中药饮片时，验收人员应当对品名、产地、生产企业、产品批号、生产日期、合格标识、质量检验报告书、数量、验收结果及验收日期逐一登记并签字。购进国家实行批准文号管理的中药饮片，还应当检查核对批准文号。

（5）发现假冒、劣质中药饮片，应当及时封存并报告当地药品监督管理部门。

二、保管要求

（1）中药饮片仓库应当有与使用量相适应的面积，具备通风、调温、调湿、防潮、防虫、防鼠等条件及设施。

（2）中药饮片出入库应当有完整记录。中药饮片出库前，应当严格进行检查核对，不合格的不得出库使用。

（3）应当定期进行中药饮片养护检查并记录检查结果。养护中发现质量问题，应当及时上报本单位领导处理并采取相应措施。

 知识链接

关于加强乡村中医药技术人员
自种自采自用中草药管理的通知
国中医药发〔2006〕44号

各省、自治区、直辖市卫生厅局、中医药管理局：

为落实《中共中央、国务院关于进一步加强农村卫生工作的决定》中提出的"在规范农村中医药管理和服务的基础上，允许乡村中医药技术人员自种、自采、自用中草药"的要求，加强乡村中医药技术人员自种自采自用中草药的管理，规范其服务行为，切实减轻农民医药负担，保障农民用药安全有效，现就有关问题通知如下：

一、自种自采自用中草药是指乡村中医药技术人员自己种植、采收、使用，不需特殊加工炮制的植物中草药。

二、自种自采自用中草药的人员应同时具备以下条件：

（一）经注册在村医疗机构执业的中医类别执业（助理）医师以及以中医药知识和技能为主的乡村医生；

（二）熟悉中草药知识和栽培技术、具有中草药辨识能力；

（三）熟练掌握中医基本理论、技能和自种自采中草药的性味功用、临床疗效、用法用量、配伍禁忌、毒副反应、注意事项等。

三、乡村中医药技术人员不得自种自采自用国家规定需特殊管理的医疗用毒性中草药、麻醉药品原植物、濒稀野生植物药材。

四、根据当地实际工作需要，乡村中医药技术人员自种自采自用的中草药，只限于其所在的村医疗机构内使用，不得上市流通，不得加工成中药制剂。

五、自种自采自用的中草药应当保证药材质量，不得使用变质、被污染等影响人体安全、药效的药材。对有毒副反应的中草药，乡村中医药技术人员应严格掌握其用法用量，并熟悉其中毒的预防和救治。发现可能与用药有关的毒副反应，应按规定及时向当地主管部门报告。

六、地方各级卫生、中医药行政部门应当加强乡村中医药技术人员自种自采自用中草药的监督和管理，确保农村居民用药安全。

项目43　中药配方颗粒管理

任务引入

小王为某市一家二级医院的中药调剂员。现因门诊发展需要，该药房购进了一套中药配方颗粒自动化调配系统。小王作为该药房中药调剂员，需要知晓该系统的具体操作及注意事项，并在学习后能独立操作自动化调配系统，便于提高药房调剂工作效率。

任务分析

完成本次任务需要做到以下几点：
(1) 明确医疗机构对中药配方颗粒管理的相关要求。
(2) 了解中药配方颗粒的自动化调配操作内容。
(3) 熟悉医疗机构经营和使用中药配方颗粒的相关规定。

相关知识

为加强对中药配方颗粒的管理，引导产业健康发展，更好满足中医临床需求，国家食品药品监管总局起草了《中药配方颗粒管理办法（征求意见稿）》，于2015年12月24日向社会公开征求意见。中药配方颗粒在我国的试点工作始于1993年，历经30年的研究、试点、生产、使用，中药配方颗粒在中医临床中供医师和患者选择使用，发挥了一定的积极作用。

一、中药配方颗粒的概念

中药配方颗粒是由单味中药饮片经水提、浓缩、干燥、制粒而成，在中医临床配方后，供患者冲服使用。中药配方颗粒是对传统中药饮片的补充。

二、中药配方颗粒的特点

1. 优点

（1）质量稳定，疗效可靠　其性味、归经、功效、主治、有效成分与传统中药汤剂基本保持一致，在生产上应用先进的生产设备和稳定的生产工艺，并且具有严格的质量保证体系和保证临床疗效的物质基础。

（2）使用方便，便于携带　可直接用开水冲服，既节省了人力、时间，也方便了患者服用，而且体积小，重量轻，方便携带，适合工作繁忙、无时间煎药的患者。

（3）便于调剂和管理　在调配时，可避免手抓中药带来的剂量误差，卫生快捷，提高了工作效率，降低了药物损耗。此外中药配方颗粒采用铝箔包装，不易吸潮、变质，避免了在储存、保管中的走油、变色、虫蛀、霉变等问题，减少了污染，方便了运输和保存。

2. 缺点

（1）部分药物需要共煎才能发挥疗效　根据中医药的理论和实践证明，药材要一起煎煮，各成分之间需发生一系列的化合、络合、共溶等化学反应，才可以发挥作用，与配方颗粒简单的混合作用不完全一样。

（2）价格偏高　一剂中药配方颗粒的价格约为传统中药饮片的2倍左右，过高的价格是患者不接受中药配方颗粒的原因之一，特别是一些慢性病患者，用药时间比较长，经济负担较重。

> **知识链接**
>
> 中药配方颗粒使用情况
>
> 目前，国内外均有中药配方颗粒及成药颗粒剂。国内中药配方颗粒在临床上是单独使用的，未与成药颗粒剂搭配。国际上已发展到以相当数量的成方颗粒为基础，配备一些单味颗粒，以便随症添加变化。这种情况在我国台湾、韩国、日本、美国（作食品补充剂）、欧洲等国家和地区较为普遍。如我国台湾胜昌制药厂生产成药颗粒300余种、中药配方颗粒400余种，日本有单味及成药颗粒各200种以上，韩国有300种以上的中药配方颗粒。
>
> 中药配方颗粒使用时是将每个单味药合而冲之，即冲即服即所谓"以冲代煎"。
>
> （来源：翟华强，王燕平，林丽开.中药调剂学［M］.北京：中国中医药出版社，2017.）

三、中药配方颗粒的经营与使用管理

2021年2月10日，由国家药监局、国家中医药局、国家卫生健康委及国家医保局共同发布了《关于结束中药配方颗粒试点工作的公告》（2021年第22号），该公告中明确了中药配方颗粒的生产、经营与使用的管理要求。

1. 跨省销售使用需备案

跨省销售使用中药配方颗粒的，生产企业应当报使用地的省级药品监督管理部门备案。无国家药品标准的中药配方颗粒跨省使用的，应当符合使用地的省级药品监督管理部门制定的标准。

2. 不得在市场销售

中药配方颗粒不得在医疗机构以外销售。医疗机构使用的中药配方颗粒应当通过省级药品集中采购平台阳光采购、网上交易。由生产企业直接配送，或者由生产企业委托具备储存运输条件的药品经营企业配送。接受配送中药配方颗粒的企业不得委托配送。医疗机构应当与生产企业签订质量保证协议。

3. 设备与软件

中药配方颗粒调剂设备应当符合中医临床用药习惯，应当有效防止差错、污染及交叉污染，直接接触中药配方颗粒的材料应当符合药用要求。使用的调剂软件应对调剂过程实现可追溯。

4. 医保政策

中药饮片品种已纳入医保支付范围的，各省级医保部门可综合考虑临床需要、基金支付能力和价格等因素，经专家评审后将与中药饮片对应的中药配方颗粒纳入支付范围，并参照乙类管理。

中药配方颗粒的质量监管纳入中药饮片管理范畴。因此，医疗机构在中药配方颗粒的采购、验收、保管、调剂发药等过程均按《医院中药饮片管理规范》相关规定执行。

任务实施

通过中药配方颗粒自动化调配系统来提高调剂的工作效率，需要先熟悉系统的结构，了解系统配备的操作规程后才能操作系统。

配方颗粒自动化调配系统由电脑、调配机器、药柜、调剂瓶（瓶盖和瓶身组成，药瓶底部贴有药品名称和药品码）、扫码枪、打签机组成，调配时机器控制瓶盖出药孔的开合完成调剂工作。具体操作及注意事项如下。

（1）调配设备电脑与颗粒剂药房系统电脑连接，处方经药师审核无误确认后，调配设备电脑自动根据医师处方中药饮片剂量换算成配方颗粒使用剂量，对常用中药饮片剂量范围设置提醒弹出窗口，超出常规剂量弹出提醒对话框，起到处方审核提示作用。

（2）调配系统由维护人员定期进行系统维护，控制分装剂量误差在允许误差范围。假如调配系统机器设有8个工位，则一次放置8种药品，电脑根据用量自动将药品调置分装在盒内，完成一次调剂可以调置4盒（六分格）药品，完成调剂后机器自动贴膜封口，打签机自动出签。

（3）每日调配前要查看电脑药柜管理窗口，根据调剂瓶中药品装量，及时补充配方颗粒。调剂瓶药物装量按照日常药品用量周转快慢灌装，药品用量大、周转快按照标准装量灌装，药品用量少、周转慢要合理配置装量，避免颗粒剂开袋长期放置造成药品过期，或由于环境因素影响颗粒剂质量。灌装药品按照先购进先用、有效期近先用的原则。

（4）往调剂瓶中灌装加药时，要仔细核对药袋上药品名称是否与调剂瓶标签一致，准确无误后打开药袋，观察药物颗粒质地、颜色、颗粒流动性均无问题，将药物倒入调剂瓶，如颗粒吸潮、流动性差会影响调剂质量准确性，应放弃使用。

（5）电脑确认调配后，处方所用药品在药柜自动亮灯时，取下调剂瓶放置在调配工位，用扫码枪扫码，认真核对调剂瓶位置，要与电脑显示的工位位置、顺序保持一致。调剂药品时，所扫药品不在处方内或已调剂过的药品，电脑均会自动识别提示，所以不会出现误调、重复调剂的情况。

（6）药品调剂完成后，把药签贴在药盒上，调剂瓶放回药柜。窗口发药时再一次检查药品标签信息是否与处方一致，呼唤患者姓名，指导患者用药方法。

课题14　中成药管理

学习目标

1. 能根据中药品种保护的级别，开展中药品种保护申请工作。
2. 能按照中药注射剂临床使用管理的要求，明确临床使用中药注射剂时应遵循的基本原则。
3. 能根据中成药使用管理规定，准确调剂中成药。

项目44　中药品种保护管理

任务引入

随着市场需求增长，行业规模扩大，消化系统类中成药市场潜力巨大。某中药生产企业生产的一款中成药用于胃癌手术后的辅助治疗，效果甚好。为保护其知识产权，该企业想申请中药品种保护，请你按照国家有关规定协助该企业完成中药品种保护的审批任务。

任务分析

完成本次任务需要做到以下几点：
（1）熟悉《中药品种保护条例》的适用范围及等级划分。
（2）知晓中药品种保护期限及保护措施。
（3）明确中药品种保护申请的类别和审批程序。

相关知识

为了提高中药品种的质量，保护中药生产企业的合法权益，促进中药事业的发展，国家制定了《中药品种保护条例》。国务院药品监督管理部门负责全国中药品种保护的监督管理工作。

一、中药保护品种的范围和等级划分

1. 保护范围

必须是列入国家药品标准的品种或经国务院药品监督管理部门认定，列为省、自治区、直辖市药品标准的品种。适用于中国境内生产制造的中药品种，包括中成药、天然药物的提取物及其制剂和中药人工制成品。申请专利的中药品种除外。

2. 等级划分

中药品种保护分为一级保护和二级保护。

（1）符合下列条件之一的中药品种，可以申请一级保护。

① 对特定疾病有特殊疗效的：是指对某一疾病在治疗效果上能取得重大突破性进展；对既往无有效治疗方法的疾病能取得明显疗效；或者对改善重大疑难疾病、危急重症或罕见疾病的终点结局（病死率、致残率等）取得重大进展。

② 相当于国家一级保护野生药材物种的人工制成品：是指列为国家一级保护物种药材的人工制成品；或虽属于二级保护物种但其野生资源已处于濒危状态物种药材的人工制成品。

③ 用于预防和治疗特殊疾病的：是指严重危害人民群众身体健康和正常社会生活经济秩序的重大疑难疾病、危急重症、烈性传染病和罕见病。如恶性肿瘤、终末期肾病、脑卒中、急性心肌梗死、艾滋病、传染性非典型肺炎、人禽流感、苯丙酮尿症、地中海贫血等疾病。

（2）符合下列条件之一的中药品种，可以申请二级保护。

① 符合申请一级保护的品种或者已经解除一级保护的品种。

② 对特定疾病有显著疗效的：是指能突出中医辨证用药理法特色，具有显著临床应用优势，或对主治的疾病、证候或症状的疗效优于同类品种。

③ 从天然药物中提取的有效物质及特殊制剂：是指从中药、天然药物中提取的有效成分、有效部位制成的制剂，且具有临床应用优势。

二、中药品种保护期限及措施

1. 保护期限

中药一级保护品种的保护期限分别为30年、20年、10年。中药二级保护品种的保护期限为7年。

2. 保护措施

（1）中药一级保护品种的处方组成、工艺制法，在保护期限内由获得《中药保护品种证书》的生产企业和有关的药品监督管理部门及有关单位和个人负责保密，不得公开。负有保密责任的有关部门、企业和单位应当按照国家有关规定，建立必要的保密制度。

（2）除临床用药紧缺的中药保护品种另有规定外，被批准保护的中药品种，在保护期内限于由获得《中药保护品种证书》的企业生产。

（3）向国外转让中药一级保护品种的处方组成、工艺制法的，应当按照国家有关保密的规定办理。

（4）中药一级和二级保护品种因特殊情况需要延长保护期限的，由生产企业在该品种保护期满前6个月，依照《中药品种保护条例》第九条规定的程序申报。延长的保护期限由国务院药品监督管理部门根据国家中药品种保护审评委员会的审评结果确定；但是，每次延长的保护期限不得超过第一次批准的保护期限。中药二级保护品种在保护期满后可以延长7年。

（5）中药保护品种在保护期内向国外申请注册的，须经国家药品监督管理部门批准。

三、中药品种保护的申请类别

中药品种保护的申请类别分为初次保护申请、同品种保护申请、延长保护期申请和变更申请。

（1）初次保护申请　是指首次提出的中药品种保护申请；其他同一品种生产企业在该品种保护公告前提出的保护申请，按初次保护申请管理。

（2）同品种保护申请　是指初次保护申请品种公告后，其他同品种生产企业按规定提出的保护申请。其中同品种，是指药品名称、剂型、处方都相同的品种。

（3）延长保护期申请　是指中药保护品种生产企业在该品种保护期届满前按规定提出延长保护期的申请。

（4）变更申请　是指中药保护品种审批件及证书有关事项发生变化时，该保护品种生产企业应提出变更申请。

任务实施

要完成中药品种保护的申请任务，需要明确申请类别，准备好相关申请材料，按照《中药品种保护条例》中的审批程序执行。

1. 中药品种保护申请材料

申请中药品种保护，生产企业应当向国务院药品监督管理部门提交相关证明材料，不同申请类别所需的材料有所不同，具体材料登录国家药品监督管理局网站下载或查看，见表44-1。

表44-1 中药品种初次保护、同品种保护、延长保护期保护申请材料

材料名称	材料类型/来源渠道	材料形式	填报须知
1.《中药品种保护申请表》	原件和复印件/申请人自备	统一使用A4纸张打印（左边距不小于28mm，页码标在页脚上面20mm的正中位置）/3份	具体以国家药品监督管理局网站为准
2.证明性文件			
3.申请保护依据与理由综述			
4.医学相关资料			
5.药学相关资料			
6.药理毒理相关资料			
7.拟改进提高计划与实施方案			

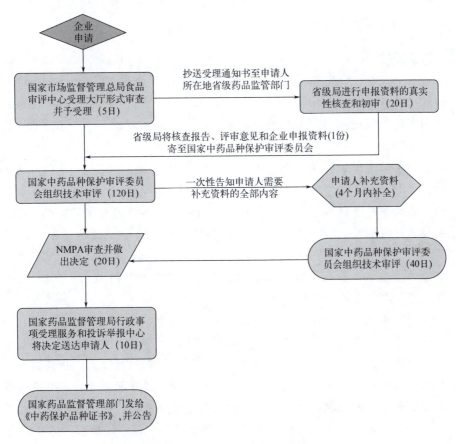

图44-1 中药品种保护办理流程

2. 办理流程

中药品种保护申请审批流程分为受理、初审和审评、审批和公告三个阶段。

（1）受理　申请中药品种保护的企业，向国家药品监督管理部门行政受理服务中心报送一份完整资料，并将2份完整的相同资料报送申请企业所在地的省（区、市）药品监督部门。局受理中心应在5日内完成形式审查。对形式审查合格的出具受理通知书，同时抄送受理通知书到企业所在地的省（区、市）药品监管部门，并将申报资料转送国家中药品种审评委员会。

（2）初审和审评　省（区、市）药品监管部门在收到受理通知书后的20日内对申报资料的真实性进行核查和初审，并将核查报告、初审意见和企业申报资料1份寄至国家中药品种保护审评委员会。国家中药品种保护审评委员会收到上述资料后，开始技术审评工作，并在120个工作日内完成。

（3）审批和公告　国家药品监督管理部门根据审评结论，决定对申请的中药品种是否给予保护。经批准保护的中药品种，由国家药品监督管理部门发给《中药保护品种证书》，并在国家药品监督管理局网站和《中国医药报》上予以公告。中药品种保护办理流程见图44-1。

 知识链接

中药专利保护与中药品种保护的关系和区别

中药专利保护与中药品种保护的目的都是对中药技术成果给予合法性的保护，以促进中药事业的发展，在这一点上二者是统一的，但二者又有以下区别。

（1）两者保护的法律效力不同　专利保护的法律依托是《中华人民共和国专利法》，属于国家法律，其保护方式是由专利局授予专利保护范围，通过诉讼程序由法院判定是否侵权，并由法院执行对侵权者的制裁。中药品种保护的依据是国务院制定的《中药品种保护条例》，属于国家行政法规，其保护方式是由国家药品监督管理部门采取行政保护措施。在法律效力上前者大于后者，对同一种中药品种，如果两者保护的权益人出现不同时，在法律效力上后者服从于前者。

（2）被保护者的权利性质不同　专利权属于知识产权的范畴。专利保护就是通过对专利申请人授予专利权的形式给予保护，专利权人享有该专利技术的独占权，并有限制或许可他人使用其专利权的权利。中药品种保护属于对特定生产企业所生产中药品种的一种行政保护措施，不具有法律上的专有权和财产权特征，即对于中药品种保护来说，同一保护品种受益人不只是一家，它可以同时是2家以上的生产企业，决定保护几家生产企业，同时生产同一产品的权利人不是中药保护品种证书的持有者，中药保护品种证书持有者的权利是非独占性的。

（3）两者保护的客体范围不同　专利保护的客体包括了中药单方和复方制剂、中药提取物及其制剂、中药的制备方法或加工工艺、中药的新用途，而且专利保护的药物产品可以是正式批准的药物品种，也可以是正在研制中的未上市的药物。中药品种保护的客体只是列入国家药品标准和国务院卫生行政部门认定的列入省、自治区、直辖市药品标准的药物产品。

（4）两者保护的期限不同　药品专利保护的期限统一为20年；中药品种保护的期限不是统一的，中药一级保护品种分别为30年、20年、10年，中药二级保护品种为7年。

项目45　中药注射剂管理

任务引入

小方是应聘某市二级医院的一名中医师。根据该院规定，在入职前需要进行培训考核，其中《中药注射剂临床使用基本原则》是重点培训考核内容，小方需要参加培训并通过考核后才能入职。你作为小方的带教医师，请帮助小方学习重点培训内容并在学习后通过考核，使其能正式入职。

任务分析

完成本次任务需要做到以下几点：
（1）了解中药注射剂的概念及特点。
（2）熟悉中药注射剂的常见不良反应。
（3）明确中药注射剂临床使用原则及相关管理要求。

相关知识

中药注射剂是传统医药理论与现代生产工艺相结合的产物，突破了中药传统的给药方式，是中药现代化的重要产物。由于中药注射剂存在基础研究不充分、药用物质基础不明确、质量标准可控性较差、药品说明书对合理用药指导不足、使用环节存在不合理用药等情况，使得中药注射剂存在一定的安全风险。如"鱼腥草注射液""刺五加注射液""炎毒清注射液""复方蒲公英注射液""鱼金注射液"等多个品种的中药注射剂都曾发生过不良反应安全事件。现行版《中华人民共和国药典》中只收录了五种中药注射剂,分别为止喘灵注射液、灯盏细辛注射液、清开灵注射液、注射用灯盏花素和注射用双黄连(冻干)。

一、中药注射剂概述

中药注射剂是指从中药材中提取的有效成分,经采用现代科学技术和方法制成的可供注入体内,包括肌内、穴位、静脉注射和静脉滴注使用的无菌溶液、混悬液,或临用前配成液体的无菌粉末等注入人体的制剂。

二、中药注射剂的特点

1. 优点

(1)药效迅速,不受消化系统的影响,起效迅速,适合危重患者使用。
(2)适用于不宜口服给药的患者,如患者神昏、惊厥、消化系统疾病等。
(3)适用于药物不宜胃肠道途径给药的情况。
(4)可以发挥定位药效,如灯盏细辛注射液可用于穴位注射。
(5)因其属于无菌制剂,且密闭于安瓿或西林瓶中,注射剂一般耐贮存。

2. 缺点

(1)注射给药需要特定工具,且注射时皮肤破损,会引起疼痛。
(2)易发生不良反应。
(3)制备工艺复杂。

三、中药注射剂常见不良反应

(1)过敏反应 表现为突发的心慌、胸闷、呼吸困难、喉头水肿。皮肤过敏反应均表现为皮疹及皮肤瘙痒。
(2)发热 以中度热及高热为主,伴有或不伴有寒战。
(3)消化道反应 主要表现为恶心、呕吐、腹痛、腹泻、黄疸、转氨酶升高等。
(4)血液系统损害 表现为出血、溶血性贫血、白细胞减少、血小板减少、过敏性紫癜等。
(5)心血管系统损害 以心律失常多见,亦见有心绞痛、心肌损伤、血压骤升或骤降等。
(6)中枢神经系统反应 以头痛、头晕、眩晕、兴奋、烦躁等为主。
(7)运动系统反应 包括腰背剧痛、肌肉震颤、关节肿胀疼痛等。

（8）其他　急性肾衰竭、急性肺水肿、静脉炎等。

四、中药注射剂临床使用管理

（1）中药注射剂应当在医疗机构内凭医师处方使用，医疗机构应当制定对过敏性休克等紧急情况进行抢救的规程。

（2）医疗机构要加强对中药注射剂采购、验收、储存、调剂的管理。药学部门要严格执行药品进货检查验收制度，建立真实完整的购进记录，保证药品来源可追溯，坚决杜绝不合格药品进入临床；要严格按照药品说明书中规定的药品储存条件储存药品；在发放药品时严格按照《中华人民共和国药品管理法》《处方管理办法》进行审核。

（3）医疗机构要加强对中药注射剂临床使用的管理。要求医护人员按照《中药注射剂临床使用基本原则》，严格按照药品说明书使用，严格掌握功能主治和禁忌证；加强用药监测，医护人员使用中药注射剂前，应严格执行用药查对制度，发现异常立即停止使用，并按规定报告；临床药师要加强中药注射剂临床使用的指导，确保用药安全。

（4）医疗机构要加强中药注射剂不良反应（事件）的监测和报告工作。要准确掌握使用中药注射剂患者的情况，做好临床观察和病历记录，发现可疑不良事件要及时采取应对措施，对出现损害的患者及时救治，并按照规定报告；妥善保留相关药品、患者使用后的残存药液及输液器等，以备检验。

任务实施

要完成对医护人员临床使用中药注射剂基本原则的培训工作，需要熟知《中药注射剂临床使用基本原则》的内容，以确保医护人员在培训后知晓并理解相关内容，保障医疗安全和患者用药安全。

（1）选用中药注射剂应严格掌握适应证，合理选择给药途径。能口服给药的，不选用注射给药；能肌内注射给药的，不选用静脉注射或滴注给药。必须选用静脉注射或滴注给药的应加强监测。

（2）辨证施药，严格掌握功能主治。临床使用应辨证用药，严格按照药品说明书规定的功能主治使用，禁止超功能主治用药。

（3）严格掌握用法用量及疗程。按照药品说明书推荐剂量、调配要求、给药速度、疗程使用药品。不超剂量、过快滴注和长期连续用药。

（4）严禁混合配伍，谨慎联合用药。中药注射剂应单独使用，禁忌与其他药品混合配伍使用。谨慎联合用药，如确需联合使用其他药品时，应谨慎考虑与中药注射剂的间隔时间以及药物相互作用等问题。

（5）用药前应仔细询问过敏史，对过敏体质者应慎用。

（6）对老人、儿童、肝肾功能异常患者等特殊人群和初次使用中药注射剂的患者应慎重使用，加强监测。对长期使用的在每疗程间要有一定的时间间隔。

（7）加强用药监护。用药过程中，应密切观察用药反应，特别是开始 30 分钟。发现异常立即停药，并采用积极措施救治患者。

项目46　中成药的使用管理

任务引入

小潘是某中药零售企业下设中医门诊部的一名调剂人员，现接到一位门诊患者的中成药处方，请你指导小潘完成该处方的调剂任务。

任务分析

完成本次任务需要做到以下几点：
（1）熟悉中成药使用管理相关规定。
（2）知晓中成药的合理应用。
（3）明确中成药的调剂步骤及内容。

相关知识

一、中成药概念

中成药是在中医药理论指导下，以中药饮片为原料，按规定的处方和标准制成具有一定规格的剂型，可直接用于防治疾病的制剂。中成药是中医药学的重要组成部分，临床上可根据病情的缓急轻重、不同病灶部位选择使用。

中成药具有特定的名称和剂型，在标签和说明书上注明了批准文号、品名、规格、处方组成、功能主治、适应证、用法用量、禁忌、注意事项、生产批号、有效期等内容。相对于中药汤剂来说，中成药的优点是服用方便、不良反应小、易于携带、方便保存和运输等。

二、中成药使用管理规定

1. 中成药处方

（1）中成药名称应当使用经药品监督管理部门批准并公开的药品通用名称。

（2）用法用量应当按照药品说明书规定的常规用法用量使用。特殊情况需要超剂量使用时，应当注明原因并签名。

（3）片剂、丸剂、胶囊剂、颗粒剂分别以片、丸、粒、袋为单位，软膏及乳膏剂以支、瓶为单位，应当注明剂量。

（4）中成药与中药饮片应单独开具处方，每张处方不得超过 5 种药品，每一种药品应当分行顶格书写。

2. 中成药临床应用基本原则

使用中成药须遵守《中成药临床应用指导原则》（国中医药医政发〔2010〕30 号），合理使用中成药。

（1）辨证用药　依据中医理论，辨认、分析疾病的证候，针对证候确定具体治法，选定适宜的中成药。

（2）辨病辨证结合用药　辨病用药是针对中医的疾病或西医诊断明确的疾病，根据疾病特点选用适宜的中成药。可将中医辨证与中医辨病相结合、西医辨病与中医辨证相结合，选用相应的中成药，但不能仅根据西医诊断选用中成药。

（3）剂型的选择　应根据患者的体质强弱、病情轻重缓急及剂型的特点进行选择。

（4）对于有明确使用剂量的，慎重超剂量使用。有使用剂量范围的中成药，老年人使用剂量应取偏小值。

（5）合理选择给药途径　能口服给药的，不采用注射给药；能肌内注射给药的，不选择静脉注射或滴注给药。

3. 联合用药原则

（1）中成药的联合使用

① 当疾病复杂，一种中成药不能满足所有证候时，可以联合应用多种中成药。

② 多种中成药的联合应用，应遵循药效互补原则及增效减毒原则。功能相同或基本相同的中成药原则上不宜叠加使用。

③ 药性峻烈的或含毒性成分的药物应避免重复使用。

④ 合并用药时，注意中成药的各药味、各成分间的配伍禁忌。

⑤ 一些病证可采用中成药的内服与外用药联合使用。

（2）中成药与西药的联合使用　针对具体疾病制订用药方案时，考虑中西药物的主辅地位确定给药剂量、给药时间、给药途径。

① 中成药与西药如无明确禁忌，可以联合应用；给药途径相同的，应分开使用。

② 应避免不良反应相似的中西药联合使用，也应避免有不良相互作用的中

西药联合使用。

4. 特殊人群使用中成药的原则

（1）孕妇使用中成药的原则

① 妊娠期妇女必须用药时，应选择对孕母及胎儿无损害的中成药。

② 妊娠期妇女使用中成药，尽量采取口服途径给药，应慎重使用中药注射剂；根据中成药治疗效果，应尽量缩短妊娠期妇女用药疗程，及时减量或停药。

③ 可以导致妊娠期妇女流产或对胎儿有致畸作用的中成药，为妊娠禁忌。此类药物多为含有毒性较强或药性猛烈的药物成分，如砒霜、雄黄、轻粉、斑蝥、蟾酥、麝香、马钱子、乌头、附子、土鳖虫、水蛭、虻虫、三棱、莪术、商陆、甘遂、大戟、芫花、牵牛子、巴豆等。

④ 可能会导致妊娠期妇女流产等不良反应，属于妊娠慎用药物。这类药物多数含有通经祛瘀类的桃仁、红花、牛膝、蒲黄、五灵脂、穿山甲、王不留行、凌霄花、虎杖、卷柏、三七等；行气破滞类的枳实、大黄、芒硝、番泻叶、郁李仁等；辛热燥烈类的干姜、肉桂等；滑利通窍类的冬葵子、瞿麦、木通、漏芦等。

（2）儿童使用中成药的原则

① 儿童使用中成药应注意生理特殊性，根据不同年龄阶段儿童生理特点，选择恰当的药物和用药方法，儿童中成药用药剂量必须兼顾有效性和安全性。

② 宜优先选用儿童专用药，儿童专用中成药一般情况下说明书都列有与儿童年龄或体重相应的用药剂量，应根据推荐剂量选择相应药量。

③ 非儿童专用中成药应结合具体病情，在保证有效性和安全性的前提下，根据儿童年龄与体重选择相应药量。一般情况 3 岁以内服 1/4 成人量，3～5 岁的可服 1/3 成人量，5～10 岁的可服 1/2 成人量，10 岁以上可与成人量相差不大。

④ 含有较大的毒副作用成分的中成药，或者含有对小儿有特殊毒副作用成分的中成药，应充分衡量其风险或收益，除没有其他治疗药物或方法而必须使用外，其他情况下不应使用。

⑤ 儿童患者使用中成药的种类不宜多，应尽量采取口服或外用途径给药，慎重使用中药注射剂。

⑥ 根据治疗效果，应尽量缩短儿童用药疗程，及时减量或停药。

三、中成药的配伍应用

1. 中成药的合理配伍

（1）中成药之间的配伍应用　中成药之间的配伍应用包括以下几个方面：功效相似的中成药联用、功效不同的中成药联用、一种中成药能明显抑制或消除另一中成药的偏性或不良反应的联用、同时采用不同治疗方法的中成药联用。具体见表46-1。

表46-1 中成药之间的配伍应用

配伍类别	配伍药对	配伍目的
功效相似的中成药联用	附子理中丸与四神丸	增强温肾运脾、涩肠止泻的功效,治疗脾肾阳虚之五更泄泻
	归脾丸与人参养荣丸	增强补益心脾、益气养血、安神止疼的功效,治疗心悸失眠、眩晕健忘
	脑立清与六味地黄丸	高血压病证属肝肾阴虚、风阳上扰者
功效不同的中成药联用	二陈丸与平胃散	平胃散燥湿健脾,增强二陈丸燥湿化痰之功
	乌鸡白凤丸与香砂六君丸	香砂六君丸开气血生化之源,增强乌鸡白凤丸的养血调经之功
一种中成药能明显抑制或消除另一中成药的偏性或副作用的联用	舟车丸与四君子丸	二便不通、阳实水肿,用峻下通水舟车丸;为使峻下而不伤正气,配以四君子丸
	金匮肾气丸与麦味地黄丸、生脉散或参蛤散	金匮肾气丸治疗肾虚作喘,久治不愈,阳损及阴,兼见咽干烦躁者,配麦味地黄丸、生脉散或参蛤散,以平调阴阳、纳气平喘,且防止金匮肾气丸燥烈伤阴
采用不同治疗方法的中成药联用	内服艾附暖宫丸 外贴十香暖脐膏	共奏养血调经、暖宫散寒之效,治疗妇女宫冷不孕
	内服六神丸 外用冰硼散吹喉	共奏清热解毒、消肿利咽之效,治疗咽喉肿痛

（2）中成药与药引的配伍应用 正确应用药引可引药归经、直达病所,具有提高药效、照顾兼证、扶助正气、调和药性、制约偏性、矫味矫臭之功效。常见的药引有生姜、大枣、酒、蜂蜜、米汤、盐水、清茶、芦根等。具体见表46-2。

表46-2 中成药与药引的配伍应用

药引	中成药	配伍目的
生姜大枣煎汤	通宣理肺丸、附子理中丸、藿香正气水	增强散风寒、和脾胃、温中止呕之功
黄酒白酒	三七粉、云南白药、三七伤药片、七厘散、大活络丸、再造丸、醒消丸、跌打丸、独活寄生丸、腰痛宁胶囊	以行药势,直达病所
蜂蜜冲水	麻仁丸	增其润肠和中之效
小米大米汤汁	更衣丸、麻仁丸、消渴丸、四神丸、十全大补丸、人参养荣丸	温养脾胃,顾护胃气,减少药物对肠胃的刺激
淡盐水	六味地黄丸、大补阴丸	引药入肾
清茶	川芎茶调散	取其清热之效
鲜芦根煎汤	银翘解毒丸	清热透表生津
焦三仙煎汤	至宝锭	增强消导之功

2. 中成药的配伍禁忌

（1）含"十八反""十九畏"药味中成药的配伍禁忌，见表46-3。

表46-3 含"十八反""十九畏"药味中成药的配伍禁忌

配伍禁忌类型	所含药味	中成药	所含药味	中成药
十八反	附子	大活络丸、痹冲剂、天麻丸、人参再造丸	川贝、半夏	川贝枇杷露、蛇胆川贝液、通宣理肺丸
	海藻	心通口服液、内消瘰疬丸	甘草	橘红痰咳颗粒、通宣理肺丸、镇咳宁胶囊
	甘遂	祛痰止咳颗粒		
十九畏	郁金	利胆排石片、胆乐胶囊、胆宁片	丁香（母丁香）	六应丸、苏合香丸、妙济丸、纯阳正气丸、紫雪散

（2）含有毒药物中成药的配伍禁忌，见表46-4。

表46-4 含有毒药物中成药的配伍禁忌

配伍禁忌类型	所含药味	中成药
增加有毒药味的服用量	附子	大活络丸与天麻丸
	朱砂	朱砂安神丸与天王补心丸
药性寒凉，服用剂量过大易伤人脾胃，致胃痛胃寒	冰片	复方丹参滴丸与速效救心丸

（3）不同功效药物配伍的辨证论治和禁忌

①附子理中丸与牛黄解毒片：附子理中丸性质温热，牛黄解毒片性质寒冷，属于功效不同，不宜联用。

②附子理中丸与黄连上清丸：附子理中丸性质温热，黄连上清丸性质寒冷，属于证候不同，不宜联用。

③金匮肾气丸与牛黄解毒片：金匮肾气丸性质温热，牛黄解毒片性质寒凉，属于证候不同，不宜联用。

（4）某些药物的相互作用问题，见表46-5。

表46-5 某些药物的相互作用问题

忌联用药物	忌联用原因
降血压的中成药（复方罗布麻片、降压片、珍菊降压片、牛黄降压丸）与扩张冠脉的中成药（速效救心丸、山海丹、活心丹、心宝丸、益心丸、滋心阴液、补心气液）	两类药物均含有麻黄，使心肌耗氧量增加。联用产生拮抗作用
含朱砂的中成药（磁朱丸、更衣丸、安宫牛黄丸）与含还原性溴离子或碘离子的中成药（消瘿五海丸、内消瘰疬丸等）	长期联用，在肠内形成刺激性的溴化汞或碘化汞，导致药源性肠炎、赤痢样大便

任务实施

要完成中成药的调剂任务,需要知晓中成药处方调剂的步骤及内容、中成药的配伍应用,从而规范中成药的使用,提高中成药的临床疗效,保证用药安全。

1. 审核

中成药调剂人员应当认真逐项检查中成药处方前记、正文和后记书写是否清晰、完整,并确认处方的合法性、医保相符性,并对处方用药适宜性进行审核,包括以下内容。

(1)对规定必须做皮试的药物,处方医师是否注明过敏试验及结果的判定。

(2)处方用药与临床诊断的相符性。

(3)剂量 中成药的剂量一般包括重量(克)、数量(粒、片)、容量(汤匙、毫升)等,是医师通过处方希望调剂室配付的药量。要特别注意含毒性成分的中成药,应严格审查其剂量。

(4)剂型与给药途径适宜。

(5)是否有重复给药现象。

(6)是否有潜在临床意义的药物相互作用和配伍禁忌。

当处方中有两种或两种以上的中成药同用,或者中成药与引药、汤剂配伍时,应注意审查是否有"十八反""十九畏"的配伍,发现禁忌要及时查明,请处方医师再次签名,以防误用而发生事故。

  知识链接

> 《中华人民共和国药典》(2020年版一部)常见含毒剧药的中成药
>
> (1)含川乌、草乌、附子、关白附等的中成药有:玉真散、小活络丸、祛风舒筋丸、附子理中丸等。
>
> (2)含雄黄的中成药有:牛黄解毒丸、局方至宝散、安宫牛黄丸等。
>
> (3)含汞、朱砂等的中成药有:磁朱丸、局方至宝散、牛黄解毒片。
>
> (4)含马钱子的中成药有:九分散、舒筋丸等。
>
> (5)含巴豆、巴豆霜的中成药有:七珍丸等。
>
> (6)含蟾酥的中成药有:六神丸、六应丸等。

2. 计价

采用电子处方的医疗机构,在医师开具处方的同时,系统直接计价,省去了药房划价环节,方便患者的同时,减轻了药房的工作量,降低差错率。计价基本要求同中药饮片调剂。

3. 调配

（1）慎读处方，谨防相似药品名称的混淆。

（2）明确处方用药意图，防止同名异物药品的串用。

（3）调剂处方时必须做到"四查十对"：查处方，对科别、姓名、年龄；查药品，对药名、规格、数量、标签；查配伍禁忌，对药品性状、用法用量；查用药合理性，对临床诊断。

（4）发出的药品应注明患者姓名和药品名称、用法、用量。

4. 复核

处方药品的复核，主要核对所配药品与处方药名是否一致，所配药物剂量是否与处方相同。

5. 发药

发药时认真核对处方前记，询问清楚患者姓名、年龄、住院床号（或门诊号），核对处方姓名、年龄、住院床号（或门诊号）；严防错取错用而贻误病情，甚至造成严重后果。

模块五

特殊管理的药品管理

课题15　麻醉药品和精神药品的管理

学习目标

1. 能掌握麻醉药品、精神药品的相关概念,准确判断药品种类。
2. 能根据麻醉药品、精神药品的经营管理要点,规范经营行为。
3. 能根据麻醉药品、精神药品的使用管理要点,规范使用行为。
4. 能根据麻醉药品和精神药品管理的相关规定,准确判断应承担的法律责任。

项目47　麻醉药品和精神药品的经营管理

任务引入

国家根据年度需求总量对麻醉药品和精神药品批发企业布局进行调整,欲在A城市成立一家经营麻醉药品和第一类精神药品的批发企业,负责该省级区域内麻醉药品和第一类精神药品的供应。如果你是一家药品批发企业负责人,该如何完成麻醉药品和第一类精神药品经营许可的审批流程。

任务分析

完成本次任务需要做到以下几点:
(1)了解麻醉药品和精神药品的定义及品种目录。
(2)明确开办麻醉药品和精神药品批发企业的条件。
(3)提供区域性批发企业申请材料。
(4)按审批流程申请办理麻醉药品和第一类精神药品区域性批发企业经营许可证。

 **相关知识**

麻醉药品与精神药品是医疗工作中非常重要的一部分,它们的规范经营对于维护患者健康、提高医疗水平、维护社会秩序等具有深远意义。

一、麻醉药品和精神药品的定义及品种

1. 麻醉药品和精神药品的定义

麻醉药品指列入麻醉药品目录的药品和其他物质。精神药品指列入精神药品目录的药品和其他物质,精神药品分为第一类精神药品和第二类精神药品。

2. 麻醉药品与精神药品目录

根据《麻醉药品和精神药品管理条例》第三条规定,国务院药品监督管理部门会同国务院公安部门、国务院卫生主管部门制定、调整并公布了《麻醉药品品种目录(2013年版)》《精神药品品种目录(2013年版)》。

(1)麻醉药品 共121种,其中我国生产及使用的有22种:可卡因、罂粟浓缩物、二氢埃托啡、地芬诺酯、芬太尼、氢可酮、氢吗啡酮、美沙酮、吗啡、阿片、羟考酮、哌替啶、瑞芬太尼、舒芬太尼、蒂巴因、可待因、右丙氧芬、双氢可待因、乙基吗啡、福尔可定、布桂嗪、罂粟壳。

(2)精神药品 共149种,第一类精神药品有68种,第二类精神药品有81种。我国生产及使用的第一类精神药品有7种:哌醋甲酯、司可巴比妥、丁丙诺啡、γ-羟丁酸、氯胺酮、马吲哚、三唑仑。我国生产及使用的第二类精神药品有27种:异戊巴比妥、格鲁米特、喷他佐辛、戊巴比妥、阿普唑仑、巴比妥、氯硝西泮、地西泮、艾司唑仑、氟西泮、劳拉西泮、甲丙氨酯、咪达唑仑、硝西泮、奥沙西泮、匹莫林、苯巴比妥、唑吡坦、丁丙诺啡透皮贴剂、布托啡诺及其注射剂、咖啡因、安钠咖、地佐辛及其注射剂、麦角胺咖啡因片、氨酚氢可酮片、曲马多、扎来普隆。

2023年7月1日根据《麻醉药品和精神药品管理条例》有关规定,国家药品监督管理局、公安部、国家卫生健康委员会决定将奥赛利定列入麻醉药品目录。将苏沃雷生、吡仑帕奈、依他佐辛、曲马多复方制剂列入第二类精神药品目录。将每剂量单位含氢可酮碱大于5mg,且不含其他麻醉药品、精神药品或药品类易制毒化学品的复方口服固体制剂列入第一类精神药品目录。将每剂量单位含氢可酮碱不超过5mg,且不含其他麻醉药品、精神药品或药品类易制毒化学品的复方口服固体制剂列入第二类精神药品目录。

知识链接

麻醉药品与麻醉药（剂）的区别

麻醉药品与麻醉药（剂）不同。麻醉药（剂）是指医疗上用于全身麻醉和局部麻醉的药品，全身麻醉药，如乙醚等，能暂时引起不同程度的意识和感觉消失，常用于外科手术。这些药品虽然具有麻醉作用，但没有成瘾性（可待因除外）。麻醉药品是指连续使用后能成瘾癖，危害人身健康的药品，例如在医疗上应用的吗啡类镇痛药，能作用于吗啡受体发挥镇痛作用，其特点是镇痛作用强，但是反复应用易成瘾，一般只限于急性剧痛时短期使用。

二、麻醉药品和精神药品的经营管理

国家对麻醉药品和精神药品实行定点经营制度，未经批准的任何单位和个人不得从事麻醉药品和精神药品经营活动。

1. 麻醉药品和第一类精神药品的经营

药品经营企业不得经营麻醉药品和第一类精神药品的原料药，但供医疗、科研、教学使用的小包装的上述药品可由国家规定的药品批发企业经营。

麻醉药品和第一类精神药品的供应必须根据医疗、教学和科研的需要，有计划地进行。全国麻醉药品的供应计划由国家市场监督管理总局审查批准。

全国性批发企业应从定点生产企业购进麻醉药品和第一类精神药品。区域性批发企业可从全国性批发企业购进；经所在地省级药品监管部门批准，也可从定点生产企业购进。

麻醉药品和第一类精神药品经营单位的设置由各省级药品监督管理部门提出，国家市场监督管理总局审核批准。定点经营单位只能按规定限量供应经批准的使用单位，不得向其他单位和个人供应，不得零售。禁止使用现金进行麻醉药品和精神药品交易，个人合法购买除外。

2. 第二类精神药品的经营

第二类精神药品的经营可由第二类精神药品定点批发企业按规定经营；经所在地设区的市级药品监管部门批准，实行"三统一"，即统一采购、统一配送、统一价格的药品零售连锁企业可以从事零售业务；第二类精神药品零售企业应当凭执业医师出具的处方，按规定剂量销售第二类精神药品，并将处方保存2年备查；禁止超剂量或无处方销售；不得向未成年人销售第二类精神药品。

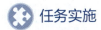 任务实施

开办药品麻醉药品和第一类精神药品批发企业,其开办条件、审批流程、经营要求需符合相关法律法规的规定。

一、麻醉药品和精神药品定点批发企业开办条件

除应当具备《中华人民共和国药品管理法》第五十二条规定的药品经营企业的开办条件外,还应当具备下列条件。

(1)有符合本条例规定的麻醉药品和精神药品储存条件。

(2)有通过网络实施企业安全管理和向药品监督管理部门报告经营信息的能力。

(3)单位及其工作人员2年内没有违反有关禁毒的法律、行政法规规定的行为。

(4)符合国务院药品监督管理部门公布的定点批发企业布局。

麻醉药品和第一类精神药品的定点批发企业,还应当具有保证供应责任区域内医疗机构所需麻醉药品和第一类精神药品的能力,并具有保证麻醉药品和第一类精神药品安全经营的管理制度。

 知识链接

《中华人民共和国药品管理法》(2022年版修订)

第五十二条 从事药品经营活动应当具备以下条件:

(一)有依法经过资格认定的药师或者其他药学技术人员;

(二)有与所经营药品相适应的营业场所、设备、仓储设施和卫生环境;

(三)有与所经营药品相适应的质量管理机构或者人员;

(四)有保证药品质量的规章制度,并符合国务院药品监督管理部门依据本法制定的药品经营质量管理规范要求。

二、麻醉药品和第一类精神药品区域性批发企业的审批流程

(1)申请人到所在地的省级药品监督管理部门报送申请书和其他有关材料。

(2)审批部门受理后进行现场检查,应当在经审查符合条件的企业中,根据总局的要求,通过公平竞争的方式初步确定定点批发企业,并应当自收到申请之日起40日内作出是否批准的决定。

(3)批准的,发给批准文件并在《药品经营许可证》经营范围中予以标准;不予批准的,书面说明理由并通知申请人。

审批流程见图47-1。

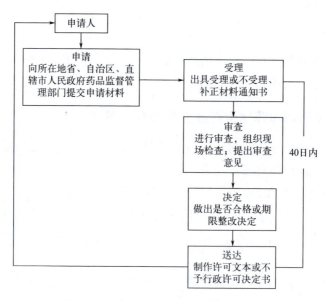

图47-1　麻醉药品和第一类精神药品区域性批发企业审批流程

三、麻醉药品和第一类精神药品购销要求

1. 购进

（1）全国性批发企业应当从定点生产企业购进麻醉药品和第一类精神药品。

（2）区域性批发企业可以从全国性批发企业购进麻醉药品和第一类精神药品；经所在地的省、自治区、直辖市人民政府药品监督管理部门批准，也可以从定点生产企业购进麻醉药品和第一类精神药品。

2. 销售

麻醉药品和第一类精神药品不得零售。除个人合法购买外，禁止使用现金进行麻醉药品和精神药品交易。

（1）全国性批发企业可以向供药责任区域内的区域性批发企业，或者经批准可以向取得麻醉药品和第一类精神药品使用资格的医疗机构以及依照本条例规定批准的其他单位销售麻醉药品和第一类精神药品。

（2）区域性批发企业可以向供药责任区域内的本省、自治区、直辖市行政区域内取得麻醉药品和第一类精神药品使用资格的医疗机构销售麻醉药品和第一类精神药品；由于特殊地理位置的原因，需要就近向其他省、自治区、直辖市行政区域内取得麻醉药品和第一类精神药品使用资格的医疗机构销售的，应当经企业所在地的省、自治区、直辖市人民政府药品监督管理部门批准。

（3）全国性批发企业和区域性批发企业向医疗机构销售麻醉药品和第一类精

神药品，应当将药品送至医疗机构。医疗机构不得自行提货。

项目48　麻醉药品和精神药品使用管理

任务引入

某全国性药品批发企业按年度销售计划购进了一批麻醉药品和精神药品，因特殊药品的管理有别于普通药品，如果你是该企业管理人员，请你对该批药品的使用全过程进行管理。

任务分析

完成本次任务需要做到以下几点：
（1）明确麻醉药品和精神药品到货验收流程。
（2）按要求对麻醉药品和精神药品进行储存、保管。
（3）按要求对麻醉药品和精神药品进行出库复核。
（4）按要求对麻醉药品和精神药品进行退货处理。
（5）开展麻醉药品和精神药品安全管理和巡查。

相关知识

一、药品批发企业麻醉药品和精神药品管理的相关规定

（1）企业、单位之间购销麻醉药品和精神药品一律禁止使用现金进行交易。

（2）全国性批发企业、区域性批发企业（以下简称批发企业）销售麻醉药品和第一类精神药品时，应当建立购买方销售档案，内容包括：省、自治区、直辖市药品监督管理部门批准其为区域性批发企业的文件；加盖单位公章的《药品经营许可证》《企业法人营业执照》《药品经营质量管理规范认证证书》复印件；企业法定代表人、主管麻醉药品和第一类精神药品负责人、采购人员及其联系方式；采购人员身份证明及法人委托书。

（3）批发企业向其他企业、单位销售麻醉药品和第一类精神药品时，应当核实企业或单位资质文件、采购人员身份证明，无误后方可销售。向医疗机构销售时，应当建立相应医疗机构的供药档案，内容包括《麻醉药品和第一类精神药品购用印鉴卡》《麻醉药品和第一类精神药品采购明细》等。

（4）批发企业应当确定相对固定的人员和运输方式，在办理完相关手续后，将药品送至医疗机构，在医疗机构现场检查验收。

（5）批发企业、专门从事第二类精神药品批发业务的企业和经批准从事第二类精神药品零售业务的零售连锁企业配备的麻醉药品、精神药品管理人员和直接业务人员，应当相对稳定，并每年接受不少于10学时的麻醉药品和精神药品管理业务培训。同时，应当建立对本单位安全经营的评价机制。定期对安全制度的执行情况进行考核，保证制度的执行，并根据有关管理要求和企业经营实际，及时进行修改、补充和完善；定期对安全设施、设备进行检查、保养和维护，并记录。

（6）企业对过期、损坏的麻醉药品和精神药品应当登记造册，及时向所在地县级以上药品监督管理部门申请销毁。药品监督管理部门应当自接到申请起5日内到现场监督销毁。

二、医疗机构使用麻醉药品和精神药品的规定

（1）医疗机构需要使用麻醉药品和第一类精神药品的，应当经所在地设区的市级人民政府卫生主管部门批准，取得麻醉药品、第一类精神药品购用印鉴卡。医疗机构凭印鉴卡向本省级行政区域内的定点批发企业购买。

（2）医疗机构应当按照国务院卫生主管部门的规定，对本单位执业医师进行有关麻醉药品和精神药品使用知识的培训、考核，经考核合格的，授予处方资格。执业医师取得麻醉药品和第一类精神药品的处方资格后，方可在本医疗机构开具麻醉药品和第一类精神药品处方，但不得为自己开具该种处方。

 知识链接

《处方管理办法》

第二十三条　为门（急）诊患者开具的麻醉药品注射剂，每张处方为一次常用量；控缓释制剂，每张处方不得超过7日常用量；其他剂型，每张处方不得超过3日常用量。

第一类精神药品注射剂，每张处方为一次常用量；控缓释制剂，每张处方不得超过7日常用量；其他剂型，每张处方不得超过3日常用量。哌醋甲酯用于治疗儿童多动症时，每张处方不得超过15日常用量。

第二类精神药品一般每张处方不得超过7日常用量；对于慢性病或某些特殊情况的患者，处方用量可以适当延长，医师应当注明理由。

第二十四条　为门（急）诊癌症疼痛患者和中、重度慢性疼痛患者开具的麻醉药品、第一类精神药品注射剂，每张处方不得超过3日常用量；控缓释制剂，每张处方不得超过15日常用量；其他剂型，每张处方不得超过7日常用量。

第二十五条　为住院患者开具的麻醉药品和第一类精神药品处方应当逐日开具，每张处方为1日常用量。

（3）对麻醉药品和第一类精神药品处方，处方的调配人、核对人应当仔细核对，签署姓名，并予以登记；对不符合本条例规定的，处方的调配人、核对人应当拒绝发药。

（4）医疗机构应当对麻醉药品和精神药品处方进行专册登记，加强管理。麻醉药品处方至少保存3年，精神药品处方至少保存2年。

三、储运与运输规定

（1）储存　麻醉药品和第一类精神药品的储存要求专库或专柜（专库要有专用防盗门），专人负责、专用账册、双人双锁，有监控设施和报警装置。第二类精神药品的储存也要有专库或专柜（专库要有专用防盗门），专人负责、专用账册。药品入库双人验收，出库双人复核。专用账册保存至自药品有效期期满之日起不少于5年。

（2）运输　托运、承运和自行运输麻醉药品和精神药品的，应当采取安全保障措施，防止麻醉药品和精神药品在运输过程中被盗、被抢、丢失；铁路运输应用集装箱或行李车。道路运输应采用封闭式车辆，中途不应停车过夜；公路、水路应有专人负责押运。铁路、民航、道路、水路承运单位承运麻醉药品和精神药品时，应当及时办理运输手续，尽量缩短货物在途时间，并采取相应的安全措施，防止麻醉药品、精神药品在装卸和运输过程中被盗、被抢或丢失。

邮寄麻醉药品和精神药品，寄件人应提交所在地设区的市级药品监督管理部门出具的准予邮寄证明。邮政营业机构应当查验、收存准予邮寄证明，才可收寄。

 知识链接

麻、精药品包装

麻、精药品的包装须标明规定的标志，即"麻醉药品"商标上有统一的蓝底标明的"麻"字明显标志，"精神药品"印有绿白相间的"精神药品"标志。

麻醉药品

精神药品

任务实施

该批药品到货后，经营企业应严格按照麻醉药品和精神药品的管理规定，开展麻醉药品和精神药品到货验收、储存养护、出库复核、运输配送、退货处理等操作。

1. 到货验收

麻醉药品和精神药品到货后应立即存放于麻精药品专库待验区内。保管员依据到货清单双人检查，每整件包装是否完整，散装数量应准确清点到最小包装。清点无误后，通知验收。验收应由两名验收员逐批逐渐进行，验收合格，开入库凭证，做好验收记录，并同时在记录和入库凭证上签名。

验收要求到货当天完成，如发现短少、破损，按《麻醉药品和精神药品经营管理办法（试行）》规定处理，并报公安机关和药监部门。

2. 储存养护

入库应凭验收员开具的入库凭证，由专库保管员双人同时复核。对单与货不符、质量异常、包装严重破损、标识模糊不清及不符合规定超过有效期等情况，应拒收，并报公司质管部处理。

麻醉药品和精神药品应专库存放，专库应严实、无窗、抗撞击、密封，并配置钢制防盗门；仓库实行双人、双锁保管，双人相互监督，打开仓库必须双人同时在场，不得私自转（借）交专库钥匙。专库应安装与"110"联网的自动报警系统及电子监控装置。仓库内麻、精药品应分类、分区，分别按批次集中堆放。拆零药品存放于相应专柜。

仓库应配备必要的养护设备保持阴凉、干燥、通风，每天定时记录库房温湿度，按"三三四"原则检查药品的质量变化，做好养护记录，发现问题及时处理。麻、精药品应建立专用账册，实行专人管理，每日按时做好记录，每月认真检查，做到票、账、货全面相符。

3. 出库复核

发货员需依据加盖专章的销售出库清单，双人复核，详细核对生产企业品名、规格、批号、数量等准确无误方可出库，并如实记录出库复核台账，填写"麻醉药品精神药品运输交接单"发运。按"先产先出、近期先出、按批号发货"的原则发货。

4. 运输配送

运输麻醉药品和第一类精神药品应当向省级药监部门申领运输证明。运输车应封闭，同时配备必要的安全保障措施。运输时需有双人押货、双人收发、记录，并及时运输、缩短存放时间。

向医疗机构销售麻醉药品和第一类精神药品，应当将药品由公司货车送至医疗机构，不得由进货人员自行提货。送到后，押运人员办好交接，并将"麻醉药品精神药品运输交接单"签名后带回。

5. 退货处理

退货药品应由专人负责，收到退回的麻醉药和精神药品时，应仔细核对退货单位、发票日期、退货单位的印鉴卡、退货人的身份、药品批号和数量，重新双人验收入库，如有不符，拒绝退货。

6. 不合格品处理

药品经营企业在入库验收、在库养护、出库验发及质量抽查中发现过期、损坏、质量不合格的麻醉药品和精神药品时，应立即停止销售，集中封存在专库不合格药品区并登记造册，上报公司质管部，并向所在地的县级药品监督管理部门申请销毁。

参加销毁人员必须在销毁记录中签名备案。销毁时应同时填写《不合格药品报损审批表》，报质管部、财务部审核，签署意见后经有关领导审批，及时报损。

7. 日常巡查

麻醉药品和第一类精神药品应24小时值班。值班人员应做好值班记录，交接清楚。值班时应注意安全检查，发现异常立即报告上级领导、当地药监部门和公安局。

项目49　违反麻醉药品和精神药品管理规定的法律责任

 任务引入

案例1　吸毒人员曲某持借用的他人的病历和《麻醉药品专用卡》在某乡卫生院要求购买哌替啶，刘某是曲某的同乡，在明知曲某是吸毒人员的情况下，对曲某所持有的病历和《麻醉药品专用卡》不加查验就批准提供给曲某18支哌替啶。曲某正欲提走哌替啶时被公安人员当场抓获。

案例2　某定点批发企业的保管员小张在夜间巡查时，发现两瓶氯胺酮注射液出现了变异现象，随即报告给质管部，质管部未及时向当地药监部门申请销毁处理，擅自将两瓶氯胺酮销毁，药监部门在检查中发现后给予相应处罚。

> 案例3 某定点批发企业为某医疗机构运输一批麻醉药品时，未采取安全保障措施，导致在运输过程中部分药品出现破损，医疗机构将此事反馈给药监部门。
>
> 请你根据《麻醉药品和精神药品管理条例》，分析上述3个案例的违法行为及承担的法律责任。

任务分析

完成本次任务需要做到以下几点：
（1）知晓违反麻醉药品和精神药品管理的相关法律法规及条款。
（2）分析发生违法行为的原因。
（3）准确判断违法事件的法律责任。
（4）规范日常经营使用行为。

相关知识

为加强麻醉药品和精神药品（以下简称麻、精药品）管理，国务院于2005年发布《麻醉药品和精神药品经营管理办法（试行）》、2016年修订了《麻醉药品和精神药品管理条例》（以下简称《条例》），对麻、精药品的生产、经营、使用、监督管理等作了明确规定。如违反相关规定，可由当地药品监督管理部门没收全部麻、精药品的非法收入，并视其情节轻重给予处罚，构成犯罪的，依法追究刑事责任。

一、麻、精药品的监督管理

1. 麻、精药品滥用的监管

对已经发生滥用，造成严重社会危害的麻、精药品品种，国务院药品监督管理部门应采取在一定期限内中止生产、经营、使用或者限定其使用范围和用途等措施。药品监督管理部门、卫生主管部门发现生产、经营企业和使用单位的麻、精药品管理存在安全隐患时，应责令立即排除或限期排除；对有证据证明可能流入非法渠道的，应及时采取查封、扣押的行政强制措施，7日内作出处理并通报同级公安机关。

> **知识链接**
>
> **罂粟壳的管理**
>
> 罂粟壳属于麻醉药品管制品种，是部分中成药生产和医疗配方使用的原料。为进一步加强对罂粟壳的监督管理，药监部门特制定了《罂粟壳管理暂行规定》，对其生产、经营、使用及研制做了具体规定。

> 国家指定甘肃省农垦总公司为罂粟种植定点单位,也是罂粟壳的定点生产单位,其他任何单位和个人均不得从事罂粟壳的生产活动。
> 　　各种植、生产加工以及供应罂粟壳的单位,必须有专人负责,严格管理,不得擅自销售给其他任何单位和个人。
> 　　国家药品监督管理局指定各省、自治区、直辖市一个中药经营企业为罂粟壳定点经营单位,承担本辖区罂粟壳的省级批发业务。
> 　　省级以下罂粟壳的批发业务由所在地省级药品监督管理部门在地(市)、县(市)指定一个中药经营企业承担,严禁跨辖区或向省外销售。
> 　　指定的中药饮片经营门市部应凭盖有乡镇卫生院以上医疗单位公章的医生处方零售罂粟壳(处方保存3年备查),不准生用,严禁单味零售。

2. 过期、损坏的麻、精药品监管

麻、精药品的生产、经营企业和使用单位对过期、损坏的麻、精药品应登记造册,并向所在地的县级药品监管部门申请销毁,并在5日内到场监督销毁。医疗机构由卫生主管部门负责监督销毁。发生以上药品被盗、被抢、丢失或其他流入非法渠道的,案发单位应立即采取必要的控制措施,同时报告所在地的县级公安机关和药品监管部门。医疗机构还应报其主管部门。

二、麻、精药品的法律责任

(1)违反《条例》规定的相关要求,可由当地药品监督管理部门没收全部麻醉药品和精神药品的非法收入,并视其情节轻重给予非法所得金额五至十倍的罚款,停业整顿。

(2)违反有关规定,擅自种植罂粟的,或者非法吸食麻醉药品和精神药品的,由公安机关依照《中华人民共和国治安管理处罚条例》或有关规定给予处罚。

(3)违反《条例》规定,制造、运输、贩卖麻醉药品、精神药品和罂粟壳,构成犯罪的,由司法机关依法追究其刑事责任。

任务实施

1. 案例1分析

违法分析:刘某在明知他人是吸毒人员的情况下,仍然违反麻醉药品和精神药品管理的规定,提供给对方哌替啶,但是综合全案情况,被告人刘某不具有牟利的目的,被告人刘某的行为构成非法提供麻醉药品罪。

法律责任:刘某违反了《条例》第七十三条规定,具有麻醉药品和第一类精神药品处方资格的执业医师,违反本条例的规定开具麻醉药品和第一类精神药品处方，或者未按照临床应用指导原则的要求使用麻醉药品和第一类精神药品的，由其所在医疗机构取消其麻醉药品和第一类精神药品处方资格；造成严重后果的，由原发证部门吊销其执业证书。

知识链接

《中华人民共和国刑法》

第三百五十五条 【非法提供麻醉药品、精神药品罪】依法从事生产、运输、管理、使用国家管制的麻醉药品、精神药品的人员，违反国家规定，向吸食、注射毒品的人提供国家规定管制的能够使人形成瘾癖的麻醉药品、精神药品的，处三年以下有期徒刑或者拘役，并处罚金；情节严重的，处三年以上七年以下有期徒刑，并处罚金。向走私、贩卖毒品的犯罪分子或者以牟利为目的，向吸食、注射毒品的人提供国家规定管制的能够使人形成瘾癖的麻醉药品、精神药品的，依照本法第三百四十七条的规定定罪处罚。

单位犯前款罪的，对单位判处罚金，并对其直接负责的主管人员和其他直接责任人员，依照前款的规定处罚。

2. 案例 2 分析

违法分析：该批发企业未按规定销毁麻醉药品和精神药品。

法律责任：违反《条例》第六十九条规定，由药品监督管理部门责令限期改正，给予警告；逾期不改正的，责令停业，并处 2 万元以上 5 万元以下的罚款；情节严重的，取消其定点批发资格。

3. 案例 3 分析

违法分析：未按要求运输麻醉药品和精神药品。

法律责任：《条例》第七十四条规定，运输麻醉药品和精神药品的，由药品监督管理部门和运输管理部门依照各自职责，责令改正，给予警告，处 2 万元以上 5 万元以下的罚款。收寄麻醉药品、精神药品的邮政营业机构未依照本条例的规定办理邮寄手续的，由邮政主管部门责令改正，给予警告；造成麻醉药品、精神药品邮件丢失的，依照邮政法律、行政法规的规定处理。

课题16　医疗用毒性药品和放射性药品的管理

学习目标

1. 能根据医疗用毒性药品和放射性药品的相关概念，准确判断药品种类。
2. 能根据医疗用毒性药品和放射性药品的经营管理要点，规范经营行为。
3. 能根据医疗用毒性药品和放射性药品的使用管理要点，规范使用行为。
4. 能根据医疗用毒性药品和放射性药品管理的相关规定，准确判断应承担的法律责任。

项目50　医疗用毒性药品经营和使用管理

任务引入

我国江南一带在端午节有食"五黄"的习俗。雄黄作为"五黄"之一，旧时端午用以饮酒，大人们为不能饮酒的孩童们，以雄黄酒"点额画王"，寓借猛虎"王"字额纹，用做辟邪之意。端午节前夕，某中药企业欲购进一批雄黄销售，请帮助该企业完成任务，并规范日常经营使用行为。

任务分析

完成本次任务需要做到以下几点：
（1）了解医疗用毒性药品的定义和品种。
（2）明确医疗用毒性药品的购进原则。
（3）掌握医疗用毒性药品的使用和调配要求。
（4）掌握医疗用毒性药品的运输与储存要求。

 **相关知识**

一、医疗用毒性药品的定义和品种

1. 医疗用毒性药品的定义

医疗用毒性药品（以下简称毒性药品），系指毒性剧烈、治疗剂量与中毒剂量相近，使用不当会致人中毒或死亡的药品。毒性药品的管理品种，由卫健委会同国家药品监督管理局、国家中医药管理局规定。

2. 医疗用毒性药品的品种

毒性药品分为中药和西药两大类。

（1）毒性中药品种（28种）：砒石（红砒、白砒）、砒霜、水银、生马钱子、生川乌、生草乌、生白附子、生附子、生半夏、生天南星、生巴豆、斑蝥、青娘虫、红娘虫、生甘遂、生狼毒、生藤黄、生千金子、生天仙子、闹羊花、雪上一枝蒿、白降丹、蟾酥、洋金花、红粉、红升丹、轻粉、雄黄。

（2）毒性西药品种（12种）：去乙酰毛花苷丙、阿托品、洋地黄毒苷、氢溴酸后马托品、三氧化二砷、毛果芸香碱、升汞、水杨酸毒扁豆碱、亚砷酸钾、氢溴酸东莨菪碱、士的宁、A型肉毒毒素及其制剂。

上述的西药品种除亚砷酸注射液、A型肉毒毒素制剂以外均指的是原料药；此外，士的宁、阿托品、毛果芸香碱等品种还包括各自的盐类化合物。

二、毒性药品的经营和使用管理

1. 经营资格管理

毒性药品的收购、经营，由各级医药管理部门指定的药品经营单位负责；配方用药由国营药店、医疗单位负责，其他任何单位或者个人均不得从事毒性药品的收购、经营和配方业务。

2. 医疗用毒性药品的使用和调配要求

医疗单位供应和调配毒性药品，凭医生签名的正式处方。国营药店供应和调配毒性药品，凭盖有医生所在的医疗单位公章的正式处方。每次处方剂量不得超过2日极量。调配处方时，必须认真负责，计量准确，按医嘱注明要求，并由配方人员及具有药师以上技术职称的复核人员签名盖章后方可发出。对处方未注明"生用"的毒性中药，应当付炮制品。如发现处方有疑问时，须经原处方医生重新审定后再行调配。处方一次有效，取药后处方保存2年备查。

3. 科研和教学单位使用要求

科研和教学单位所需的毒性药品，必须持本单位的证明信，经单位所在地的县以上卫生行政部门批准后，供应部门方能发售。

4. 运输与储存要求

毒性药品的包装容器上必须印有毒性药品标志。在运输过程中应采取有效措施，防止发生事故。

药品经营企业（含医疗机构药房）要严格按照 GSP 或相关规定的要求，毒性药品应专柜加锁并由专人保管，做到双人、双锁、专账记录。必须建立健全保管、验收、领发、核对等制度，严防收假、发错，严禁与其他药品混杂。

> **知识链接**
>
> **医疗用毒性药品管理办法**
>
> 第五条 毒性药品的收购、经营，由各级医药管理部门指定的药品经营单位负责；配方用药由国营药店、医疗单位负责。其他任何单位或者个人均不得从事毒性药品的收购、经营和配方业务。
>
> 第六条 收购、经营、加工、使用毒性药品的单位必须建立健全保管、验收、领发、核对等制度，严防收假、发错，严禁与其他药品混杂，做到划定仓间或仓位，专柜加锁并由专人保管。
>
> 毒性药品的包装容器上必须印有毒药标志。在运输毒性药品的过程中，应当采取有效措施，防止发生事故。

任务实施

要完成医疗用毒性药品的经营任务，在经营过程中，需要按照医疗用毒性药品的管理办法，以确保购进的药品经营和使用符合要求。

（1）应严格按照批准的计划从全国性批发企业和定点生产企业购进毒性中药材，并索取供货企业的合法资质证明文件。需要从定点生产企业购进毒性中药材的，应按照规定办理相关手续方可购进。

（2）购进药材时，应向供应商索要加盖该企业印章的《药品生产（经营）许可证》和《营业执照》复印件，报质量管理部审核批准后方可购进。

（3）供货商经质量管理部门审批，质量负责人同意后，方可与供货方签订购货合同。

（4）购进药材时，应索取供货企业业务人员的有效企业法人委托授权书，查看身份证原件并留存复印件，已开展业务人员资格认定的地区的业务人员还应提供岗位资格证书。

（5）法人委托授权书应为加盖本企业原印章的授权书原件。授权书应当载明授权销售的品种、地域、期限，注明销售人员的身份证号码，并加盖本企业原印章和企业法定代表人印章（或者签名）。授权销售的品种、地域、期限应与销售人员的业务活动时间、业务范围一致，企业名称和法定代表人姓名应与《药品生产（经营）许可证》和《营业执照》中登记的内容一致。

（6）购销合同的签定人除公司法定代表人外，必须是由法定代表人授权的委托代理人，有法定代表人出具的委托授权书，并经销售人员资格审核的人员。

（7）签定合同的内容必须符合《中华人民共和国民法典》的规定，内容完整规范，详细写明包括质量要求在内的各项条款。

（8）销售毒性中药材时，应当核实客户的资质文件、采购人员身份证明，无误后方可销售。

（9）销售毒性中药材、中药饮片时如发现异常情况，应暂停销售，并向药品监督管理部门报告，批准后方可继续销售。

（10）毒性中药材、中药饮片的出库应由双人同时复核，仔细核对数量，检查质量状况，双人签字。

项目51　放射性药品经营和使用管理

任务引入

恶性肿瘤是目前严重危害人类健康的疾病之一，而放射性药品在抑制肿瘤的发生和发展过程中具有重要作用。某经营企业欲采购一批放射性药品，请帮助该经营企业完成任务，并规范日常使用行为。

任务分析

完成本次任务需要做到以下几点：
（1）明确放射性药品经营许可证的管理。
（2）熟知开办放射性药品经营企业应具备的条件。
（3）掌握放射性药品的经营规定。
（4）熟知放射性药品的包装管理。
（5）熟知放射性药品的运输管理。

相关知识

一、放射性药品的定义和品种

1. 放射性药品的定义

放射性药品，是指用于临床诊断或者治疗的放射性核素制剂或者其标记的药物。包括裂变制品、堆照物品、加速器制品、放射性同位素发生器及配套药盒、放射免疫分析药盒等。

2. 放射性药品的品种

《中国药典》（2020年版）共收载了24种放射性药品和6种注射用冻干无菌粉末，见图51-1。

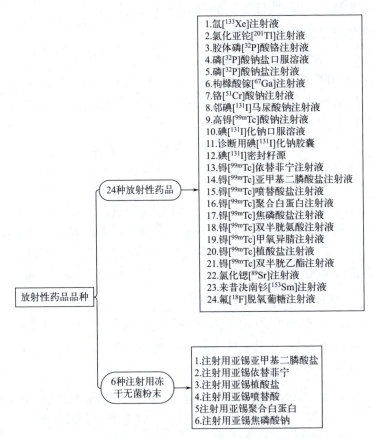

图51-1 《中国药典》（2020年版）收载的放射性药品品种

二、放射性药品的重要性

近年来，国家出台了多个放射性药物相关的政策，包括《医用同位素中长期发展规划（2021—2035年）》《放射性体内诊断药物临床评价技术指导原则》《放射性体内治疗药物临床评价技术指导原则》等，并于2022年修订了《放射性药品管理办法》。

放射性药物主要用于癌症的诊断与治疗，放射性核素大多数需要通过人工合成来生产，目前我国放射性药物的研发速度相对较慢，供给能力有限，市场处于供不应求的阶段，因此国家更加重视放射性药物行业发展，加大扶持力度，以应对癌症带来的沉重负担。

任务实施

为加强放射性药品的经营管理，确保贮藏、使用安全，需依据《中华人民共和国药品管理法》《放射性药品管理办法》，完成此任务。

1. 放射性药品经营许可证管理

（1）开办放射性药品经营企业的法定程序

① 开办放射性药品经营企业，必须具备《中华人民共和国药品管理法》规定的条件，符合国家有关放射性同位素安全和防护的规定与标准，并履行环境影响评价文件的审批手续。

② 开办放射性药品经营企业，经国务院药品监督管理部门审核并征求国务院国防科技工业主管部门意见后批准的，由所在省、自治区、直辖市药品监督管理部门发给《放射性药品经营企业许可证》。

③ 无许可证的生产、经营企业，一律不准销售放射性药品。

（2）放射性药品经营企业许可证的法律要求《放射性药品经营企业许可证》的有效期为5年，期满前6个月，放射性药品经营企业应当向原发证的药品监督管理部门提出申请换发新证。

2. 开办放射性药品经营企业应具备的条件

放射性药品经营企业，必须配备与经营放射性药品相适应的专业技术人员，具有安全、防护和废气、废物、废水处理等设施，并建立严格的质量管理制度。

3. 放射性药品经营规定

放射性药品经营企业，必须建立质量检验机构，严格实行生产全过程的质量控制和检验。产品出厂前，必须经质量检验。符合国家药品标准的产品方可出厂，不符合标准的产品一律不准出厂。

经国务院药品监督管理部门审核批准的含有短半衰期放射性核素的药品，可以边检验边出厂，但发现质量不符合国家药品标准时，该药品的生产企业应当立即停止生产、销售，并立即通知使用单位停止使用，同时报告国务院药品监督管理、卫生行政、国防科技工业主管部门。

4. 放射性药品的包装管理

放射性药品的包装必须安全实用，符合放射性药品质量要求，具有与放射性剂量相适应的防护装置。包装必须分内包装和外包装两部分，外包装必须贴有商标、标签、说明书和放射性药品标志，内包装必须贴有标签。

标签必须注明药品品名、放射性比活度、装量。说明书除注明前款内容外，还需注明生产单位、批准文号、批号、主要成分、出厂日期、放射性核素半衰期、适应证、用法、用量、禁忌证、有效期和注意事项等。

5. 放射性药品的运输管理

放射性药品的运输，按国家运输、邮政等部门制定的有关规定执行。严禁任何单位和个人随身携带放射性药品乘坐公共交通运输工具。

项目52　违反医疗用毒性药品和放射性药品管理规定的法律责任

 任务引入

案例1　杨某为宣传其医疗美容服务项目，在某平台上发布含有"水光针、玻尿酸、肉毒素、光子嫩肤、皮肤管理"等内容的广告。其中"肉毒素"通用名称为注射用A型肉毒毒素，属于医疗用毒性药品。杨某明知故犯，药监部门检查发现后依法对该医疗机构给予相应处罚。

案例2　某药监部门根据国家网络销售监测平台监测线索，对某商城入驻商家"某药馆"进行检查，发现该店通过网络销售处方药碘131药丸。药监部门在发现后给出相应处罚。

案例3　林某夫妇二人，明知其上家不具备资质，无法提供合法有效来历证明的情况下，仍然从上家大量购进未取得药品相关批准证明文件、无任何中文标识的走私某国无证肉毒毒素（注射剂），并在当地设立仓库，并伙同刘某某销售至全国各地，供他人注射使用，从中牟取非法利益。药监部门检查发现后依法对林某夫妇和刘某某给予相应处罚。

请你根据相关知识，分析上述3个案例的违法行为及承担的法律责任。

任务分析

完成本次任务需要做到以下几点：
（1）知晓违反医疗用毒性药品和放射性药品管理的相关法律法规及条款。
（2）分析发生违法行为的原因。
（3）准确判断违法事件的法律责任。

相关知识

为了加强毒性药品管理，国务院于 1988 年发布了《医疗用毒性药品管理办法》，对毒性药品的生产、供应、使用等做了明确规定。2002 年 10 月 14 日，国家药品监督管理局发布《关于切实加强医疗用毒性药品监管的通知》（国药监安 [2002]368 号），该通知进一步明确了对毒性药品的生产、经营、储运和使用进行严格监管的要求。

根据《中华人民共和国药品管理法》的有关规定，国务院于 1989 年 1 月发布了《放射性药品管理办法》。2011 年 1 月 8 日，根据《国务院关于废止和修改部分行政法规的决定》进行第一次修订。2017 年 3 月 1 日，根据《国务院关于修改和废止部分行政法规的决定》进行第二次修订。《放射性药品管理办法》对放射性药品的研制、生产、经营、使用及运输等问题做了具体规定。

如违反相关规定，可由当地药品监督管理部门没收全部医疗用毒性药品和放射性药品的非法收入，并视其情节轻重给予处罚，构成犯罪的，依法追究刑事责任。

一、违反医疗用毒性药品的法律责任

对违反有关法律法规，擅自生产、收购、经营毒性药品的单位或者个人，由县以上卫生行政部门没收其全部毒性药品，并处以警告或按非法所得的 5～10 倍罚款。情节严重致人伤残或死亡，构成犯罪的，由司法机关依法追究其刑事责任。

二、放射性药品的监督管理

国务院药品监督管理部门负责全国放射性药品监督管理工作。国务院国防科技工业主管部门依据职责负责与放射性药品有关的管理工作。国务院环境保护主管部门负责与放射性药品有关的辐射安全与防护的监督管理工作。

知识链接

《中华人民共和国刑法》

第一百四十二条 【妨害药品管理罪】违反药品管理法规，有下列情形之一，足以严重危害人体健康的，处三年以下有期徒刑或者拘役，并处或者单处罚金；对人体健康造成严重危害或者有其他严重情节的，处三年以上七年以下有期徒刑，并处罚金：

（一）生产、销售国务院药品监督管理部门禁止使用的药品的；

> （二）未取得药品相关批准证明文件生产、进口药品或者明知是上述药品而销售的；
> （三）药品申请注册中提供虚假的证明、数据、资料、样品或者采取其他欺骗手段的；
> （四）编造生产、检验记录的。

任务实施

1. 案例 1 分析

违法分析：杨某在明知 A 型肉毒毒素是医疗用毒性药品的情况下，仍然违反医疗用毒性药品管理办法和广告法的规定，发布了广告。综合全案情况，被告人杨某构成违法进行医疗用毒性药品广告的犯罪事实。

法律责任：杨某违反《中华人民共和国广告法》第十五条第一款规定，麻醉药品、精神药品、医疗用毒性药品、放射性药品等特殊药品，药品类易制毒化学品，以及戒毒治疗的药品、医疗器械和治疗方法，不得作广告。

违反第五十七条第一款规定，由市场监督管理部门责令停止发布广告，对广告主处二十万元以上一百万元以下的罚款，情节严重的，并可以吊销营业执照，由广告审查机关撤销广告审查批准文件、一年内不受理其广告审查申请；对广告经营者、广告发布者，由市场监督管理部门没收广告费用，处二十万元以上一百万元以下的罚款，情节严重的，并可以吊销营业执照。

2. 案例 2 分析

违法分析：该药馆违法在网上销售放射性药品。

法律责任：《药品网络销售监督管理办法》（以下简称《办法》）第八条规定，疫苗、血液制品、麻醉药品、精神药品、医疗用毒性药品、放射性药品、药品类易制毒化学品等国家实行特殊管理的药品不得在网络上销售，具体目录由国家药品监督管理局组织制定。

《办法》第三十三条规定，通过网络销售国家实行特殊管理的药品，法律、行政法规已有规定的，依照法律、行政法规的规定处罚。法律、行政法规未作规定的，责令限期改正，处 5 万元以上 10 万元以下罚款；造成危害后果的，处 10 万元以上 20 万元以下罚款。

3. 案例 3 分析

违法分析：林某夫妇二人，明知其上家资质不齐，仍然违法购进医疗用毒性药品，伙同刘某某进行销售，牟取非法利益。林某夫妇和刘某某均违反《医疗用毒性药品管理办法》和构成妨害药品管理罪。

法律责任：《医疗用毒性药品管理办法》第十一条规定，对违反有关法律法规，擅自生产、收购、经营毒性药品的单位或者个人，由县以上卫生行政部门没收其全部毒性药品，并处以警告或按非法所得的5～10倍罚款。情节严致人伤残或死亡，构成犯罪的，由司法机关依法追究其刑事责任。

违反《刑法》第二百二十五条的规定，以"非法经营罪定罪处罚"，改为以"妨害药品管理罪追究相应刑事责任"。可以看出，非法经营明知未取得上市或进口批准的药品，应该以妨碍药品管理罪追究相应刑事责任。

课题17　疫苗管理

1. 能根据疫苗供应相关规定，规范疫苗供应行为。
2. 能根据疫苗的经营管理要点，规范销售和使用行为。
3. 能根据违反疫苗管理的法律责任，分析违法行为，准确判断处罚措施。

项目53　疫苗供应管理

  任务引入

某疫苗生产企业在省级公共资源交易平台上接到一批订单，需为当地卫生院供应一批流感疫苗。该企业疫苗供应链管理员小刘接到此任务后，需按要求完成该批疫苗的供应工作，如果你是小刘，该如何完成此项任务。

任务分析

完成本次任务需要做到以下几点：
（1）接收订单，对订购疫苗的信息进行核对。
（2）检查订购疫苗的出库信息。
（3）准备疫苗运输的设施设备。
（4）督促及时送货，按疫苗的运输要求送至指定地点。
（5）协助订购方进行疫苗验收及入库储存工作。

相关知识

疫苗是一种生物制品，安全、高效、快速送达分配点和接种点，是保障预防接种安全性和有效性的重要内容。2017年实施的《疫苗储存和运输管理规范》、

2019 年颁布的《中华人民共和国疫苗管理法》都建立了相关的工作协调制度，统筹全国疫苗供应，以保障疫苗生产供应链的稳定和畅通。

一、疫苗的定义与分类

1. 疫苗的定义

疫苗，是指为了预防、控制传染病的发生、流行，用于人体预防接种的预防性生物制品。生物制品，是指用微生物或其毒素、酶，人或动物的血清、细胞等制备的供预防、诊断和治疗用的制剂。预防接种用的生物制品包括疫苗、菌苗和类毒素。其中，由细菌制成的为菌苗；由病毒、立克次体、螺旋体制成的为疫苗，有时也统称为疫苗。

2. 疫苗的分类

我国将计划免疫疫苗分为第一类疫苗和第二类疫苗。第一类疫苗指政府免费向公民提供，公民应当依照政府的规定受种的疫苗，包括国家免疫规划确定的疫苗，省级人民政府在执行国家免疫规划时增加的疫苗，以及县级以上人民政府或者其卫生主管部门组织的应急接种或者群体性预防接种所使用的疫苗。第二类疫苗指公民自费并且自愿受种的其他疫苗。

知识链接

疫苗的研发流程

（1）制备疫苗　在实验室中将病毒或其组成部分制备出不同类型的疫苗。

（2）动物实验　经动物实验验证疫苗是否有效；如果有效，还需要进行疫苗的安全性评价；一旦安全性评价结果表明其安全有效，经国家药监局审评审批后，进行临床研究。

（3）临床试验　分为三期。Ⅰ期在少量人群中验证疫苗的安全性。Ⅱ期在较大规模人群中验证疫苗的安全性及其刺激机体产生免疫力的能力。Ⅲ期在更大规模的人群中观察疫苗的有效性。

（4）疫苗生产　建立疫苗生产车间和生产工艺，提交资料等待国家药监局审核。审核通过后，经国家权威部门检定合格后上市销售。

二、疫苗供应管理的相关制度

1. 疫苗的电子追溯制度

国务院药品监督管理部门会同国务院卫生健康主管部门制定统一的疫苗追溯

标准和规范,建立全国疫苗电子追溯协同平台,整合疫苗生产、流通和预防接种全过程追溯信息,实现疫苗可追溯。

疫苗上市许可持有人应建立疫苗电子追溯系统,与全国疫苗电子追溯协同平台相衔接,实现生产、流通和预防接种全过程最小包装单位疫苗可追溯、可核查。

疾病预防控制机构、接种单位应依法如实记录疫苗流通、预防接种等情况,并按照规定向全国疫苗电子追溯协同平台提供追溯信息。

2. 疫苗的批签发制度

每批疫苗销售前或者进口时,应当经国务院药品监督管理部门指定的批签发机构按照相关技术要求进行审核、检验。符合要求的,发给批签发证明;不符合要求的,发给不予批签发通知书。

不予批签发的疫苗不得销售,并应由省级药监部门监督销毁;不予批签发的进口疫苗应由口岸所在地的药品监督管理部门监督销毁或者依法进行其他处理。

申请疫苗批签发应当按照规定向批签发机构提供批生产及检验记录摘要等资料和同批号产品等样品。进口疫苗还应当提供原产地证明、批签发证明;在原产地免予批签发的,应当提供免予批签发证明。

知识链接

《疫苗储存和运输管理规范》(2017年版)

第五条 疾病预防控制机构、接种单位、疫苗生产企业、疫苗配送企业、疫苗仓储企业应当装备保障疫苗质量的储存、运输冷链设施设备。

(一)省级疾病预防控制机构、疫苗生产企业、疫苗配送企业、疫苗仓储企业应当根据疫苗储存、运输的需要,配备普通冷库、低温冷库、冷藏车和自动温度监测器材或设备等。

(二)设区的市级、县级疾病预防控制机构应当配备普通冷库、冷藏车或疫苗运输车、低温冰箱、普通冰箱、冷藏箱(包)、冰排和温度监测器材或设备等。

(三)接种单位应当配备普通冰箱、冷藏箱(包)、冰排和温度监测器材或设备等。

任务实施

(1)订单处理 根据疫苗需求量和供应情况,医疗机构向疫苗经营企业提交订单,疫苗经营企业接收订单,对订购疫苗的信息进行核对。

(2)疫苗出库检查 复核员接到出库疫苗信息后,按复核单上的购货单位、品名、剂型、规格、数量、生产企业、批号、有效期、销售日期等逐项核对，同时检查包装质量，合格者复核员在复核单上签名。对超过有效期或储存温度不符合要求的疫苗，应当采取隔离存放、暂停发货等措施。相关记录应保存至超过疫苗有效期 2 年备查。

（3）运输准备　疫苗配送前需检查运输工具，准备冷链设备等。疫苗经营企业应当装备保障疫苗质量的储存、运输冷链设施设备。在供应或分发疫苗时，应当向收货方提供疫苗运输的设备类型、启运和到达时间、本次运输过程的疫苗运输温度记录、发货单和签收单等资料。

（4）运输和配送　需由专业的配送人员采用冷链运输的方式运输和配送，保证其在运输过程中不受到任何温度变化和剧烈震荡的影响。在远程和偏远地区还需针对性制定配送方案和解决相关问题。对疫苗运输过程进行温度监测，填写"疫苗运输温度记录表"（表 53-1）；运输时间超过 6 小时的，需记录途中温度。途中温度记录时间间隔不超过 6 小时。

表 53-1　疫苗运输温度记录表

出/入库日期：_____年___月___日　出/入库单号：_____
疫苗运输工具：（1）冷藏车　（2）疫苗运输车　（3）其他_____
疫苗冷藏方式：（1）冷藏车　（2）车载冷藏箱　（3）其他_____
运输疫苗情况：

疫苗名称	生产企业	规格	批号	有效期	数量（支）	疫苗类别

运输温度记录：

项目	日期/时间	疫苗储存温度	环境温度
启运	年　月　日　时　分	℃	
途中	年　月　日　时　分 年　月　日　时　分 年　月　日　时　分	℃ ℃ ℃	
到达	年　月　日　时　分	℃	

启运至到达行驶里程数：_____千米
送疫苗单位：_____　送疫苗人签名：_____
收疫苗单位：_____　收疫苗人签名：_____

填写说明：①本表供疫苗配送企业、疾病预防控制机构、接种单位疫苗运输时填写；②出入库单号为单位编码+年月日+2位流水号；③运输超过6小时的需记录途中温度，间隔不超过6小时；④疫苗类别为一类疫苗/二类疫苗

（5）疫苗接收和储存　医疗机构在接收到疫苗后，需进行验收和存储工作，

保证疫苗的质量和有效性，疫苗存储时需要严格控制温度和湿度等因素。疫苗的收货、验收、在库检查等记录应当保存至超过疫苗有效期2年备查。

项目54　疫苗销售管理

任务引入

某企业生产了一批国家二类疫苗，并完成相关检测。现需要将其按国家相关规定开展销售工作，如果你是该企业疫苗销售部工作人员，该如何开展此项任务。

任务分析

完成本次任务需要做到以下几点：
（1）明确与疫苗销售相关的工作流程。
（2）提交报名审核材料。
（3）进行价格谈判。
（4）签订采购合同，下达采购订单。
（5）按疫苗配送要求，将货物送达采购单位。

相关知识

疫苗作为一种预防药物，属于国家特殊药品管理的范畴。《中华人民共和国疫苗管理法》明确国家免疫规划疫苗由国家组织集中招标或统一谈判，形成并公布中标价格或者成交价格，各省、自治区、直辖市实行统一采购。国家免疫规划外的其他免疫规划疫苗，由各省、自治区、直辖市实行统一招标采购。非免疫规划疫苗由各省、自治区、直辖市通过省级公共资源交易平台组织招标采购。

一、疫苗销售管理相关规定

1. 销售主体

疫苗上市持有人（以下简称"持有人"）应当按照采购合同的约定，向疾病预防控制机构销售疫苗。境外持有人原则上应当指定境内一家具备冷链药品质量保证能力的药品批发企业统一销售其同一品种疫苗，履行持有人在销售环节的义务，并承担责任。

疫苗上市后涉及四个主体：持有人、疾病预防控制机构、接种单位、疫苗配送单位。持有人应按照采购合同约定向疾病预防控制机构供应疫苗，只有疾病预防控制机构可以按照规定向接种单位供应疫苗，其他主体不可向接种单位供应疫苗，其中持有人、疾病预防控制机构均可以自行配送或者委托疫苗配送单位配送（图54-1）。

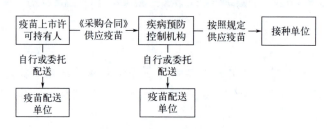

图54-1　疫苗上市后销售主体

 知识链接

《中华人民共和国疫苗管理法》（2019）

第六条　国家实行免疫规划制度。

居住在中国境内的居民，依法享有接种免疫规划疫苗的权利，履行接种免疫规划疫苗的义务。政府免费向居民提供免疫规划疫苗。

县级以上人民政府及其有关部门应当保障适龄儿童接种免疫规划疫苗。监护人应当依法保证适龄儿童按时接种免疫规划疫苗。

第七条　县级以上人民政府应当将疫苗安全工作和预防接种工作纳入本级国民经济和社会发展规划，加强疫苗监督管理能力建设，建立健全疫苗监督管理工作机制。

县级以上地方人民政府对本行政区域疫苗监督管理工作负责，统一领导、组织、协调本行政区域疫苗监督管理工作。

2. 销售过程相关要求

（1）持有人在销售疫苗时，应当同时提供加盖其印章的批签发证明复印件或者电子文件；销售进口疫苗的，还应当提供加盖其印章的进口药品通关单复印件或者电子文件。

（2）应在合同中明确实施配送的单位、配送方式、配送时限和收货地点。自行配送疫苗，应当具备疫苗冷链储存、运输条件，符合疫苗储存和运输管理规范的有关要求，并对配送的疫苗质量依法承担责任。委托配送疫苗的，应当及时将委托配送疫苗品种信息及受托储存、运输单位配送条件、配送能力及信息化追溯能力等评估情况分别向持有人所在地和接收疫苗所在地的省级药品监督管理部门报告。

（3）按照规定，持有人应当建立真实、准确、完整的销售记录，销售记录应当至少包含产品通用名称、批准文号、批号、规格、有效期、购货单位、销售数量、单价、金额、销售日期和持有人信息等，委托储存、运输的，还应当包括受托储存、运输企业信息，并保存至疫苗有效期满后不少于5年备查。

（4）按照国家疫苗全程电子追溯制度要求，如实记录疫苗销售、储存、运输、使用信息，实现最小包装单位从生产到使用的全过程可追溯。

二、疫苗上市销售后管理

《中华人民共和国疫苗管理法》要求持有人应当建立健全疫苗全生命周期质量管理体系，制定并实施疫苗上市后风险管理计划，开展疫苗上市后研究，对疫苗的安全性、有效性和质量可控性进行进一步确证。

疫苗上市后，如发生疫苗安全事件，持有人应当立即向国务院药品监督管理部门或者省级药监部门报告；疾病预防控制机构、接种单位、医疗机构应当立即向县级以上人民政府卫生健康主管部门、药品监督管理部门报告。因质量问题造成的疫苗安全事件的补种费用由持有人承担。

任务实施

（1）报名通知　省疾控中心会同省药品交易中心，依据《中华人民共和国药品管理法》和《中华人民共和国疫苗管理法》，通过省交易平台发布企业报名通知。

（2）生产企业报名　疫苗生产企业应在规定时间内按规定在省药品交易中心完成书面及网上报名。

（3）报名材料审核　省药品交易中心负责报名材料审核。材料不齐全、不规范的，省药品交易中心应一次性告知报名生产企业补充完善。报名生产企业应在报名截止日期前补齐材料。材料审核未通过的，省药品交易中心应书面通知报名生产企业，报名生产企业有异议，应在规定时间内递交申诉材料。

（4）相关信息采集及公示、公布　省药品交易中心采集由省疾控中心提供的通过其审核的生产企业、产品以及其最近三年度在所在地区的采购价格信息、销售价格信息。价格信息在省交易平台公示期7天。公示期内有异议的，报名生产企业可向省药品交易中心提出申诉。公示无异议的由省药品交易中心予以公布，并报省卫健委备案，作为省疾控中心价格谈判时的参考信息。

（5）价格谈判　省疾控中心参考公布的相关价格信息，负责组织专家组与生产企业进行价格谈判，确定成交品种及成交价格（此价格为疫苗采购单位的采购价)。

(6)公布成交品种及成交价　省疾控中心根据成交品种、通用名、剂型、规格、成交企业、成交价格及配送企业等内容,编制《第二类疫苗成交品种目录》,送省医药采购中心审核后报省卫健委备案,同时在省交易平台予以公布。

(7)成交产品采购　疫苗采购单位根据《第二类疫苗成交品种目录》进行遴选,确定辖区内采购使用品种等。按照成交价与成交企业签订电子购销合同,明确采购疫苗的品种、剂型、规格、价格、数量、配送批量、配送方式、配送企业、配送时限、收货地点、结算方式和结算时间等内容,并向成交企业发起订单采购。对于疫苗生产企业在采购中需要的相关材料,疫苗采购单位要予以配合。

(8)疫苗配送　疫苗生产企业直接或委托具备冷链储存、运输条件的企业向各疫苗采购单位配送疫苗。

(9)货款结算　疫苗采购单位要根据疫苗购销合同,与疫苗生产企业结算货款。

项目55　违反疫苗管理规定的法律责任

任务引入

案例1　2018年,长春长生生产的"吸附无细胞百白破联合疫苗"(批号201605014-01)经中国食品药品检定研究院检验,检验结果【效价测定】项不符合规定。百白破是一类(免费)疫苗,用来预防百日咳、白喉、破伤风三种比较危重的疾病,必须接种。被查出有问题的批次高达65万支,数量众多,触目惊心。

(资料来源:钱江晚报,2018-10-17)

案例2　2016年3月18日,山东济南庞某母女涉嫌非法经营二类疫苗被查出,疫苗未经严格冷链储存运输销往24个省市。疫苗含25种儿童、成人用二类疫苗,涉案金额达5.7亿,涉案时庞某仍在缓刑期间。

(资料来源:检察日报,2016-03-21)

任务分析

完成本次任务需要做到以下几点:

(1)知晓违反疫苗管理的相关法律法规及条款。

（2）对违法行为进行分析。
（3）准确判断违法事件的法律责任。

相关知识

为加强疫苗管理，国务院于 2019 年 12 月 1 日发布实施了《中华人民共和国疫苗管理法》（以下简称《疫苗管理法》），对疫苗的生产、流通、使用、异常反应监测等作了明确规定。如违反疫苗管理相关规定的行为，将视其情节轻重给予处罚，构成犯罪的，依法追究刑事责任。

一、疫苗违法行为的处罚特点

国家严惩重处疫苗违法行为，坚决落实"四个最严"，综合运用民事责任、刑事责任、行政责任手段，强化疫苗上市许可持有人和相关主体责任。明知疫苗存在质量问题仍然销售的，受种者可以要求惩罚性赔偿。相关违法行为构成犯罪的，依法追究刑事责任。

行政责任方面，对违反疫苗管理规定的，处罚幅度总体在《中华人民共和国药品管理法》（以下简称《药品管理法》）处罚幅度内从重。对数据造假等主观故意违法行为予以严惩。

落实"处罚到人"要求，上市许可持有人有严重违法行为的，对法定代表人、主要负责人和其他关键岗位人员，没收在违法期间自本单位所获收入，并处以 50% 以上、1 倍以下罚款，10 年内不得从事药品生产经营活动；情节特别严重的，终身不得从事药品生产经营活动。

强化监管部门和地方政府责任追究。监管部门不履行或者不正确履行职责、造成严重后果的，地方政府组织领导不力造成严重损害的，依法严肃追究责任。参与、包庇、纵容疫苗违法犯罪行为，弄虚作假、隐瞒事实、干扰阻碍责任调查，或者帮助伪造、隐匿、销毁证据的，依法从重追究责任。

二、疫苗经营活动的相关法律责任

1. 销售假、劣药的法律责任

生产、销售的疫苗属于假药的，由省级以上人民政府药品监督管理部门没收违法所得和违法生产、销售的疫苗以及专门用于违法生产疫苗的原料、辅料、包装材料、设备等物品，责令停产停业整顿，吊销药品注册证书，直至吊销药品生产许可证等，并处违法生产、销售疫苗货值金额 15 倍以上 50 倍以下的罚款，货值金额不足 50 万元的，按 50 万元计算。

生产、销售的疫苗属于劣药的，由省级以上人民政府药品监督管理部门没收违法所得和违法生产、销售的疫苗以及专门用于违法生产疫苗的原料、辅料、包装材料、设备等物品，责令停产停业整顿，并处违法生产、销售疫苗货值金额10倍以上30倍以下的罚款，货值金额不足50万元的，按50万元计算；情节严重的，吊销药品注册证书，直至吊销药品生产许可证等。

生产、销售的疫苗属于假药，或者生产、销售的疫苗属于劣药且情节严重的，由省级以上人民政府药品监督管理部门对法定代表人、主要负责人、直接负责的主管人员和关键岗位人员以及其他责任人员，没收违法行为发生期间自本单位所获收入，并处所获收入1倍以上10倍以下的罚款，终身禁止从事药品生产经营活动，由公安机关处5日以上15日以下拘留。

2. 未按规定建立电子追溯系统，报告或者备案不良反应事件

由省级以上人民政府药品监督管理部门责令改正，给予警告；拒不改正的，处20万元以上50万元以下的罚款；情节严重的，责令停产停业整顿，并处50万元以上200万元以下的罚款。

3. 违反疫苗储存、运输管理规范有关冷链储存、运输的要求

由县级以上人民政府药品监督管理部门责令改正，给予警告，对违法储存、运输的疫苗予以销毁，没收违法所得；拒不改正的，对接种单位、疫苗上市许可持有人、疫苗配送单位处20万元以上100万元以下的罚款；情节严重的，处违法储存、运输疫苗货值金额10倍以上30倍以下的罚款，货值金额不足10万元的，按10万元计算，责令疫苗上市许可持有人、疫苗配送单位停产停业整顿，直至吊销药品相关批准证明文件、药品生产许可证等，对疫苗上市许可持有人、疫苗配送单位的法定代表人、主要负责人、直接负责的主管人员和关键岗位人员以及其他责任人员依照本法第八十二条规定给予处罚。

4. 未依照规定建立并保存真实、完整的疫苗接收或者购进记录

由县级以上人民政府卫生健康主管部门责令改正，给予警告；情节严重的，对主要负责人、直接负责的主管人员和其他直接责任人员依法给予警告直至撤职处分，责令负有责任的医疗卫生人员暂停6个月以上1年以下执业活动；造成严重后果的，对主要负责人、直接负责的主管人员和其他直接责任人员依法给予开除处分，由原发证部门吊销负有责任的医疗卫生人员的执业证书。

> **知识链接**
>
> 《中华人民共和国药品管理法》（2019年修订）
>
> 第一百一十六条 生产、销售假药的，没收违法生产、销售的药品和违法所得，责令停产停业整顿，吊销药品批准证明文件，并处违法生产、

销售的药品货值金额十五倍以上三十倍以下的罚款；货值金额不足十万元的，按十万元计算；情节严重的，吊销药品生产许可证、药品经营许可证或者医疗机构制剂许可证，十年内不受理其相应申请；药品上市许可持有人为境外企业的，十年内禁止其药品进口。

第一百一十七条　生产、销售劣药的，没收违法生产、销售的药品和违法所得，并处违法生产、销售的药品货值金额十倍以上二十倍以下的罚款；违法生产、批发的药品货值金额不足十万元的，按十万元计算，违法零售的药品货值金额不足一万元的，按一万元计算；情节严重的，责令停产停业整顿直至吊销药品批准证明文件、药品生产许可证、药品经营许可证或者医疗机构制剂许可证。

生产、销售的中药饮片不符合药品标准，尚不影响安全性、有效性的，责令限期改正，给予警告；可以处十万元以上五十万元以下的罚款。

任务实施

1. 案例1分析

违法分析：该案例中，"吸附无细胞百白破联合疫苗"检验结果【效价测定】项不符合规定。根据《药品管理法》对劣药的定义，药品成分的含量不符合国家药品标准的，为劣药。

法律责任：根据《疫苗管理法》对劣药的处罚规定，没收违法所得和违法生产、销售的疫苗以及专门用于违法生产疫苗的原料、辅料、包装材料、设备等物品，责令停产停业整顿，并处违法生产、销售疫苗货值金额10倍以上30倍以下的罚款，货值金额不足50万元的，按50万元计算。

疫苗违法为严重危害公众健康的事件，还应吊销长春长生公司的《药品注册证书》《药品生产许可证》等。同时，没收法定代表人、主要负责人、直接负责的主管人员和关键岗位人员以及其他责任人员，违法行为发生期间自本单位所获收入，并处所获收入1倍以上10倍以下的罚款，终身禁止从事药品生产经营活动。

2. 案例2分析

违法分析如下。

（1）销售假劣药情况　本案中庞某母女所购疫苗均来自正规的生产厂家，目前并无证据证明在生产环节构成假药，故应重点考察销售环节。基于疫苗在运输、储存、保质期等方面的特殊性，一种在生产环节合规的疫苗完全有可能在销售环节变成假药。如经检验部分药品发生变质，则对销售此部分疫苗的行为按

"销售假药罪"论处。其次，查获的部分疫苗已临期，或有超过有效期的，亦构成劣药，涉嫌劣药的数罪并罚。

（2）庞某母女未取得《药品经营许可证》经营二类疫苗，属非法经营罪。

法律责任如下。

（1）根据《疫苗管理法》销售假劣药的，按第十章第八十条进行处罚。

（2）根据《刑法》第二百二十五条，非法经营可判处5年以上有期徒刑，加之庞某是在缓刑考验期内再犯罪，疫苗又属于国家严格监管的药品，造成了极其恶劣的社会影响，法院在自由裁量范围内综合考虑，从重处罚。

知识链接

非法经营罪的刑法规定

《中华人民共和国刑法》第二百二十五条 违反国家规定，有下列非法经营行为之一，扰乱市场秩序，情节严重的，处五年以下有期徒刑或者拘役，并处或者单处违法所得一倍以上五倍以下罚金；情节特别严重的，处五年以上有期徒刑，并处违法所得一倍以上五倍以下罚金或者没收财产：

1. 未经许可经营法律、行政法规规定的专营、专卖物品或者其他限制买卖的物品的；

2. 买卖进出口许可证、进出口原产地证明以及其他法律、行政法规规定的经营许可证或者批准文件的；

3. 未经国家有关主管部门批准非法经营证券、期货、保险业务的，或者非法从事资金支付结算业务的；

4. 其他严重扰乱市场秩序的非法经营行为。

课题18　其他实行特殊管理的药品

学习目标

1. 能根据药品类易制毒化学品的管理要点，规范经营和使用行为。
2. 能根据部分含特殊管理药品的复方制剂（含麻黄碱、可待因、阿片等成分）的管理要点，规范经营和使用行为。
3. 能根据含兴奋剂药品的管理要点，规范经营和使用行为。

项目56　药品类易制毒化学品管理

 任务引入

20世纪80年代以来，阿片、海洛因等毒品在世界范围使用泛滥，给社会造成严重危害。到了20世纪末，冰毒、摇头丸等新型毒品开始兴起，对社会的危害渐增，对青少年的毒害甚至远远超过了传统毒品。无论是大麻、可卡因等植物天然毒品，还是海洛因等半合成毒品，以及摇头丸等合成化学毒品的加工都离不开易制毒化学品。因此通过对易制毒化学品的监管，是避免其流入制毒渠道的有效手段。某经营企业严格按照《易制毒化学品管理条例》的规定进行购销管理，请帮助该企业完成任务。

任务分析

完成本次任务需要做到以下几点：
（1）了解药品类易制毒化学品的概念。
（2）知晓易制毒化学品原料药的购销管理。
（3）熟知药品类易制毒化学品的经营许可管理和购买许可管理。
（4）掌握药品类易制毒化学品的安全管理，建立相应制度并做好记录。

 相关知识

一、药品类易制毒化学品的界定和监管

1. 药品类易制毒化学品的概念

药品类易制毒化学品是指《易制毒化学品管理条例》中确定的麦角酸、麻黄素等物质。

2. 品种与分类

易制毒化学品分类和品种是由国务院批准调整，涉及药品类易制毒化学品的，是由国家药品监督管理部门负责及时调整并予公布。具体见图56-1。

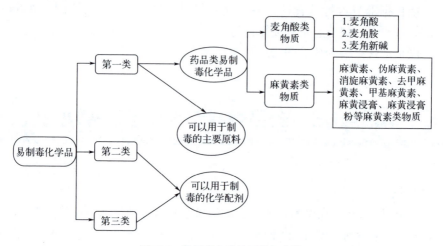

图56-1 易制毒化学品品种与分类

上诉所列物质包括可能存在的盐类；药品类易制毒化学品包括原料药及其单方制剂

3. 管理部门及职责

国家药品监督管理部门主管全国药品类易制毒化学品生产、经营、购买等方面的监督管理工作。县级以上地方人民政府药品监督管理部门负责本行政区域内的药品类易制毒化学品生产、经营、购买等方面的监督管理工作。

二、药品类易制毒化学品的管理

1. 经营许可管理

（1）经营许可 经营药品类易制毒化学品企业，应当依照有关规定取得药品类易制毒化学品经营许可；未取得经营许可的企业不得经营药品类易制毒化学品。药品类易制毒化学品的经营许可，国家药品监督管理局委托省、自治区、直

辖市药品监督管理部门办理。申请经营药品类易制毒化学品原料药的药品经营企业，应具有麻醉药品和第一类精神药品定点经营资格或者第二类精神药品定点经营资格。

（2）销售渠道　药品类易制毒化学品单方制剂和小包装麻黄素，纳入麻醉药品销售渠道，仅能由麻醉药品全国批发企业和区域性批发企业经销，不得零售。未实行药品批准文号管理的品种，纳入药品类易制毒化学品原料药渠道经营。

2. 购买许可管理

（1）购买许可　国家对药品类易制毒化学品实行购买许可制度。购买药品类易制毒化学品的，应当办理《药品类易制毒化学品购用证明》（简称《购用证明》），《购用证明》有效期为 3 个月，符合豁免办理《购用证明》的情形除外。

（2）《购用证明》的申请和管理　申请《购用证明》的单位，向所在地的省级药品监督管理部门或者省级药品监督管理部门确定并公布的设区的市级药品监督管理部门提出申请，经审查，符合规定的，由省级药品监督管理部门发给《购用证明》。《购用证明》由国家药品监督管理部门统一印制，有效期为 3 个月。

购买药品类易制毒化学品时必须使用《购用证明》原件，不得使用复印件、传真件。《购用证明》只能在有效期内一次使用。《购用证明》不得转借、转让。

具有药品类易制毒化学品的生产、经营、使用相应资质的单位，方有申请《购用证明》的资格。

 知识链接

豁免办理《药品类易制毒化学品购用证明》的情形

符合以下情形之一的，豁免办理《购用证明》：

① 医疗机构凭麻醉药品、第一类精神药品购用印鉴卡购买药品类易制毒化学品单方制剂和小包装麻黄素的；

② 麻醉药品全国性批发企业、区域性批发企业持麻醉药品调拨单购买小包装麻黄素以及单次购买麻黄素片剂 6 万片以下、注射剂 1.5 万支以下的；

③ 按规定购买药品类易制毒化学品标准品、对照品的；

④ 药品类易制毒化学品生产企业凭药品类易制毒化学品出口许可自营出口药品类易制毒化学品的。

3. 安全管理

药品类易制毒化学品安全管理要求与麻醉药品和第一类精神药品经营管理要求基本相同。药品类易制毒化学品生产企业、经营企业、使用药品类易制毒化学品的药品生产企业和教学科研单位，应当按规定配备相应仓储安全管理设施，制定相应的安全管理制度。

（1）专用册　药品类易制毒化学品生产企业、经营企业、使用药品类易制毒化学品的药品生产企业，应建立药品类易制毒化学品专用账册。专用账册保存期限应当自药品类易制毒化学品有效期期满之日起不少于 2 年。

（2）专库专柜　存放药品类易制毒化学品的专库或专柜实行双人双锁管理，药品类易制毒化学品入库应当双人验收，出库应当双人复核，做到账物相符。

任务实施

要完成药品类易制毒化学品的购销管理任务，需要严格按照《药品类易制毒化学品管理条例》的规定。以确保药品类易制毒化学品的购销符合要求。

（1）原料药的购销　购买药品类易制毒化学品原料药的，必须取得《购用证明》。药品类易制毒化学品生产企业应当将药品类易制毒化学品原料药销售给取得《购用证明》的药品生产企业、药品经营企业和外贸出口企业。药品类易制毒化学品经营企业应当将药品类易制毒化学品原料药销售给本省、自治区、直辖市行政区域内取得《购用证明》的单位。药品类易制毒化学品经营企业之间不得购销药品类易制毒化学品原料药。

（2）禁止现金实物交易　药品类易制毒化学品禁止使用现金或者实物进行交易。

（3）建立购买方档案　药品类易制毒化学品生产企业、经营企业销售药品类易制毒化学品，应当逐一建立购买方档案。购买方为医疗机构的，档案应当包括麻醉药品、第一类精神药品购用印鉴卡复印件和销售记录。

知识链接

购买方档案

购买方为非医疗机构的，档案内容至少包括：

① 购买方《药品生产许可证》或《药品经营许可证》、企业营业执照等资质证明文件复印件；

② 购买方企业法定代表人、主管药品类易制毒化学品负责人、采购人员姓名及其联系方式；

③ 法定代表人授权委托书原件及采购人员身份证明文件复印件；

④《购用证明》或者麻醉药品调拨单原件；

⑤ 销售记录及核查情况记录。

购买方为医疗机构的，档案应当包括医疗机构麻醉药品、第一类精神药品购用印鉴卡复印件和销售记录。

（4）核查记录和复核制度

① 药品类易制毒化学品生产企业、经营企业销售药品类易制毒化学品时，应当核查采购人员身份证明和相关购买许可证明，经核查无误后方可销售，并保存核查记录。

② 发货应当严格执行出库复核制度，认真核对实物与药品销售出库单是否相符，并确保将药品类易制毒化学品送达购买方《药品生产许可证》或者《药品经营许可证》所载明的地址，或者医疗机构的药库。

③ 在核查、发货、送货过程中发现可疑情况的，应当立即停止销售，并向所在地药品监督管理部门和公安机关报告。

项目57　部分含特殊管理药品的复方制剂管理（含麻黄碱、可待因、阿片等成分）

任务引入

小楼近日患流行性感冒，欲购买酚麻美敏片。小吴是某药品零售的企业药师，请帮助小吴完成此类含麻黄碱类复方制剂的销售任务。

任务分析

完成本次任务需要做到以下几点：

（1）熟悉含特殊管理药品的复方制剂的品种范围，能正确识别含特殊药品复方制剂。

（2）掌握含特殊药品复方制剂的零售管理、禁止事项。

（3）能严格按照规定，开展含麻黄碱类复方制剂的经营工作，并做好记录。

相关知识

一、含特殊药品复方制剂的管理

1. 部分含特殊药品复方制剂的品种范围

根据2004年3月国家食品药品监督管理局发布的《关于含麻醉药品复方制剂管理的通知》、2009年8月国家食品药品监督管理局发布的《关于切实加强部分含特殊药品复方制剂销售管理的通知》、2014年6月国家食品药品监督管理总局办公厅发布《关于进一步加强含麻醉药品和曲马多口服复方制剂购销管理的通知》，含特殊药品复方制剂的品种如下：

（1）口服固体制剂（每计量单位含可待因≤15mg 的复方制剂；含双氢可待因≤10mg 的复方制剂；含羟考酮≤5mg 的复方制剂）具体品种如下：阿司可待因片；阿司可咖胶囊；阿司匹林可待因片；氨酚待因片；氨酚待因片（Ⅱ）；氨酚双氢可待因片；复方磷酸可待因片；可待因桔梗片；氯酚待因片；洛芬待因缓释片；洛芬待因片；奈普待因片；愈创罂粟待因片。

（2）含可待因复方口服液体制剂（列入第二类精神药品管理）：复方磷酸可待因溶液；复方磷酸可待因溶液（Ⅱ）；复方磷酸可待因口服溶液；复方磷酸可待因口服溶液（Ⅲ）；复方磷酸可待因糖浆；可愈糖浆；愈酚待因口服溶液；愈酚伪麻待因口服液。

（3）复方地酚诺酯片。

（4）复方甘草片、复方甘草口服液。

（5）含麻黄碱类复方制剂（不包括含麻黄的中成药）。

（6）其他含麻醉药品口服复方制剂：复方福尔可定口服溶液；复方福尔可定糖浆；复方枇杷喷托维林颗粒；尿通卡克乃其片。

（7）含曲马多口服复方制剂：复方曲马多片；氨酚曲马多片；氨酚曲马多胶囊。

2. 部分含特殊药品复方制剂的经营管理

根据《关于切实加强部分含特殊药品复方制剂销售管理的通知》，具有《药品经营许可证》的企业均可经营含特殊药品复方制剂。药品生产企业和药品批发企业可以将含特殊药品复方制剂销售给药品批发企业、药品零售企业和医疗机构（另有规定的除外）。

（1）合法资质审核　药品生产、批发企业经营含特殊药品复方制剂时，应当按照药品 GMP、药品 GSP 的要求建立客户档案，核实并留存购销方资质证明复印件、采购人员（销售人员）法人委托书和身份证明复印件、核实记录等。

销售含特殊药品复方制剂时，如发现购买方资质可疑的，应立即报请所在地设区的市级药品监管部门协助核实；发现采购人员身份可疑的，应立即报请所在地县级以上（含县级）公安机关协助核实。

（2）药品购销管理　药品批发企业从药品上市许可持有人、药品生产企业直接购进的复方甘草片、复方地芬诺酯片等含特殊药品复方制剂，可以将此类药品销售给其他批发企业、零售企业和医疗机构；如果从药品批发企业购进的，只能销售给本省（区、市）的药品零售企业和医疗机构。

药品生产、批发企业经营含特殊药品复方制剂时必须严格按照规定开具、索要销售票据。药品生产和经营企业核实购买付款的单位、金额与销售票据载明的单位、金额相一致。

（3）出库复核与配送管理　药品生产、批发企业销售含特殊药品复方制剂时，应当严格执行出库复核制度，认真核对实物与销售出库单是否相符，并确保药品送达购买方《药品经营许可证》所载明的仓库地址、药品零售企业注册地址，或者医疗机构的药库。

药品送达后，购买方应查验货物，无误后由入库员在随货同行单上签字。随货同行单原件留存，复印件加盖公章后及时返回销售方。销售方应查验返回的随货同行单复印件记载内容有无异常，并保存备查。

（4）零售管理　药品零售企业销售含特殊药品复方制剂时，处方药应当严格执行处方药与非处方药分类管理有关规定，复方甘草片、复方地芬诺酯片列入必须凭处方销售的处方药管理，严格凭医师开具的处方销售；除处方药外，非处方药一次销售不得超过 5 个最小包装（含麻黄碱复方制剂另有规定除外）。

复方甘草片、复方地芬诺酯片和含麻黄碱类复方制剂应设置专柜由专人管理、专册登记，上述药品登记内容包括药品名称、规格、销售数量、生产企业、生产批号。

药品零售企业如发现超过正常医疗需求，大量、多次购买含特殊药品复方制剂的，应当立即向当地药品监督管理部门报告。

（5）禁止事项　药品生产企业和药品批发企业禁止使用现金进行含特殊药品复方制剂交易。含特殊药品复方制剂一律不得通过互联网销售。

二、含麻黄碱类复方制剂的管理

1. 规范经营行为

具有蛋白同化制剂、肽类激素定点批发资质的药品经营企业，方可从事含麻黄碱类复方制剂的批发业务。

除个人合法购买外，禁止使用现金进行含麻黄碱类复方制剂交易。

2. 审核购买方资质

药品生产企业和药品批发企业销售含麻黄碱类复方制剂时，应当核实购买方资质证明材料、采购人员身份证明等情况，无误后方可销售，并跟踪核实药品到货情况，核实记录保存至药品有效期后 1 年备查。

发现含麻黄碱类复方制剂购买方存在异常情况时，应当立即停止销售，并向当地县级以上公安机关和药品监管部门报告。

> **知识链接**
>
> 近年来，青少年滥用含可待因复方口服溶液问题日益严重，国内发生多起因滥用复方磷酸可待因口服溶液成瘾甚至致死事件，严重影响青少年身心健康，造成严重的社会危害。为坚决遏制含可待因复方口服液体制剂在非法渠道肆意贩卖的势头，阻断该类药品非法滥用，切实保护公众身心健康，国家食品药品监管总局、公安部、国家卫生计生委于 2015 年 4 月 3 日联合发布《关于将含可待因复方口服液体制剂列入第二类精神药品管理的公告》，自 2015 年 5 月 1 日起含可待因复方口服液体制剂（包括口服溶液剂、糖浆剂）列入第二类精神药品管理。

任务实施

要完成酚麻美敏片的销售任务，在销售过程中，需要严格按照《关于切实加强部分含特殊药品复方制剂销售管理的通知》，以确保销售环节符合要求。

1. 核查药品

（1）销售酚麻美敏片时，门店营业人员应当首先对药品进行核查，凡是麻黄碱类药物（麻黄素、伪麻黄素、消旋麻黄素、去甲麻黄素、甲基麻黄素、麻黄浸膏、麻黄浸膏粉等）含量大于 30mg（不含 30mg）的复方制剂、复方甘草片、地芬诺酯复方制剂、曲马多复方制剂等必须凭医师处方方可销售。

（2）检查药品批号、有效期及质量，药品实物必须与库存记录、销售记录一致。

（3）含麻黄碱类药物含量小于 30mg（含 30mg）的复方制剂、含罂粟壳浸膏的复方制剂一次销售不得超过 2 个最小包装。

2. 核查购买者身份

（1）销售含特殊药品复方制剂时，门店营业人员必须查验购买者身份证原件，登记购买者身份证号码，记录其购买次数。购买者身份证原件信息与其本人一致时方可销售。

（2）销售过程中，发现超过正常医疗需求，大量、多次购买含特殊药品复方制剂时，应当做好记录并立即向当地药品监管部门和公安机关报告。

3. 记录

门店营业人员应将销售情况在《含特殊药品复方制剂销售记录》上登记，登记内容包括药品名称、规格、销售数量、生产企业、生产批号、购买人姓名、身份证号码。

> **知识链接**
>
> 羟考酮是从生物碱蒂巴因中提取的半成品阿片类药物,其药理作用及作用机制与吗啡相似,主要起镇痛作用。由于羟考酮生物利用度高,给药途径多,因而在临床上应用广泛,但在临床上发现高剂量连续使用羟考酮后,突然中断或减量,部分患者有戒断综合征的发生。2019年8月2日,国家药品监督管理局、公安部、国家卫生健康委员会联合印发了《关于将含羟考酮复方制剂等品种列入精神药品管理的公告》,从2019年9月1日起,口服固体制剂每剂量单位含羟考酮碱大于5mg,且不含其他麻醉药品、精神药品或药品类易制毒化学品的复方制剂列入第一类精神药品管理;口服固体制剂每剂量单位含羟考酮碱不超过5mg,且不含其他麻醉药品、精神药品或药品类易制毒化学品的复方制剂列入第二类精神药品管理。

项目58 含兴奋剂药品的管理

> **任务引入**
>
> 某运动员因感冒来某药店配药,欲购买连花清瘟胶囊。请帮该药店完成任务,并规范日常经营行为。

> **任务分析**
>
> 完成本次任务需要做到以下几点:
> (1)熟悉含兴奋剂药品的定义、目录和分类。
> (2)掌握含兴奋剂药品管理的相关规定。
> (3)能严格按照要求,开展含兴奋剂药品的经营、销售和使用等工作。

相关知识

一、兴奋剂的目录和分类

1.兴奋剂的含义

兴奋剂在英语中称"Dope",原义为"供赛马使用的一种鸦片麻醉混合剂"。由于运动员为提高成绩而最早服用的药物大多属于兴奋剂药物——刺激剂类,所以尽管后来被禁用的其他类型药物并不都具有兴奋性（如利尿剂），甚至有的还具有抑制性（如β受体阻滞剂），国际上对禁用药物仍习惯沿用兴奋剂的称谓。因此，通常所说的兴奋剂不再单指那些起兴奋作用的药物，而实际上是对禁用药物的技术的统称。

《反兴奋剂条例》所称的兴奋剂，是指兴奋剂目录所列的禁用物质等。

2. 兴奋剂目录

根据《反兴奋剂条例》，兴奋剂目录由国务院体育主管部门会同国务院药品监督管理部门、国务院卫生主管部门、国务院商务主管部门和海关总署制定，每年调整并公布。现行兴奋剂目录是《2023年兴奋剂目录》。国家体育总局、商务部、国家卫生健康委、海关总署、国家药品监督管理局于2022年12月30日联合发布2023年兴奋剂目录公告，《2023年兴奋剂目录》自2023年1月1日起施行。

《2023年兴奋剂目录》分为两个部分，如图58-1。

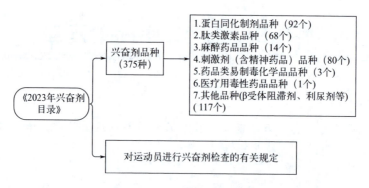

图58-1　《2023年兴奋剂目录》

注：1.目录所列物质包括其可能存在的盐及光学异构体。2.所列蛋白同化制剂品种包括其可能存在的盐、酯、醚及光学异构体。3.目录所列物质中属于药品的，还包括其原料药及单方制剂

3. 兴奋剂分类

1968年反兴奋剂运动刚开始时，国际奥委会规定的违禁物质为四大类。随后逐渐增加，目前兴奋剂种类已达到七大类，包括：刺激剂、麻醉止痛剂、蛋白同化制剂、肽类激素及类似物、利尿剂、β受体阻滞剂、血液兴奋剂等。

二、含兴奋剂药品的管理分类

1. 实施特殊管理

兴奋剂目录所列禁用物质属于麻醉药品、精神药品、医疗用毒性药品和药品类易制毒化学品的，其生产、销售、进口、运输和使用，依照《药品管理法》和

有关行政法规的规定实施特殊管理。

2. 实施严格管理

兴奋剂目录所列禁用物质属于我国尚未实施特殊管理的蛋白同化制剂、肽类激素的，依照《药品管理法》《反兴奋剂条例》的规定，参照我国有关特殊管理药品的管理措施和国际通行做法，其生产、销售、进口和使用环节实施严格管理。

3. 实施处方药管理

除上述实施特殊管理和严格管理的品种外，兴奋剂目录所列的其他禁用物质，实施处方药管理。

三、含兴奋剂药品标签和说明书管理

药品、食品中含有兴奋剂目录所列禁用物质的，生产企业应当在包装标识或者产品说明书上用中文注明"运动员慎用"字样。药品生产企业所生产的含兴奋剂目录新列入物质的药品，必须在包装标识或产品说明书上标注"运动员慎用"字样。之前生产的，在有效期内可继续流通使用。

任务实施

要完成连花清瘟胶囊的销售任务，医师和药师在给运动员开处方和调剂的过程中，需要严格按照含兴奋剂药品的管理办法进行，以确保符合要求。

1. 合理的医疗需要是运动员使用含兴奋剂药品的唯一理由

销售含兴奋剂目录所列的禁用物质的药品时，门店营业人员应当首先对药品进行核查，必须凭医师处方方可销售。并仔细检查药品批号、有效期及质量，药品实物必须与库存记录、销售记录一致。

医师在为运动员选择药品时，应当首先选择不含兴奋剂目录所列禁用物质的药品；只有当医生认为，使用不在禁用清单之列的替代药物将得不到满意的疗效或对运动员的身体健康造成明显损害时，才可考虑使用含兴奋剂药品。要结合运动员的伤病情况、赛内或赛外状态，按规定获得特许治疗性用药。运动员有义务确保自己所接受的任何治疗没有违反《反兴奋剂条例》。

2. 认真告知用药风险

药师应了解并掌握禁用清单的分类和物质成分，这对于运动员合理用药是非常必要的。治疗用药要明确成分，要了解哪些常用的感冒药含有麻黄素类成分，哪些抗高血压药含有利尿剂成分，哪些中药制剂含有天然的违禁成分等，并向运动员说明药品性质和使用后果，避免疏忽或错误用药。连花清瘟胶囊则是含麻黄

碱类成分，属于刺激类兴奋剂药品。

3. 建立患者职业身份识别系统

在医疗机构信息管理系统中，应增加识别职业身份的功能，以便在医疗诊治中能准确识别运动员身份。

4. 规范发药流程

药师在调剂处方时要加强对处方的审核，发现处方中有含兴奋剂药品且患者为运动员时，须进一步核对并确认，无误后方可调剂该类药品，并提供详细的用药指导。

 知识链接

《反兴奋剂管理办法》

第二十九条 发生兴奋剂违规，由全国性体育社会团体等有关单位依据《反兴奋剂规则》及其章程对运动员和辅助人员作出取消比赛成绩和参赛资格、停赛、禁赛等处理，对相关运动员管理单位作出警告、停赛、取消参赛资格等处理。委托检查中发生的兴奋剂违规，由兴奋剂检查委托方和相关单位作出处理决定。

运动员发生兴奋剂违规，还应当处理直接责任人和主管教练员等相关人员。

第三十一条 发生兴奋剂违规，上级体育主管部门和运动员管理单位要对造成兴奋剂违规的根源、管理环节和相关人员责任进行调查认定，并根据调查结果依纪依规追究运动员管理单位领导人员和负有责任的主管人员的责任。涉嫌犯罪的，移交监察机关或者司法机关，依法追究刑事责任。

模块六

医疗器械、保健食品、化妆品管理

课题19　医疗器械管理

学习目标

1. 能根据医药器械采购原则，编制采购计划，管理采购进程。
2. 能按照医疗器械进、销、存要求，规范经营行为。
3. 能根据医药器械使用的原则，规范使用行为。
4. 能按照医疗器械广告要求规范广告行为。

项目59　医疗器械采购管理

任务引入

吴某为某药品经营企业采购员，现需根据本企业经营情况进行抗原检测试剂盒的采购，请帮助吴某完成本次医疗器械的采购任务。

任务分析

完成本次任务需要做到以下几点：
（1）明确医疗器械采购的原则和流程。
（2）收集企业医疗器械需求信息。
（3）询价、比价，确定供应商，制定采购计划。
（4）签订采购合同，下达采购订单。
（5）督促供应商及时送货，协助财务处理后续付款事宜。

相关知识

医疗器械采购是指从医疗器械生产企业、医疗器械经营企业获取相应的医疗器械，以保证医疗器械经营活动正常开展的过程。医疗器械采购是医疗器械经营企业经营活动的起点，是医疗器械经营企业质量管理过程控制的第一关，是确保企业经营行为合法性、规范性，保证医疗器械经营质量的关键环节。

一、医疗器械采购的原则

医药器械经营企业应坚持"质量第一、择优选购、按需进货"的原则，把质量放在选择经营品种和供货单位的首位，确定供货单位的合法资格及质量信誉，保证所购入的医疗器械是国家批准的合法产品。

1. 质量第一

医疗器械是特殊的商品，其质量至关重要，质量合格与否直接关系到患者的身体健康。因此，企业应该始终将质量放在选择药品和供货单位条件的首位。

2. 择优选购

"物美价廉"是人们在购买商品时一种普遍的心理，医疗器械的购进当然也不例外。因此企业在购进医疗器械时，还应该优中选优，挑选性价比高的医疗器械来保证销量。

3. 按需进货

购进医疗器械的目的是销售，任何商品的销售都应符合市场规律。市场的供求状况直接决定了一种商品的销售前景。

 知识链接

《医疗器械经营质量管理规范》（2014 年修订）

第三十二条　企业在采购前应当审核供货者的合法资格、所购入医疗器械的合法性并获取加盖供货者公章的相关证明文件或者复印件，包括：

（一）营业执照；

（二）医疗器械生产或者经营的许可证或者备案凭证；

（三）医疗器械注册证或者备案凭证；

（四）销售人员身份证复印件，加盖本企业公章的授权书原件。授权书应当载明授权销售的品种、地域、期限，注明销售人员的身份证号码。

必要时，企业可以派员对供货者进行现场核查，对供货者质量管理情况进行评价。

企业发现供货方存在违法违规经营行为时，应当及时向企业所在地食品药品监督管理部门报告。

第三十三条　企业应当与供货者签署采购合同或者协议，明确医疗器械的名称、规格（型号）、注册证号或者备案凭证编号、生产企业、供货者、数量、单价、金额等。

二、医疗器械采购的方式

1. 选购和订购

选购是指采购的医疗器械是由企业自己选择的，采购的数量和品种是企业根据市场需要和本企业经营能力提出来的。订购是买卖双方根据市场需要，签订订购合同，按合同产销。

2. 代理制

医疗器械经营企业在自愿的基础上，通过合同或契约的形式建立的产品进入流通领域，并由企业在一定区域内实行垄断或独家经营，实现"风险共担，利益共享"的一种组织形式。

3. 代批代销

代批代销是指企业受医疗器械生产企业或经营企业的委托办理的一种销售业务。在医疗器械销售出去之前，所有权归委托单位，在医疗器械销售出去以后结算货款。

4. 招标采购

医疗器械经营企业将需求信息通知医疗器械生产企业或经营企业，医疗器械经营企业根据投标方提供的价格进行选择，价格最低、质量最优者中标。此种方法是经营企业较为青睐的一种方法。其中，集中招标采购是指数家医疗机构联合和共同委托招标代理机构组织的医疗器械采购行为，其目的是保证城镇职工基本医疗保险制度的顺利实施，规范医疗机构医疗器械购销工作，减轻社会医疗费用负担。

5. 网上采购

伴随电子商务的发展，医疗器械经营企业可以直接在网上采购医疗器械，通过信用工具结算，大大降低了商业流通成本，同时，经营企业可以在短时间内获得市场信息，并在最短时间内完成采购，有利于经营企业抓住市场机遇，提高经济效益。

三、采购计划编制

医疗器械采购计划编制是采购环节的重要工作内容。科学合理地制订采购计划，有助于从源头杜绝假冒伪劣医疗器械进入流通领域，加速资金周转，保证市场供给，适应市场的不断变化。

1. 采购计划的制订依据

（1）国家政策方针、药品法律法规、各级政府有关市场政策方针。

（2）前期计划执行情况　前期计划执行情况是对进、销、存业务活动的真实反映，这对指导本期采购计划的制订具有重要作用。

（3）市场需求情况和供应情况　市场需求情况主要包括销售客户购买力、消费结构变化情况等；市场供应情况包括货源数量、品种、供货方的销售计划、付款条件等影响。

2. 制订采购计划的程序

（1）采购人员根据计算机管理系统提供的前3个月医疗器械的购进和销售数量、当月销售量以及药品库存数量，从计算机管理系统药品质量档案中确定拟采购的药品品种和采购数量。

（2）通过对供应商质量保证能力、供货能力、价格竞争能力、售后服务能力等方面综合评价分析，从合格供货方档案列表中确定合理的供应商，确定采购医疗器械的价格。

（3）采购人员对采购的医疗器械信息审核无误后，在采购计划单上签字，采购计划过计算机管理系统自动生成采购订单。

任务实施

要完成医疗器械的采购任务，在购进活动过程中，需要按照购进程序，以确保购进的医疗器械符合质量要求。

（1）询价/比价　询价就是从可能的卖方那里获得谁有资格完成工作的信息，该过程的专业术语叫供方资格确认。获取信息的渠道有招标公告、行业刊物、互联网等媒体、供应商目录、约定专家拟定可能的供应商名单等。通过询价获得供应商的投标建议书。

（2）选择供应商　根据"质量第一，择优选购，按需进货"的原则，选择最合适的供应商。

（3）制订采购计划　根据销售预测，加上经验判断，即可拟定销售计划或目标。销售计划是表明各种产品在不同时间的预期销售数量；而采购计划即依据销售数量，再加上预期的期末存货减去期初存货来拟定。

（4）签订采购合同，下达采购订单。

（5）督促供应商及时送货，通知储运部做好验收、入库，协助财务处理后续付款事宜；如有产品不符合验收要求，及时通知供应商协调处理。

知识链接

《医疗器械经营质量管理规范》（2014年修订）

第三十三条　企业应当与供货者签署采购合同或者协议，明确医疗器械的名称、规格（型号）、注册证号或者备案凭证编号、生产企业、供货者、数量、单价、金额等。

第三十四条 企业应当在采购合同或者协议中,与供货者约定质量责任和售后服务责任,以保证医疗器械售后的安全使用。

第三十五条 企业在采购医疗器械时,应当建立采购记录。记录应当列明医疗器械的名称、规格(型号)、注册证号或者备案凭证编号、单位、数量、单价、金额、供货者、购货日期等。

项目60　医疗器械经营管理

任务引入

近期,血氧仪等医疗器械的市场需求量加大。陈某某为某医疗器械经营企业销售主管,现需根据市场需求情况进行血氧仪的销售管理,请帮助陈某某完成任务。

任务分析

完成本次任务需要做到以下几点:
(1)完成销售订单签订。
(2)完成医疗器械销售。
(3)填写销售记录及销售凭证。

相关知识

医疗器械经营管理是联系药品生产和消费的环节,医疗器械质量的优劣将在医疗器械经营过程中得到真正意义上的验证。

一、医疗器械分类规则

第一类是风险程度低,实行常规管理可以保证其安全、有效的医疗器械。如外科用手术器械(刀、剪、钳、镊、钩)、刮痧板、医用X线胶片、手术衣、手术帽、检查手套、纱布、绷带、引流袋等。

第二类是具有中度风险,需要严格控制管理以保证其安全、有效的医疗器械。如医用缝合针、血压计、体温计、心电图机、脑电图机、显微镜、针灸针、生化分析系统、助听器、超声消毒设备、不可吸收缝合线等。

第三类是具有较高风险、需要采取特别措施严格控制管理以保证其安全、有效的医疗器械。如植入式心脏起搏器、角膜接触镜、人工晶体、超声肿瘤聚焦刀、血液透析装置、植入器材、血管支架、综合麻醉机、齿科植入材料、医用可吸收缝合线、血管内导管等。

二、分类管理

在中华人民共和国境内从事医疗器械经营活动及其监督管理，应当遵守《医疗器械监督管理条例》。

从事医疗器械经营活动，应当有与经营规模和经营范围相适应的经营场所和贮存条件以及与经营的医疗器械相适应的质量管理制度和质量管理机构或者人员。从事第二类医疗器械经营的，由经营企业向所在地设区的市级人民政府药品监督管理部门备案并提交证明资料。从事第三类医疗器械经营的，经营企业应当向所在地设区的市级人民政府药品监督管理部门申请经营许可并提交证明资料。

医疗器械生产企业销售本企业生产的医疗器械，不需办理经营许可或备案。

三、经营人员管理

1. 医疗器械经营人员的素质要求

（1）拥有丰富的专业知识，如产品知识、医疗器械知识、心理学和社会学知识、管理学和营销学知识、经济学和市场学知识等。

（2）熟练的技能，包括技能技巧、销售技巧等。

（3）热情周到的服务态度等。

2. 医疗器械经营人员工作规范

（1）做好市场预测，定期分析药品供求情况，根据市场需求组织货源。

（2）保持合理库存，按市场需求和必备医疗器械目录，备足货源。

（3）加强医疗器械宣传。

（4）接待客户热情、诚恳、耐心、周到。

（5）掌握法律法规和方针政策，合法经营医疗器械。

（6）认真贯彻价格政策，合理定调医疗器械价格，划拨结算及时正确。

3. 医疗器械经营人员的素养

（1）具有一定的专业知识与服务技能，熟悉了解医疗器械的规格、用途、价格等，告知顾客使用方法。

（2）认真执行国家有关法律法规，恪于职守、爱岗敬业。

（3）注意观察分析顾客心理，正确引导消费。

（4）规范服务和营业用语。

> 知识链接
>
> **《医疗器械经营质量管理规范》（2014年修订）**
>
> 第十二条 企业应当设置或者配备与经营范围和经营规模相适应的，并符合相关资格要求的质量管理、经营等关键岗位人员。第三类医疗器械经营企业从事质量管理工作的人员应当在职在岗。
>
> （一）从事体外诊断试剂的质量管理人员中，应当有1人为主管检验师，或具有检验学相关专业大学以上学历并从事检验相关工作3年以上工作经历。从事体外诊断试剂验收和售后服务工作的人员，应当具有检验学相关专业中专以上学历或者具有检验师初级以上专业技术职称。
>
> （二）从事植入和介入类医疗器械经营人员中，应当配备医学相关专业大专以上学历，并经过生产企业或者供应商培训的人员。
>
> （三）从事角膜接触镜、助听器等其他有特殊要求的医疗器械经营人员中，应当配备具有相关专业或者职业资格的人员。

二、销售计划编制

医疗器械经营企业要根据企业自身经营计划与市场变化信息，包括疫情、灾情、气象、突发事件等，综合考虑，及时做出医疗器械需求预测，制订相应销售计划。根据销售计划，合理调整库存，优化品种结构，以适应市场变化需要，从而增加销售，扩大市场占有率。

1. 准备工作

（1）对目前销售市场状况进行调研，掌握所需资料，明确市场发展趋势。

（2）了解本企业生产、储备、周转等状况。

2. 工作流程

（1）明确计划的目的　首先要明确销售计划所要达到的目的，即解决企业营销中存在的问题，企业根据不同的阶段需求，设计不同的销售计划：企业开张伊始，需要根据市场特点策划出一整套销售策略；企业发展壮大，原有的销售方案已经陈旧过时，需要重新设计新的销售方案；企业改革经营方向，需要相应地调整销售策略；企业原有的销售方案有严重的内在缺陷，不能再作为企业的销售方案；市场等环境发生变化，原有的销售方案已经不适应变化后的市场。

（2）分析营销环境

① 市场：具体分析市场的规模和成长状况，可以以实物单位和金额体现，分析过去几年的总销售量以及细分市场的销售量。分析顾客需求、购买行为等方

面的趋势。

② 竞争：分析主要的竞争者，并逐项描述他们的规模、目标、市场份额、产品质量、营销策略和其他特征。

③ 分销情况：列出在各个分销渠道上的销售数量资料和相对重要程度。

④ 宏观环境：描述影响医疗器械市场营销的宏观环境现状及主要趋势，对影响药品的不可控因素进行分析，如自然环境、政治法律环境、消费者的经济条件、科技因素、社会文化因素等。

（3）销售预估

① 销售人员评估：销售人员根据自己经验和对市场的观察了解，提出未来的销售预估。

② 高层主管意见：各个部门的销售经理提出的销售评估。

③ 趋势分析法：以现有的销售数字为基础，参考过去销售增减的金额或比率来推估未来的销售数字。

④ 相对比较法：以现有的销售量，参考当地市场规模、潜力、竞争对手销售量及成长率等来推估未来的销售量。

（4）市场机会和问题分析　使用SWOT（优势、劣势、机会、威胁）框架，识别主要的机会和威胁、优势和劣势，以及产品所面临的问题。销售计划是对市场机会的把握和策略运用，因此分析市场机会是制订销售计划的关键。

（5）确定销售目标　销售目标是公司所要实现的具体目标，即销售计划方案执行期间，要达到的经济效益目标。销售目标的建立应当把前一计划期的执行情况、对现状的分析结果结合起来。销售目标不能概念化，应尽量量化。总销售额确定后，应进一步细分销售任务，制定不同产品在不同时间阶段分区域、分部门的销售任务，直至分配到每一个销售员的销售任务。

（6）制定销售战略和方案

① 明确销售宗旨

A. 确定产品：以强有力的广告宣传攻势，拓展市场，为产品准确定位，突出产品特色，采取差异营销策略。

B. 确定客户：找到产品的主要消费群体，并以此作为产品的销售重点。具体包括：顾客的年龄段、消费水平、需求等，有针对性地推荐药品。

C. 确定渠道：建立起点广、面宽的药品销售渠道，不断拓宽销售区域等。具体内容包括：目前的销售渠道是否满足计划的需要，应使用怎样的销售覆盖渠道最大限度地拓展产品的销售范围。

② 制订具体的销售策略：市场营销组合（4P）策略，即产品策略、价格策

略、渠道策略、促销策略。

③ 制定销售方案：具体方案要细致、周密、操作性强，必须就应该做什么、谁来做、什么时候做、需要什么资源等问题做出细致的计划。

（7）制作损益表　可根据将来情况作一个损益预测。在预测表的收入栏中列出估计销售数量、平均价格；在支出栏中列出明细的生产成本、储运成本和各项营销费用。企业可以凭借经验进行费用预算，如差旅费用、市场宣传费用、通信交通日常费用、业务费用、奖金费用等。收支差额就是预计的盈利。预计的损益表制定后，将成为安排生产、人员管理及市场营销的依据。

（8）调整控制方案　计划的最后一部分，说明如何对计划的执行过程、进度进行管理。通常的做法是把目标、预算按月、季分开，便于审查，及时发现偏差、纠正偏差，销售部分的控制部分还包括对意外事件的应急预案等。

3. 销售计划编制的结束工作

（1）销售计划制订后，可进行结果预测，如对利润率、销售增长率、市场份额、市场风险等进行预测。

（2）采取有力措施，按照预定计划执行，完成计划。

任务实施

要完成医疗器械的销售任务，在销售活动过程中，需要按照销售程序，以确保销售的医疗器械符合质量要求。

1. 业务员签订销售订单

业务员与客户沟通洽谈，签订销售合同。

2. 开票员开具《医疗器械销售单》

开票员根据销售合同要求，在计算机销售管理系统中开具《医疗器械销售单》。开票时要遵循近效期药品先出的原则。

知识链接

《医疗器械经营质量管理规范》（2014年修订）

第四十八条　从事第二、第三类医疗器械批发以及第三类医疗器械零售业务的企业应当建立销售记录，销售记录应当至少包括：

（一）医疗器械的名称、规格（型号）、注册证号或者备案凭证编号、数量、单价、金额；

（二）医疗器械的生产批号或者序列号、有效期、销售日期；

> （三）生产企业和生产企业许可证号（或者备案凭证编号）。
> 　　对于从事医疗器械批发业务的企业，销售记录还应当包括购货者的名称、经营许可证号（或者备案凭证编号）、经营地址、联系方式。
> 　　第四十九条　从事医疗器械零售业务的企业，应当给消费者开具销售凭据，记录医疗器械的名称、规格（型号）、生产企业名称、数量、单价、金额、零售单位、经营地址、电话、销售日期等，以方便进行质量追溯。

3. 保管员拣货

《医疗器械销售单》在计算机系统中自动生成发货指令，保管员根据发货指令拣货，拣选医疗器械，要确保货单一致。

4. 复核员复核

复核员对照出库复核记录中的复核项，对保管员拣好的医疗器械进行逐一复核，并确认签字。

5. 开票员确认

出库复核任务完成后，开票员对《医疗器械销售单》确认，计算机系统自动生成销售记录，并根据销售记录生成《随货同行单》。

6. 财务人员开具销售发票

财务人员根据《医疗器械销售单》如实开具销售发票，做到票、账、货、款一致。

7. 运输配送员发货配送

运输配送员根据《随货同行单》发货配送，并在客户签收后，将签字的《随货同行单》交回公司存档。

8. 业务员与购货方对账

业务员做好售后服务工作，定期与购货方核对账目，如果有问题，及时办理退换货手续，确保购销双方账账相符。

9. 业务员结算

业务员按照销售协议规定，定期结算应收货款。

10. 销后退回处理

销后退回的医疗器械，由于流通环节中质量已经脱离本企业质量体系的监控，在外部运输储存环节中面临巨大的质量风险。因此，应当严格按照销售退回程序进行申请和审批。

知识链接

《医疗器械经营质量管理规范》(2014年修订)

第五十七条 企业应当加强对退货的管理,保证退货环节医疗器械的质量和安全,防止混入假劣医疗器械。

第五十八条 企业应当按照质量管理制度的要求,制定售后服务管理操作规程,内容包括投诉渠道及方式、档案记录、调查与评估、处理措施、反馈和事后跟踪等。

第五十九条 企业应当配备专职或者兼职人员负责售后管理,对客户投诉的质量安全问题应当查明原因,采取有效措施及时处理和反馈,并做好记录,必要时应当通知供货者及医疗器械生产企业。

第六十条 企业应当及时将售后服务处理结果等信息记入档案,以便查询和跟踪。

项目61 医疗器械使用管理

 任务引入

某药店为增强慢病顾客维护,开展血压测量和用药咨询服务。血压计为常见二类医疗器械,小张作为门店工作人员,该如何实施对该器械日常使用和维护。

任务分析

完成本次任务需要做到以下几点:
(1)熟悉医疗器械使用的要求。
(2)熟悉医疗器械维护的要求。

相关知识

一、医疗器械使用规范

(1)医疗器械使用单位应当建立医疗器械使用前质量检查制度。在使用医疗器械前,应当按照产品说明书的有关要求进行检查。

使用无菌医疗器械前，应当检查直接接触医疗器械的包装及其有效期限。包装破损、标示不清、超过有效期限或者可能影响使用安全、有效的，不得使用。

（2）医疗器械使用单位对植入和介入类医疗器械应当建立使用记录，植入性医疗器械使用记录永久保存，相关资料应当纳入信息化管理系统，确保信息可追溯。

（3）医疗器械使用单位应当按照产品说明书等要求使用医疗器械。一次性使用的医疗器械不得重复使用，对使用过的应当按照国家有关规定销毁并记录。

二、医疗器械维修规范

（1）医疗器械使用单位应当建立医疗器械维护维修管理制度。对需要定期检查、检验、校准、保养、维护的医疗器械，应当按照产品说明书的要求进行检查、检验、校准、保养、维护并记录，及时进行分析、评估，确保医疗器械处于良好状态。

对使用期限长的大型医疗器械，应当逐台建立使用档案，记录其使用、维护等情况。记录保存期限不得少于医疗器械规定使用期限届满后 5 年或者使用终止后 5 年。

（2）医疗器械使用单位可以按照合同的约定要求医疗器械生产经营企业提供医疗器械维护维修服务，也可以委托有条件和能力的维修服务机构进行医疗器械维护维修，或者自行对在用医疗器械进行维护维修。

（3）医疗器械使用单位委托维修服务机构或者自行对在用医疗器械进行维护维修的，医疗器械生产经营企业应当按照合同的约定提供维护手册、维修手册、软件备份、故障代码表、备件清单、零部件、维修密码等维护维修必需的材料和信息。

（4）由医疗器械生产经营企业或者维修服务机构对医疗器械进行维护维修的，应当在合同中约定明确的质量要求、维修要求等相关事项，医疗器械使用单位应当在每次维护维修后索取并保存相关记录；医疗器械使用单位自行对医疗器械进行维护维修的，应当加强对从事医疗器械维护维修的技术人员的培训考核，并建立培训档案。

（5）医疗器械使用单位发现使用的医疗器械存在安全隐患的，应当立即停止使用，通知检修；经检修仍不能达到使用安全标准的，不得继续使用，并按照有关规定处置。

任务实施

要完成医疗器械的日常使用和维护任务，需要按照关于医疗器械使用质量监督管理办法的程序和要求开展任务。

（1）了解产品　通过查阅资料，了解使用产品的功能、特点等相关知识。

（2）使用前检查　根据资料及相关法律法规检查器械，关注是否有校验，计量是否符合规范。

（3）规范使用　根据资料及使用说明书规范使用器械，使用后填写设备使用记录，并将器械恢复到使用前状态。

（4）使用后维护　根据设备维护要求，做器械维修保养，维护后填写设备维护记录。

> **知识链接**
>
> 《医疗器械使用质量监督管理办法》（2015）
>
> 第二十条　医疗器械使用单位之间转让在用医疗器械，转让方应当确保所转让的医疗器械安全、有效，并提供产品合法证明文件。
>
> 转让双方应当签订协议，移交产品说明书、使用和维修记录档案复印件等资料，并经有资质的检验机构检验合格后方可转让。受让方应当参照本办法第八条关于进货查验的规定进行查验，符合要求后方可使用。
>
> 不得转让未依法注册或者备案、无合格证明文件或者检验不合格，以及过期、失效、淘汰的医疗器械。

项目62　医疗器械广告管理

任务引入

广告作为营销的重要工具和手段，能引导消费，给消费者提供相关指导，同时有助于提高企业声誉、树立品牌形象。医疗器械作为特殊的商品，设计广告时需严格按照相关要求。作为药店工作人员，为了提高小儿退热贴销量，现需为其绘制一幅POP海报，要求：符合相关法律法规，可以加深顾客印象，促进消费。

任务分析

完成本次任务需要做到以下几点：

（1）能够知晓医疗器械广告审查的相关规定。

（2）能够掌握禁止发布广告的医疗器械品种。

（3）能够知晓医疗器械广告中禁止出现的用语和内容。

 相关知识

一、医疗器械广告审查机关和审查依据

国家市场监督管理总局负责组织指导医疗器械广告审查工作。各省、自治区、直辖市市场监督管理部门、药品监督管理部门（以下称广告审查机关）负责医疗器械广告审查，依法可以委托其他行政机关具体实施广告审查。

 知识链接

药品、医疗器械、保健食品、特殊医学用途配方食品广告审查管理暂行办法

（2019年12月24日国家市场监督管理总局令第21号公布）

第六条 医疗器械广告的内容应当以药品监督管理部门批准的注册证书或者备案凭证、注册或者备案的产品说明书内容为准。医疗器械广告涉及医疗器械名称、适用范围、作用机理或者结构及组成等内容的，不得超出注册证书或者备案凭证、注册或者备案的产品说明书范围。

推荐给个人自用的医疗器械的广告，应当显著标明"请仔细阅读产品说明书或者在医务人员的指导下购买和使用"。医疗器械产品注册证书中有禁忌内容、注意事项的，广告应当显著标明"禁忌内容或者注意事项详见说明书"。

二、医疗器械广告中的禁止性规定

1. 医疗器械广告中不得出现的情形

《医疗器械广告审查发布标准》第十条规定，医疗器械广告中有关适用范围和功效等内容的宣传应当科学准确，不得出现下列情形：①含有表示功效的断言或者保证的；②说明有效率和治愈率的；③与其他医疗器械产品、药品或其他治疗方法的功效和安全性对比；④在向个人推荐使用的医疗器械广告中，利用消费者缺乏医疗器械专业、技术知识和经验的弱点，使用超出产品注册证明文件以外的专业化术语或不科学的用语描述该产品的特征或作用机制；⑤含有无法证实其科学性的所谓"研究发现""实验或数据证明"等方面的内容；⑥违反科学规律，明示或暗示包治百病、适应所有症状的；⑦含有"安全""无毒副作用""无效退款""无依赖""保险公司承保"等承诺性用语，含有"唯一""精确""最新技术""最先进科学""国家级产品""填补国内空白"等绝对化或排他性的用语；⑧声称或暗示该医疗器械为正常生活或治疗病症所必需等内容的；⑨含有明示或暗示该医

疗器械能应付现代紧张生活或升学、考试的需要，能帮助改善或提高成绩，能使精力旺盛、增强竞争力、能增高、能益智等内容。

2. 医疗器械广告中不得出现的内容

医疗器械广告应当宣传和引导合理使用医疗器械，不得直接或间接怂恿公众购买使用，不得含有以下内容：①含有不科学的表述或者通过渲染、夸大某种健康状况或者疾病所导致的危害，引起公众对所处健康状况或所患疾病产生担忧和恐惧，或使公众误解不使用该产品会患某种疾病或加重病情的；②含有"家庭必备"或者类似内容的；③含有评比、排序、推荐、指定、选用、获奖等综合性评价内容的；④含有表述该产品处于"热销""抢购""试用"等的内容。

3. 医疗器械广告中的禁止性事项

（1）不得含有利用医药科研单位、学术机构、医疗机构或者专家、医生、患者的名义和形象作证明的内容。

（2）不得含有军队单位或者军队人员的名义、形象。不得利用军队装备、设施从事医疗器械广告宣传。

（3）不得含有涉及公共信息、公共事件或其他与公共利益相关联的内容，如各类疾病信息、经济社会发展成果或医疗科学以外的科技成果。

（4）不得含有医疗机构的名称、地址、联系办法、诊疗项目、诊疗方法以及有关义诊、医疗（热线）咨询、开设特约门诊等医疗服务的内容。

（5）不得在未成年人出版物和频道、节目、栏目上发布，不得以儿童为诉求对象，不得以儿童的名义介绍医疗器械。

> **知识链接**
>
> **药品、医疗器械、保健食品、特殊医学用途配方食品广告审查管理暂行办法**
>
> （2019年12月24日国家市场监督管理总局令第21号公布）
>
> 第十一条 药品、医疗器械、保健食品和特殊医学用途配方食品广告不得违反《中华人民共和国广告法》第九条、第十六条、第十七条、第十八条、第十九条规定，不得包含下列情形：
>
> （一）使用或者变相使用国家机关、国家机关工作人员、军队单位或者军队人员的名义或者形象，或者利用军队装备、设施等从事广告宣传。
>
> （二）使用科研单位、学术机构、行业协会或者专家、学者、医师、药师、临床营养师、患者等的名义或者形象作推荐、证明。
>
> （三）违反科学规律，明示或者暗示可以治疗所有疾病、适应所有症状、适应所有人群，或者正常生活和治疗病症所必需等内容。

（四）引起公众对所处健康状况和所患疾病产生不必要的担忧和恐惧，或者使公众误解不使用该产品会患某种疾病或者加重病情的内容。

（五）含有"安全""安全无毒副作用""毒副作用小"；明示或者暗示成分为"天然"，因而安全性有保证等内容。

（六）含有"热销、抢购、试用""家庭必备、免费治疗、免费赠送"等诱导性内容，"评比、排序、推荐、指定、选用、获奖"等综合性评价内容，"无效退款、保险公司保险"等保证性内容，怂恿消费者任意、过量使用药品、保健食品和特殊医学用途配方食品的内容。

（七）含有医疗机构的名称、地址、联系方式、诊疗项目、诊疗方法以及有关义诊、医疗咨询电话、开设特约门诊等医疗服务的内容。

（八）法律、行政法规规定不得含有的其他内容。

❖ 任务实施

要完成医疗器械的广告宣传任务，在广告宣传活动过程中，需要按照关于总局药品、医疗器械、保健食品、特殊医学用途配方食品广告审查管理暂行办法的程序和要求开展任务

步骤1：了解产品

通过查阅资料，了解推荐广告产品的作用、特点等相关知识。医疗器械广告审查申请应当依法向生产企业或者进口代理人所在地广告审查机关提出。申请医疗器械广告审查，应当依法提交《广告审查表》、与发布内容一致的广告样件，以及下列合法有效的材料：①申请人的主体资格相关材料，或者合法有效的登记文件；②产品注册证明文件或者备案凭证、注册或者备案的产品标签和说明书，以及生产许可文件；③广告中涉及的知识产权相关有效证明材料。

步骤2：设计方案

根据资料及相关法律法规设计POP海报。经授权同意作为申请人的生产、经营企业，还应当提交合法的授权文件；委托代理人进行申请的，还应当提交委托书和代理人的主体资格相关材料。

申请人可以到广告审查机关受理窗口提出申请，也可以通过信函、传真、电子邮件或者电子政务平台提交医疗器械广告申请。广告审查机关收到申请人提交的申请后，应当在5个工作日内作出受理或者不予受理决定。申请材料齐全、符合法定形式的，应当予以受理，出具《广告审查受理通知书》。申请材料不齐全、不符合法定形式的，应当一次性告知申请人需要补正的全部内容。广告审查机关应当对申请人提交的材料进行审查，自受理之日起10个工作日内完成审查工作。经审查，对符合法律、行政法规和本办法规定的广告，应当作出审查批准的决

定，编发广告批准文号。

步骤3：制作POP海报

根据方案设计，用彩笔制作POP海报。经审查批准的医疗器械广告，广告审查机关应当通过本部门网站以及其他方便公众查询的方式，在10个工作日内向社会公开。公开的信息应当包括广告批准文号、申请人名称、广告发布内容、广告批准文号有效期、广告类别、产品名称、产品注册证明文件或者备案凭证编号等内容。

操作要点及注意事项：① POP海报内容要求吸引顾客，促进销售，但不得出现禁止出现的用语和内容；② POP海报设计时注意色彩搭配。

知识链接

药品、医疗器械、保健食品、特殊医学用途配方食品
广告审查管理暂行办法

（2019年12月24日国家市场监督管理总局令第21号公布）

第十九条 申请人有下列情形的，不得继续发布审查批准的广告，并应当主动申请注销药品、医疗器械、保健食品和特殊医学用途配方食品广告批准文号：

（一）主体资格证照被吊销、撤销、注销的；

（二）产品注册证明文件、备案凭证或者生产许可文件被撤销、注销的；

（三）法律、行政法规规定应当注销的其他情形。

广告审查机关发现申请人有前款情形的，应当依法注销其药品、医疗器械、保健食品和特殊医学用途配方食品广告批准文号。

课题20　保健食品管理

学习目标 >>>>

1. 能根据保健食品采购原则，编制采购计划，管理采购进程。
2. 能按照保健食品进、销、存要求，规范经营行为。
3. 能根据保健食品使用的原则，规范使用行为。

项目63　保健食品采购管理

任务引入

随着人们健康意识的不断提升，保健食品的市场也在不断拓宽，人们对于保健食品的需求也在增长。小胡为某保健食品经营企业采购员，现根据本企业的采购需要，需完成一批铁皮石斛颗粒的采购，请帮助小胡完成任务。

任务分析

完成本次任务需要做到以下几点：
（1）明确保健食品采购的原则和流程。
（2）收集保健食品需求信息。
（3）询价、比价，确定供应商，制订采购计划。
（4）签订采购合同，下达采购订单。
（5）督促供应商及时送货，协助财务处理后续付款事宜，并验收入库。

相关知识

保健食品采购是指从保健食品生产企业、保健食品经营企业获取相应的保健食品，以保证保健食品经营活动正常开展的过程。保健食品采购是保健食品经营企业经营活动的开端,是保健食品经营企业质量过程控制中较为重要的一环,是确保企业经营行为合法性、规范性,保障保健食品经营质量的关键环节。

一、保健食品采购的原则

保健食品经营企业应坚持"按需购进,择优选购"的原则,依据市场动态走势,要建立供销平衡,保证供应,避免脱销或保健食品的品种重复积压以致过期失效造成损失。

1. 按需购进

保健食品是指具有特定保健功能或以补充维生素、矿物质为目的的食品。即适宜于特定人群食用,具有调节机体功能,不以治疗疾病为目的,并对人体不产生任何急性、亚急性或者慢性危害的食品。依据市场需求和动态,根据本经营企业的经营能力进行购进,避免货物积压,提高企业的经营绩效。

2. 择优选购

择优选购是指在筛选保健食品的供应商时选择"物美价廉"的经营企业或生产企业,选择质量较好、价格便宜的供应商。综合考虑挑选性价比高的保健食品来保证质量和销量。

知识链接

《保健食品管理办法》(1996年修订)

第二十条 保健食品经营者采购保健食品时,必须索取卫生部发放的《保健食品批准证书》复印件和产品检验合格证。采购进口保健食品应索取《进口保健食品批准证书》复印件及口岸进口食品卫生监督检验机构的检验合格证。

第二十八条 保健食品生产经营者的一般卫生监督管理,按照《食品卫生法》及有关规定执行。

二、保健食品采购的方式

1. 自行采购

自行采购是指本单位直接进行采购的行为。采购人员依据我国相关法律法规制定购买标准、规格、数量、价格、验收要求,组织相关采购工作。

2. 委托采购

委托采购是指采购的保健食品向专门的机构、个人或者其他单位委托采购活动的方式,委托的机构和人员在执行过程中依据相应的法律、法规规定,结合市场需求和本企业的经营情况及制度进行委托采购工作。

3. 联合采购

联合采购是指本企业与其他单位联合起来一起进行采购，目的在于降低保健食品的采购价格以及提高采购的效率和采购质量的一种采购方式。

4. 集中采购

集中采购是指本单位对同一种保健食品品种大量采购的采购方式，采购人员在采购前需明确产品的需求和采购标准，并根据实际情况组织相应的采购工作。

任务实施

要完成保健食品铁皮石斛颗粒的采购任务，在购进活动过程中，需要按照购进程序进行，以确保购进的保健食品符合质量要求。

（1）采购需求表的形成　　根据销售预测，加上经验判断，即可拟定销售计划或目标。销售计划是表明各种产品在不同时间的预期销售数量；而采购计划即依据销售数量，再加上预期的期末存货减去期初存货来拟定。按照采购计划确定一种或多种保健食品，按照一定的格式进行填写，并按照既定的流程进行申请审核，形成采购需求表。

（2）比价、议价、询价

① 比价采购是指采购人员请数家厂商提供价格后，从中加以比价之后，决定厂商进行采购事项。

② 议价采购就是当场起价坐地还钱，企业在采购零碎物质和办公用品等时经常会用到比价采购，一般针对某种物质和设备不是经常性采购的可以多找几家供给商对其产品的机能和价格进行比较然后购买。

③ 询价采购是指采购人向三家以上有关供应商发出询价单让其报价，在报价基础上进行比较并确定最优供应商的一种采购方式。采购的货物规格、标准统一、现货货源充足且价格变化幅度小的政府采购项目，可以采用询价方式采购。

不管采用哪种采购方式，采购员都要对厂商的供应能力、交货时间及产品或服务质量进行确认，对合格供应商的价格水平进行市场分析，比较其他供应商的价格。重要项目应通过一定的方法对目标单位的实力、资质进行验证和审查，如进行实地考察了解供应商各方面的综合实力等。

（3）确定供应商　　根据"按需购进，择优选购"的原则，选择性价比高的供应商。如果筛选的供应商是首营企业或购买的品种是首营品种，要做好首营企业和首营品种的审核工作，向供货单位索取加盖企业印章的有效《食品生产许可证》或《食品经营许可证》《营业执照》《保健食品批准证书》和《产品检验合格证》以及保健食品的包装、标签、说明书和样品实样，执行《首营企业和首营品种的审核制度》。

（4）采购合同的签订，形成并下达采购订单。加强合同管理，建立合同档案。签订的购货合同必须注明相应的质量条款。

（5）督促供应商执行合同并发货，协助财务处理后续付款事宜，验收入库并妥善保管。

严禁采购以下保健食品

① 无《保健食品生产许可证》、无《保健食品批准证书》的保健食品；

② 无检验合格证明的保健食品；

③ 有毒、变质、被污染或其他感观性状异常的保健食品；

④ 超过保质期限的保健食品；

⑤ 其他不符合法律法规规定的保健食品。

项目64　保健食品经营管理

任务引入

某公司根据年度需求总量对保健食品企业布局进行调整，欲在A城市成立一家经营保健食品的企业，负责该省级区域内保健食品的供应。如果你是这家企业负责人，该如何完成保健食品经营许可的审批流程。

任务分析

完成本次任务需要做到以下几点：

（1）了解保健食品的定义及品种目录。

（2）明确开办保健食品企业的条件。

（3）提供保健食品企业申请材料。

（4）按照审批流程申请办理保健食品经营许可证。

相关知识

一、保健食品

保健食品经营遵循普通食品经营的管理要求，根据《保健食品管理办法》有关规定实施具体的管理。保健食品实施批准文号管理。

1. 保健食品的定义

保健食品是指声称具有特定保健功能或者以补充维生素、矿物质为目的的商品。即适用于特定人群食用，具有调节机体功能，不以治疗疾病为目的，并且对人体不产生任何急性、亚急性或者慢性危害的食品。

2. 保健食品的分类

保健食品按照食用目的可以分为两类：一类是以调节人体功能为目的的功能类产品；另一类是以补充维生素、矿物质为目的营养素补充剂类产品。

3. 保健食品的功能名称

2022年版《保健食品功能检验与评价方法》中保健食品的功能有24种，分别是：①有助于增强免疫力；②有助于抗氧化；③辅助改善记忆；④缓解视觉疲劳；⑤清咽润喉；⑥有助于改善睡眠；⑦缓解体力疲劳；⑧耐缺氧；⑨有助于控制体内脂肪；⑩有助于改善骨密度；⑪改善缺铁性贫血；⑫有助于改善痤疮；⑬有助于改善黄褐斑；⑭有助于改善皮肤水分状况；⑮有助于调节肠道菌群；⑯有助于消化；⑰有助于润肠通便；⑱辅助保护胃黏膜；⑲有助于维持血脂（胆固醇/甘油三酯）健康水平；⑳有助于维持血糖健康水平；㉑有助于维持血压健康水平；㉒对化学性肝损伤有辅助保护作用；㉓对电离辐射危害有辅助保护作用；㉔有助于排铅。

4. 保健食品的特征

保健食品是食品的一个种类，可以认为是一类介于药品和食品之间的食品，具有一般食品的共性；但具有区别于一般食品的功能作用，能针对某一特定人群调节某种功能；它不是药品，不能治疗疾病，是具有调节机体功能的食品。

 知识链接

保健食品与食品、药品的区别

项目	保健食品	食品	药品
概念	声称具有特定保健功能的食品，是指适用于特定人群食用，具有调节机体功能，不以治疗疾病为目的，对人体不产生任何急性、亚急性或者慢性危害的食品	指各种供人食用或者饮用的成品和原料以及按照传统既是食品又是中药材的物品，但是不包括以治疗为目的的物品	指用于预防、治疗、诊断人的疾病，有目的地调节人的生理功能并规定有适应证或者功能主治、用法和用量的物质，包括中药材、中药饮片、中成药、化学原料药及其制剂、抗生素、生化药品、放射性药品、血清、疫苗、血液制品和诊断药品等

续表

项目	保健食品	食品	药品
用途	主要用于特定人群调节机体功能	提供营养，维持人体正常新陈代谢	用于临床上治疗疾病，以及疾病的预防和诊断
标签标识	具有特定保健功能	营养成分含量	适应证或功能主治
原料特点	含有活性成分，在规定的用量下无毒副作用	富含营养，无毒副作用	含有活性成分，允许在规定用量下有一定毒副作用
形态	普通食品的形态，也可以是片剂、胶囊等特殊剂型	普通食品的形态	具有特定剂型：片剂、胶囊、颗粒剂、针剂、微丸、注射剂等
用法用量	食用、饮用有规定用量	食用、饮用无规定用量	多种给药途径、有规定用量
管理方式	备案	审批	审批

二、保健食品的经营管理

经营保健食品，应当符合国家法律法规的规定，遵循保障食品安全和消费者健康的原则。禁止任何个人或公司对保健食品的功能进行夸大或虚假宣传。

（1）保健食品经营应当严格按照国家规定的品名、保健功能、成分等明示销售。保障食品安全和消费者权益。

（2）经营保健食品的销售者应当统一备案，向当地药品监督管理部门进行报备，同时应当定期向社会公布销售信息。

（3）保健食品经营者应当建立质量安全体系，对进货食品材料进行审查，并对产品的质量负责。

（4）保健食品经营者应当按照规定采取措施，及时查明、处理和退回存在问题的保健食品，积极主动地向消费者进行保健食品质量安全告知。

（5）保健食品经营者应当强化首字母检查和网上销售的监督管理，确保食品质量安全。

（6）依照《中华人民共和国食品安全法》以及国家有关法律法规，在保健食品经营过程中存在涉嫌冒用或虚假宣传、加工添加禁用物质等违法行为，将依法予以处罚，情节严重的将定罪处罚。

任务实施

开办保健食品企业，其开办条件、审批流程、经营要求需符合相关法律法规的规定。

一、保健食品经营企业开办条件

（1）按照"一地一证"原则取得《食品经营许可证》，且许可范围必须包含保健食品。必须在许可证载明的经营场所内销售产品，并在明显位置摆放食品经营许可证。要持续保持许可条件，对《食品经营许可证》上登记事项改变的，要及时申请变更。

（2）符合《中华人民共和国食品卫生法》第八条的卫生要求；销售场所远离粪场、垃圾堆等污染物；销售场所内具备采光、通风、排烟、防蝇、防鼠、防尘、防虫、污水污物处理等卫生设施。

（3）具有与经营规模相适应的经营及仓储面积。设立专柜或专区销售保健食品，并设立绿底白字的"保健食品销售专柜（或专区）"提示牌。经营场所要卫生整洁，保健食品摆放规整有序。

（4）从业人员经培训、健康检查合格。

（5）申报资料合法、完整和规范。

二、保健食品企业的审批流程

申请食品经营许可，应当向申请人所在地的县级以上药品监督管理部门提交下列材料：

（1）保健食品经营许可申请书；

（2）营业执照或者其他主体资格证明文件复印件；

（3）与保健食品经营相适应的主要设备设施布局、操作流程等文件；

（4）保健食品安全自查、从业人员健康管理、进货查验记录、保健食品安全事故处置等保证保健食品安全的规章制度。

利用自动售货设备从事保健食品销售的，申请人还应当提交自动售货设备的产品合格证明、具体放置地点、经营者名称、住所、联系方式、保健食品经营许可证的公示方法等材料。

申请人委托他人办理保健食品经营许可申请的，代理人应当提交授权委托书以及代理人的身份证明文件。

工作人员对当事人提交的材料进行审核，材料符合规定的，作出准予经营的决定，并向申请人发放《食品经营许可证》。

审批流程见图 64-1。

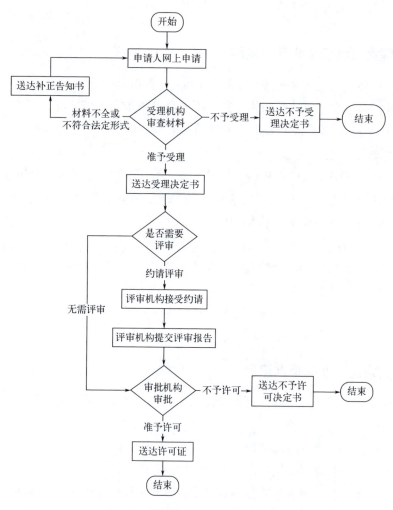

图64-1 保健食品经营许可审批流程

> **知识链接**
>
> **《中华人民共和国食品安全法》（2021年版修订）**
>
> 　　第三十三条　申请食品经营许可，应当符合下列条件：
>
> 　　（一）具有与经营的食品品种、数量相适应的食品原料处理和食品加工、销售、贮存等场所，保持该场所环境整洁，并与有毒、有害场所以及其他污染源保持规定的距离；
>
> 　　（二）具有与经营的食品品种、数量相适应的经营设备或者设施，有相应的消毒、更衣、盥洗、采光、照明、通风、防腐、防尘、防蝇、防鼠、防虫、洗涤以及处理废水、存放垃圾和废弃物的设备或者设施；

（三）有专职或者兼职的食品安全管理人员和保证食品安全的规章制度；

（四）具有合理的设备布局和工艺流程，防止待加工食品与直接入口食品、原料与成品交叉污染，避免食品接触有毒物、不洁物；

（五）餐具、饮具和盛放直接入口食品的容器，使用前应当洗净、消毒，炊具、用具用后应当洗净，保持清洁；

（六）贮存、运输和装卸食品的容器、工具和设备应当安全、无害，保持清洁，防止食品污染，并符合保证食品安全所需的温度、湿度等特殊要求，不得将食品与有毒、有害物品一同贮存、运输；

（七）直接入口的食品应当使用无毒、清洁的包装材料、餐具、饮具和容器；

（八）食品生产经营人员应当保持个人卫生，生产经营食品时，应当将手洗净，穿戴清洁的工作衣、帽等；销售无包装的直接入口食品时，应当使用无毒、清洁的容器、售货工具和设备；

（九）用水应当符合国家规定的生活饮用水卫生标准；

（十）使用的洗涤剂、消毒剂应当对人体安全、无害；

（十一）法律、法规规定的其他要求。

项目65　保健食品使用管理

任务引入

某保健食品经营企业按年度销售计划购进了一批保健食品。如果你是该企业库房管理人员，该如何对该批保健食品进行到货验收、出库复核及库房安全管理。

任务分析

完成本次任务需要做到以下几点：
（1）明确保健食品到货验收流程。
（2）按要求对保健食品进行出库复核。
（3）对保健食品开展安全管理和巡查。

相关知识

保健食品经营企业使用规定如下。

（1）严格执行索证索票制度

索证应当包括：①保健食品生产企业和供货者的营业执照。②保健食品生产许可证和经营许可证。③保健食品国家部门注册证书或省级部门备案凭证（含技术要求、产品说明书）和企业产品质量标准。④保健食品出厂检验合格报告。进口保健食品还应当索取检验检疫合格证明。无法提交文件原件的，可提交复印件；复印件应当逐页加盖保健食品生产企业或供货者的公章并存档备查。

索票应当包括：供货者出具的销售发票及相关凭证。凭证应当至少注明保健食品的名称、注册证号、规格、数量、生产日期、生产批号、保质期、单价、金额、销售日期。

实行统一购进、统一配送、统一管理的连锁经营企业，可由总部统一索取查验相关证、票并存档，建立电子化档案，供各连锁经营企业从经营终端进行查询索证情况。各连锁经营企业自行采购的保健食品，应当按照要求自行索证索票。索取的证票应当保存至产品保质期结束后1年，且保存期限不得少于2年。

（2）加强进货查验管理　对购进的保健食品要按照进货查验制度逐批次进行查验，并如实记录查验情况，查验记录要完整、齐全。进货查验要包含产品标签说明书的检查，保健食品标签说明书应与生产许可证、注册证书或备案凭证一致，不一致的不得销售。

（3）杜绝虚假宣传　不得经营包装标识宣称疗效、夸大宣传的保健食品，场所内不得有宣传保健食品预防、治疗疾病功能等内容的宣传资料。

（4）不得经营假冒伪劣和过期保健食品。

 知识链接

《保健食品管理办法》（1996年）

第二十条　保健食品经营者采购保健食品时，必须索取卫生部发放的《保健食品批准证书》复印件和产品检验合格证。

第二十九条　凡有下列情形之一者，由县级以上地方人民政府卫生行政部门按《食品卫生法》进行处罚。

（一）未经卫生部按本办法审查批准，而以保健食品名义生产、经营的；

（二）未按保健食品批准进口，而以保健食品名义进行经营的；

（三）保健食品的名称、标签、说明书未按照核准内容使用的。

🧩 任务实施

保健食品到货后，经营企业在使用过程中，应严格按照到货验收、储存养护、销售出库、运输配送、售后管理等操作。

1. 到货验收

保健食品到货后，应验收进货品种，查验到货保健食品的《保健食品批准证书》和到货保健食品同批号的有效的保健食品检验报告书复印件（加盖有供货单位红色印章）。对保健食品批准文号及产品标识信息等与《保健食品批准证书》核对一致。并应当登录国家市场监督管理总局网站数据查询栏，查验保健食品批准文号及产品标识信息的真实性、一致性。验收进口保健食品，应查验《进口保健食品批准证书》和《进口保健食品检验报告书》复印件（加盖有供货单位红色印章）及随货同行票据。

验收应由两名验收员逐批逐渐进行，依据到货清单双人检查，验收整件包装中应有产品合格证；验收抽样应具有代表性和均匀性，能真实反映该批保健品的质量状况；散装数量应准确清点到最小包装。验收合格，开入库凭证，做好验收记录，并同时在记录和入库凭证上签名。验收要求到货当天完成。

🔗 知识链接

《国务院关于加强食品等产品安全监督管理的特别规定》

（2007年7月26日发布并实施）

第五条 销售者必须建立并执行进货检查验收制度，审验供货商的经营资格，验明产品合格证明和产品标识，并建立产品进货台账，如实记录产品名称、规格、数量、供货商及其联系方式、进货时间等内容。从事产品批发业务的销售企业应当建立产品销售台账，如实记录批发的产品品种、规格、数量、流向等内容。在产品集中交易场所销售自制产品的生产企业应当比照从事产品批发业务的销售企业的规定，履行建立产品销售台账的义务。进货台账和销售台账保存期限不得少于2年。销售者应当向供货商按照产品生产批次索要符合法定条件的检验机构出具的检验报告或者由供货商签字或者盖章的检验报告复印件；不能提供检验报告或者检验报告复印件的产品，不得销售。

违反前款规定的，由工商、药品监督管理部门依据各自职责责令停止销售；不能提供检验报告或者检验报告复印件销售产品的，没收违法所得和违法销售的产品，并处货值金额3倍的罚款；造成严重后果的，由原发证部门吊销许可证照。

2. 出库复核

保管员需依据加盖专章的销售出库清单，双人复核，详细核对生产企业品名、规格、批号、数量等准确无误方可出库，并如实记录出库复核台账。保健食品按先进先出、近期先出、按批号发货的原则出库，如果"先进先出"和"近期先出"出现矛盾时，应优先遵循"近期先出"的原则。整件保健食品出库时，应检查包装是否完好；拆零保健食品应按逐批号核对后，复核人员进行拼箱加封。

保健食品拼箱时应注意以下几点。

（1）尽量将同一品种的不同批号或规格的药品拼装于同一箱内。

（2）若为多个品种，应尽量分剂型进行拼箱。

（3）若为多个剂型，应尽量按剂型的物理状态进行拼箱。

（4）液体制剂不得与固体制剂拼装在同一箱内。

产品出库后，保管员应及时销卡、销账，批货卡项目填全，购货单位必须填写全称，以便质量追踪。同时清点结存产品随时做到账、卡、物相符。

下列保健食品不准出库：①过期失效、霉烂变质、虫蛀、鼠咬及淘汰的保健食品；②内包装破损的保健食品，不得出售；③瓶签（标签）脱落、污染、模糊不清的品种；④怀疑有质量变化，未经保健食品安全管理人员明确质量状况的品种。

3. 库房安全管理

（1）仓库保管员应树立"安全第一"的思想，严格遵守安全操作规程及各项管理制度。要学习消防知识，会使用灭火器材及消防栓。每次离开仓库时，必须关好门窗，切断电源。

（2）保健食品进出库都要认真复核品名、生产批号、规格、数量及其他需要的项目，防止发生差错。货垛间应留有消防通道，通道内不得堆放任何物品，随时保证消防通道畅通。仓库内要备有消防设施并严加管理，所有消防器材不得挪作他用，存放位置固定，不得任意改变。

（3）严禁烟火，任何人不得将易燃、易爆物品带入仓库。不得使用电炉及火炉。库区周围不得堆放易燃易爆物品。

（4）与仓库无关人员不得随意进入库房。

（5）所有消防器材每半年要检修一次，泡沫灭火器每年更换。每年要对仓库安全、消防进行1～2次全面检查，重大节日前也应对仓库进行一次全面检查，对安全隐患及时解决，并制定预防措施。

课题21　化妆品管理

学习目标

1. 能根据化妆品采购原则，编制采购计划，管理采购进程。
2. 能按照化妆品进、销、存要求，规范经营行为。
3. 能根据化妆品使用的原则，规范使用行为。

项目66　化妆品采购管理

 任务引入

随着我国消费潜力的不断释放，为我国化妆品行业的发展带来了坚实的保障。大多数女性开始追求美，购买化妆品装扮自己，市场呈现繁荣态势。张某为某化妆品经营企业采购员，现根据本企业的销售情况，需采购一批化妆品，请帮助他完成任务。

任务分析

完成本次任务需要做到以下几点：
（1）明确采购的原则和流程。
（2）收集化妆品需求信息。
（3）询价、比价，确定供应商，制订采购计划。
（4）签订采购合同，下达采购订单。
（5）督促供应商及时送货，协助财务处理后续付款事宜，并验收入库。

相关知识

化妆品采购是指从化妆品生产企业、化妆品经营企业获取相应的化妆品，以保证化妆品经营活动正常开展的过程。化妆品采购是化妆品经营企业经营活动的开端，是化妆品经营企业质量过程控制中较为重要的一环，是确保企业经营行为合法性、规范性，保障化妆品经营质量的关键环节。

一、化妆品采购的原则

（1）询价比价原则　化妆品采购必须有三家以上供应商提供报价，在权衡质量、价格、交货时间、售后服务、资信、客户群等因素的基础上进行综合评估，并与供应商进一步议定最终价格，临时性应急购买的物品除外。

（2）一致性原则　采购人员定购的化妆品必须与请购单所列要求、规格、型号、数量一致。

（3）低价搜索原则　采购人员随时搜集化妆品市场价格信息，建立供应商信息档案库，了解市场最新动态及最低价格，实现最优化采购。

（4）招标采购原则　凡大宗或经常使用的化妆品，都应通过询议价或招标的形式，由财务等相关部门共同参与，定出一段时间内（一年或半年）的供应商、价格，签订供货协议，以简化采购程序，提高工作效率。

> **知识链接**
>
> **《化妆品注册备案管理办法》**
> （2021年1月7日国家市场监督管理总局令第35号公布，
> 自2021年5月1日起施行）
>
> 第三条　化妆品、化妆品新原料注册，是指注册申请人依照法定程序和要求提出注册申请，药品监督管理部门对申请注册的化妆品、化妆品新原料的安全性和质量可控性进行审查，决定是否同意其申请的活动。
>
> 化妆品、化妆品新原料备案，是指备案人依照法定程序和要求，提交表明化妆品、化妆品新原料安全性和质量可控性的资料，药品监督管理部门对提交的资料存档备查的活动。
>
> 第四条　国家对特殊化妆品和风险程度较高的化妆品新原料实行注册管理，对普通化妆品和其他化妆品新原料实行备案管理。

二、化妆品采购的方式

（1）品牌直供　直接从品牌厂家进货，这种方式能保证货源的品质和价格优势，但需要有一定的进货量和资质要求。

（2）化妆品批发商　化妆品批发商可以以其出货量和公司规模对接各大品牌

厂商，拿到一手优质货源和最低价格，同时能提供质量保证和价格优势。许多专柜、美妆门店、线上代理等会直接从批发商处拿货。

（3）高级代理商　各大品牌都有很多高级代理商，代理商能拿到相对有优势的价格，从线上线下分销给次级代理或者直接零售。

（4）网上供货商　网上有很多化妆品店老板会直接从网上寻找代理商，因为网上品牌众多、大小供应商选择范围更广，甚至可以直接找到品牌的经销商、一级代理商。但需要注意供应商的筛选，以保证货源的可靠性。

（5）代购货源　代购是一种个体消费人群能接触到的性价比最高的货源渠道，因为代购从原产国、免税店等购买的化妆品比国内便宜很多。需要注意的是代购商品的真伪。

（6）品牌授权连锁店　连锁化妆品加盟的方式可以不用担心货源的问题，因为会有品牌直接的授权，上级会直接提供货源，但存在压货的资金要求，单个消费者购买也要支付相对更高的价格。

任务实施

要完成化妆品的采购任务，在购进活动过程中，需要按照购进程序，以确保购进的化妆品符合质量要求。

（1）形成采购需求表　采购前需要了解市场的需求和趋势，确定需要采购的化妆品种类，并制作采购需求表，注明名称、规格型号、数量、需求日期、参考价格、用途等。

（2）询价、比价、议价　对厂商的供应能力、交货时间及产品或服务质量进行确认，对合格供应商的价格水平进行市场分析，比较其他供应商的价格是否最低，所报价格的综合条件更加突出，收到供应单位第一次报价或进行开标后应向公司领导汇报情况，设定议价目标或理想中标价格，重要项目应通过一定的方法对目标单位的实力、资质进行验证和审查，如进行实地考察了解供应商各方面的综合实力等。参考目标或理想中标价格与拟合作单位或拟中标单位进行价格及条件的进一步谈判。

（3）确定供应商　根据"按需购进，择优选购"的原则，选择性价比高的供应商。如果筛选的供应商是首营企业或购买的品种是首营品种，要做好首营企业和首营品种的审核工作。向供货单位索取加盖企业印章的有效《化妆品生产许可证》《营业执照》《化妆品批准证书》和《产品检验合格证》以及化妆品的包装、标签、说明书和样品实样，执行《首营企业和首营品种的审核制度》。

（4）采购合同的签订，形成并下达采购订单。加强合同管理，建立合同档案。签订的购货合同必须注明相应的质量条款。

（5）督促供应商执行合同并发货，协助财务处理后续付款事宜，验收入库并妥善保管。

项目67　化妆品经营管理

🛩 任务引入

某公司根据年度需求总量对化妆品经营企业布局进行调整，欲在A城市成立一家经营化妆品的企业，负责该省级区域内化妆品的供应。如果你是该化妆品经营企业负责人，该如何完成化妆品经营营业执照的审批。

📋 任务分析

完成本次任务需要做到以下几点：
（1）了解化妆品的定义及品种目录。
（2）明确开办化妆品企业的条件。
（3）提供化妆品企业申请材料。
（4）按照审批流程申请办理《化妆品经营营业执照》。

⚙ 相关知识

一、化妆品的定义及分类

1. 化妆品的定义

化妆品是指以涂抹、喷洒或者其他类似方法，散布于人体表面的任何部位，如皮肤、毛发、指（趾）甲、唇齿等，以达到清洁、保养、美容、修饰和改变外观，或者修正人体气味，保持良好状态为目的的化学工业品或精细化工产品。

2. 化妆品的分类

（1）按使用目的分类
① 清洁化妆品：用以洗净皮肤。
② 毛发的化妆品：如清洁霜、洗面奶、浴剂、洗发护发剂、剃须膏等。
③ 基础化妆品：化妆前对面部、头发的基础护理品，如各种面霜、蜜、化

妆水、面膜、发乳、发胶等。

④ 美容化妆品：用于面部及头发的美化用品，如胭脂、口红、眼影、头发染烫、发型处理、发型固定等。

⑤ 疗效化妆品：介于药品与化妆品之间的日化用品，如清凉剂、除臭剂、育毛剂、除毛剂、染毛剂、驱虫剂等。

（2）按使用部位分类

① 肤用化妆品：指面部及皮肤用化妆品，如各种面霜、浴剂等。

② 发用化妆品：指头发专用化妆品，如香波、摩丝、喷雾发胶等。

③ 美容化妆品：主要指面部美容产品，也包括指甲、头发的美容品。

④ 特殊功能化妆品：指添加有特殊作用药物的化妆品。

（3）按剂型分类

① 液体：洗面乳、浴液、洗发液、化妆水、香水、原液等。

② 乳液：蜜类、奶类。

③ 膏霜类：面霜、粉底霜、洗发膏、口红、发蜡。

④ 粉类：香粉、爽身粉、散粉。

⑤ 块状：粉饼、彩妆盒。

（4）按年龄和性别分类

① 婴儿用化妆品：婴儿皮肤娇嫩，抵抗力弱。配制时应选用低刺激性原料，香精也要选择低刺激的优质品。

② 少年用化妆品：少年皮肤处于发育期，皮肤状态不稳定，且极易长粉刺。可选用调整皮脂分泌作用的原料，配制弱油性化妆品。

③ 男用化妆品：男性多属于脂性皮肤，应选用适于脂性皮肤的原料。

④ 孕妇化妆品：是根据女性在孕产期肌肤养分结构与肌肤生理特点和使用安全性专业配制的肌肤养护产品和专业彩妆防护产品。具有天然性、安全性、专业性、有效性、基础性五个特征，产品对胎儿和孕妇无伤害，同时可以有效改善孕产期的肌肤问题和保护肌肤。

（5）按产品特点分类

① 乳剂类：指各种膏、霜、蜜。

② 粉类：各种香粉、爽身粉。

③ 美容类：指唇膏、眼影、睫毛膏、指甲油等。

④ 香水类：香水、古龙水、花露水。

⑤ 香波类：指香波、浴液、护发素。

⑥ 美发类：指染发、烫发、定型用品。

⑦ 疗效类：添加药物的化妆品。

知识链接

化妆品与药品的区别

不同点	化妆品	药品
使用目的	是为达到清洁、消除不良气味、护肤美容和修饰目的而使用。无明确的适应证或功效主治	预防、治疗、诊断人的疾病。有明确的适应证或功效主治、用法和用量。对疾病有明显的效果
承担毒副作用的风险	产生美感、幸福感和舒适感,无论是何种类型的化妆品均不能对消费者产生危害	具有两重性,在预防和治疗疾病的同时,又可能带来毒副作用
使用方式、部位	涂抹、喷洒或其他类似的方法使用,涂布于人体表面任何部位,绝不可能用于体内	多种使用方式,如口服、注射、吸入、外用等,使用部位可以是体内或体外、全身或局部
是否在医生指导下使用	消费者根据使用说明使用,无医生指导	在医生或药师的指导下使用,使用时需按照用法和用量使用

二、化妆品的经营管理

1. 企业经营化妆品的条件

（1）化妆品经营无许可准入限制,但经营化妆品应取得营业执照,办理卫生许可证。

（2）化妆品经营者应当了解化妆品相关的法律法规,掌握化妆品基本知识。

（3）具有与经营规模相适应的经营及仓储面积。经营场所要卫生整洁,化妆品摆放要规整有序。

（4）从业人员经培训、健康检查合格。

（5）申报资料合法、完整和规范。

2. 经营化妆品的要求

（1）化妆品必须是合法化妆品,不得销售假冒伪劣、过期或变质化妆品。

（2）应当建立产品质量管理体系,重点建立并落实索证索票制度、购销台账管理制度和购货查验制度。

（3）应当正确运输、储存化妆品。

（4）不得宣传产品预防、治疗疾病功能,非特殊用途化妆品不得宣传具有育发、染发、烫发、脱毛、美乳、健美、除臭、防晒、祛斑/美白等功效。

（5）积极配合药品监督管理部门的监督检查或监督抽验。

3. 不得销售以下化妆品

（1）未取得《化妆品生产许可证》的企业生产的化妆品或自行配制的化

妆品。

（2）未取得进口特殊用途化妆品批准证书的进口特殊用途化妆品；未取得进口非特殊用途化妆品备案凭证的进口非特殊用途化妆品；不能提供检验合格报告或进口检验检疫合格证明的进口化妆品。

（3）未取得特殊用途化妆品批准证书宣传特殊功效（包括育发、染发、烫发、脱毛、美乳、健美、除臭、防晒、祛斑/美白等功效）的化妆品；未在国家药品监督管理局网上备案的国产非特殊用途化妆品。

（4）销售产品标签标识信息不完整的化妆品（产品应标示产品名称、生产企业名称、生产日期和有效期、生产许可证编号、合格标志等，进口化妆品须有中文标签，特殊用途化妆品和进口化妆品还应标示批准文号或备案号）。

（5）产品标签、小包装或说明书有标注适应证、宣传疗效、使用医疗术语等情形的化妆品。

任务实施

开办化妆品经营企业，其开办条件、审批流程、经营要求需符合相关法律法规的规定。

1. 办理营业执照需要的资料

公司登记（备案）申请书并且需要法人代表签字，指定代表或者共同委托代理人授权委托书，全体股东签署的公司章程，股东的主体资格证明或者自然人身份证件复印件，董事、监事、经理、法定代表人的任职文件及身份证件复印件，经营场所使用证明，经营范围，国家市场监督管理总局规定要求提交的其他文件。

2. 企业营业执照办理流程

（1）到工商行政管理部门办理企业名称预先核准手续。

（2）确定好企业名称后，到银行开立公司验资账户，办理验资报告。

（3）向工商行政管理部门提交公司章程、验资报告、生产经营场所使用证明等文件，领取并填写设立登记申请表、股东名单等。

（4）等待工商行政管理部门受理审查，审查通过后领取营业执照。

知识链接

《化妆品监督管理条例》（2021年1月1日起实施）

第三十六条 化妆品标签应当标注下列内容：

（一）产品名称、特殊化妆品注册证编号；

（二）注册人、备案人、受托生产企业的名称、地址；

（三）化妆品生产许可证编号；

（四）产品执行的标准编号；

（五）全成分；

（六）净含量；

（七）使用期限、使用方法以及必要的安全警示；

（八）法律、行政法规和强制性国家标准规定应当标注的其他内容。

第三十七条　化妆品标签禁止标注下列内容：

（一）明示或者暗示具有医疗作用的内容；

（二）虚假或者引人误解的内容；

（三）违反社会公序良俗的内容；

（四）法律、行政法规禁止标注的其他内容。

第四十三条　化妆品广告的内容应当真实、合法。

化妆品广告不得明示或者暗示产品具有医疗作用，不得含有虚假或者引人误解的内容，不得欺骗、误导消费者。

项目68　化妆品使用管理

 任务引入

某化妆品经营企业按年度销售计划购进一批化妆品，如果你是该企业管理人员，该批化妆品该如何运输？验收后储存养护应注意什么？对于退货和不合格化妆品应如何处理？

任务分析

完成本次任务需要做到以下几点：

（1）按要求对化妆品进行运输。

（2）明确化妆品进行储存、养护要求。

（3）区分化妆品不同原因的退货情况。

（4）按要求对不合格化妆品进行处理。

相关知识

化妆品经营使用规定如下。

1. 严格执行索证索票制度

化妆品经营企业应当建立索证索票制度，认真查验供应商及相关质量安全的有效证明文件，留存相关票证文件或复印件备查，加强台账管理，如实记录购销信息。以确保化妆品来源渠道合法、质量安全。应当由专人负责索证索票和台账管理工作，相关人员应当经过培训。索证索票应当按供应商名称或者化妆品种类建档备查，相关档案应当妥善保存，保存期应当比产品有效期延长6个月。

（1）索证　至少应当索取以下资料：
① 化妆品生产企业或供应商的营业执照。
② 化妆品生产企业卫生许可证。
③ 化妆品行政（卫生）许可批件或备案凭证、国产非特殊化妆品备案登记凭证。
④ 化妆品检验报告或合格证明。
⑤ 进口化妆品的有效检验检疫证明。
⑥ 向供货商按照产品生产批次索要符合法定条件的检验机构出具的检验报告或者由供货商签字或者盖章的检验报告复印件。

以上资料不能提供原件的，可以提供复印件，但复印件应加盖化妆品生产企业或供应商的公章并存档备查。

（2）索票　采购化妆品时，至少应当向供货商索取的资料：正式销售发票及相关凭证，注明化妆品的名称、规格、数量、生产日期、批号、保质期、单价、金额、销货日期以及生产企业或供应商的名称、住所和联系方式。

2. 加强化妆品购进货台账与销售台账管理

购进货台账按照每次购入的情况应如实记录。内容包括：名称、规格、数量、生产日期、批号、保质期限、产地、购进价格、购货日期、供应商名称及联系方式等信息。销售台账应详细记录化妆品的产品流向。内容包括产品名称、规格、数量、生产日期/批号、保质期限、产地、销售价格、销售日期、库存等内容，或保留载有相关信息的销售票据。购进货台账与销售台账应妥善保存至产品有效期后1年。

> **知识链接**
>
> **《化妆品生产经营监督管理办法》（2022年1月1日起施行）**
>
> 　　第六条　化妆品生产经营者应当依法建立进货查验记录、产品销售记录等制度，确保产品可追溯。
>
> 　　鼓励化妆品生产经营者采用信息化手段采集、保存生产经营信息，建立化妆品质量安全追溯体系。
>
> 　　第十四条　化妆品生产许可证分为正本、副本。正本、副本具有同等法律效力。
>
> 　　国家药品监督管理局负责制定化妆品生产许可证式样。省、自治区、直辖市药品监督管理部门负责化妆品生产许可证的印制、发放等管理工作。
>
> 　　药品监督管理部门制作的化妆品生产许可电子证书与印制的化妆品生产许可证书具有同等法律效力。
>
> 　　第三十九条　化妆品经营者应当建立并执行进货查验记录制度，查验直接供货者的市场主体登记证明、特殊化妆品注册证或者普通化妆品备案信息、化妆品的产品质量检验合格证明并保存相关凭证，如实记录化妆品名称、特殊化妆品注册证编号或者普通化妆品备案编号、使用期限、净含量、购进数量、供货者名称、地址、联系方式、购进日期等内容。

任务实施

化妆品到货后，经营企业在使用过程中，应严格按照开展到货验收、储存养护、销售出库、运输配送、售后管理等操作。

1. 运输

化妆品的运输工作应根据"及时、准确、安全、经济"的原则，遵守国家有关法规及有关规定，合理组织运输，努力压缩产品待运期，减少产品运输差错，把产品安全及时运达目的地。

（1）运输的产品应包装牢固、标志清晰，严格按产品运输标志要求配装、运输。

（2）根据产品的理化特性配装产品。运输工具应符合卫生要求。公路、铁路运输不得使用敞车，水路运输不得配装在舱面。在运输途中和堆放站台时，还必须有防晒、防雨、防震措施，以免产品受潮湿、光、热和震动的影响而变质。针对包装条件和道路情况，采取相应措施，以防产品破损和混淆。

（3）文明装卸，安全操作，轻拿轻放，严禁摔撞。液体产品不得倒置。按包装运输要求正确装车。如发现产品包装破损、污染或影响运输安全时，不得发运。

（4）怕冻产品在冬季运输应注意防寒措施，加防寒包装或用暖车。应拟定防寒发运期，合理调配，应在运输单据上注明"怕冻"字样。

（5）怕热产品应拟定怕热发运期，合理调运，并在运输单据上注明"怕热"字热。对于温度有严格要求的产品，运输中应采取冷藏措施。

（6）运输还应注意液体产品与固体产品分开装运，易挥发、易污染、易破碎的产品与一般产品分开装运，且不得与有毒有害物品混装。

（7）产品发货前，提货人（承运人）必须检查核对产品的名称、规格、生产批号、有效期（保质期），数量是否与发货凭证相符，包装是否牢固。

（8）填制和种运输单据，应做到字迹清楚，项目填全，严禁乱写乱画。交接手续要清楚。

2. 储存养护

（1）严格按照化妆品的储存要求分别存放在常温库（区）、恒温库（区）。

（2）库存化妆品应按化妆品批号和有效期远近依序集中堆码，不同批号的化妆品不得混垛。

（3）对储存中发现有质量疑问的化妆品，应立即将营业场所陈列和库存的化妆品集中控制并停售，并及时通知质量管理人员进行处理。

（4）对近效期的化妆品，应按月填报"低于16个月产品盘点"；对有效期低于6个月的产品进行封存并停售；对不合格化妆品应单独存放，专账记录，并有明显标志。

（5）应按化妆品储存要求检查化妆品储存、陈列条件是否合理。每天定时检查库（区）营业场所温度情况并填写《温度记录表》。如所经营品种储存条件有特殊要求的，应按其包装标识要求储存；如超出规定范围，立即采取调控措施，并予以记录。

（6）保持库内环境、货架的清洁卫生，定期进行清理和消毒，库区内必须配备足够的消防器材，以及防尘、防潮、防污染、防鼠设施。

（7）建立设施、设备管理档案，并做好设施、设备运行使用、检查、维修、保养记录。

（8）建立健全化妆品进货验收、销货凭证、进销台账资料的完整档案。

3. 退货处理

退货分为两种情况：质量原因退货和非质量原因（经济原因等）退货。

保管员根据销售部门填写的、有主管领导签字批准的退货申请单及退货凭证接收退货。退货放于退货库（区），挂黄牌。填写化妆品退货记录。对于非质量原因且在有效期内的退货，经验收确认无质量问题的，按合格品入库（区）。如已过有效期或已近有效期无法销售时，由质量管理部门发放不合格检验证书及不合格标签。保管员应在相应批货卡上注明，并填写有关不合格品记录。对于质量原因退货，经质量管理人员调查确认后按返工或不合格品处理规定执行。

4. 不合格品处理

（1）发现其经营的化妆品不符合产品安全标准，应当立即停止经营，下架单独存放，通知相关生产经营者和消费者，并记录停止经营和通知的情况，将有关情况报告辖区市场监督管理机关。化妆品经营者接到有关监管部门关于不合格化妆品退市通知后，应按上述规定立即处理。

（2）协助生产者执行不合格产品召回制度。生产者对召回的不合格产品采取补救措施，能够保证化妆品安全的，经营者在履行查验和记录制度后，可以继续销售。

（3）对贮存、销售的化妆品应当定期进行检查，查验产品的生产日期和保质期，及时清理变质、超过保质期及其他不符合化妆品安全要求的产品，主动将其退出市场，并做好相关记录。

 知识链接

《化妆品标识管理规定》

（2007年8月27日国家质量监督检验检疫总局令第100号公布，自2008年9月1日起施行）

第六条 化妆品标识应当标注化妆品名称。

化妆品名称一般由商标名、通用名和属性名三部分组成，并符合下列要求：

（一）商标名应当符合国家有关法律、行政法规的规定；

（二）通用名应当准确、科学，不得使用明示或者暗示医疗作用的文字，但可以使用表明主要原料、主要功效成分或者产品功能的文字；

（三）属性名应当表明产品的客观形态，不得使用抽象名称；约定俗成的产品名称，可省略其属性名。

国家标准、行业标准对产品名称有规定的，应当标注标准规定的名称。

模块七

文件与计算机系统

课题22　部门与岗位质量职责

> **学习目标**
>
> 1. 能按照药品质量管理规范要求，规范部门质量职责的执行。
> 2. 能按照药品质量管理规范要求，规范岗位质量管理制度的执行。
> 3. 能按照药品质量管理规范要求，规范部门及岗位质量职责的编制和管理。

项目69　部门质量职责

 任务引入

> 为加强药品经营质量管理，公司需要为新成立的药品批发企业建立一套完整的质量管理体系文件。根据工作需要，应建立质量管理、采购、储存、销售、运输、财务和信息管理等部门。请帮助该公司建立各部门与岗位质量职责。

任务分析

完成本次任务需要做到以下几点：
（1）明确制定部门质量职责的法律法规依据。
（2）了解制定部门质量职责的目的和意义。
（3）列出药品批发经营企业需建立的组织机构。
（4）质量管理部门制定部门岗位职责。

相关知识

质量管理体系文件是指用于保证药品经营质量的文件管理系统。它是由一切涉及药品经营质量管理的书面标准和实施过程中的记录结果组成的、贯穿药品质量管理全过程的连贯有序的系列管理文件，包括企业的质量管理制度、各有关组织部门和工作岗位的质量职责、操作规程、档案、记录和凭证等。

质量职责是根据GSP的要求和企业质量管理工作的需要，对质量管理的各相关部门和岗位的工作内容、工作目标、工作结果等提出的明确要求，即对于相关的质量管理工作明确规定了由谁来做。

质量职责制定的依据为《中华人民共和国药品管理法》《药品经营质量管理规范》《药品质量管理规范现场检查指导原则》等现行版相关法律法规。

> **《药品经营质量管理规范》（2016）**
> 第二章 药品批发的质量管理
> 第一节 质量管理体系
> 第六条 企业制定的质量方针文件应当明确企业总的质量目标和要求，并贯彻到药品经营活动的全过程。
> 第七条 企业质量管理体系应当与其经营范围和规模相适应，包括组织机构、人员、设施设备、质量管理体系文件及相应的计算机系统等。
> 第二节 组织机构与质量管理职责
> 第十三条 企业应当设立与其经营活动和质量管理相适应的组织机构或者岗位，明确规定其职责、权限及相互关系。
> 第十六条 企业应当设立质量管理部门，有效开展质量管理工作。质量管理部门的职责不得由其他部门及人员履行。

一、组织机构及其职责

组织机构是指由企业负责人建立，且能够满足药品经营全过程的组织架构，并能完成药品经营所涉及的各个职能。其工作包括质量管理机构的设置、有关人员的任免、管理文件的审定和批准、硬件设施的投资、质量监督的方案设计等。

组织机构的主要职责：建立企业的质量体系，实施企业质量方针，并保证企业质量管理工作人员行使职权。职权的内容包括质量管理机构的设置、有关人员的任免、管理文件工作人员行使职权。职权的内容包括质量管理机构的设置、有关人员的任免、管理文件的审定和批准、硬件设施的投资、质量监督的方案设计等。以下组织机构示意图就是常见的药品批发企业的部门组织架构。

二、按《药品经营质量管理规范》要求需设立的部门职责

药品批发企业需设置部门：质量管理部、采购部、仓储部、销售部、运输

部、财务部和信息管理部等部门。

三、部门质量职责制定目的和意义

药品经营企业要想做好质量管理工作，必须按照质量管理体系的要求，建立相应的组织机构并明确其职责。

组织机构设置时应符合有关法规要求及企业实际；以需设岗，以岗定责；根据经营类型与规模确定部门的设置、层次结构与部门职责；根据经营类型与规模确定部门的设置、层次结构与部门职责；根据经营类型与规模确定员工数量、岗位及其职责。

对于药品批发企业经营，建立初期就应当架构组织关系，完成部门职责的制定。在经营中按照部门职责来规范企业运营，才能更有效地保证药品经营的质量管理。

任务实施

按要求制定的各部门质量管理职责应包含以下内容。

（1）质量管理部门

① 药品批发企业：应当设立独立的质量管理部门，有效开展质量管理工作，质量管理部门职责不得由其他部门及人员履行。主要职责在 GSP 中有明确规定。

② 药品零售企业：应当设置质量管理部门或配置质量管理人员。主要职责在 GSP 中有明确规定。

（2）业务部门　药品经营企业业务部门主要负责药品的采购和销售，可以划分为药品采购部门和药品销售部门。采购主要负责商品的采购、首营企业、首营商品的引进，供货商的维护、借款等内容。销售部负责与下游企业的联系和销售、结款等工作。

（3）储运部门　药品经营企业储运部门主要负责药品储存和运输过程中的质量管理，可细分为药品储存部门和药品运输部门。储存部门负责保证仓库的设置符合 GSP 规定，收货、验收、保管、养护、出库、复核等工作流程符合 GSP 相关规定。运输部门应确保运输设备符合 GSP 规定，运输过程能确保药品质量。

知识链接

《药品经营质量管理规范》（2016）

第二章　药品批发的质量管理

第三十七条　部门及岗位职责应当包括：

（一）质量管理、采购、储存、销售、运输、财务和信息管理等部门职责；

（二）企业负责人、质量负责人及质量管理、采购、储存、销售、运输、财务和信息管理等部门负责人的岗位职责；
　　（三）质量管理、采购、收货、验收、储存、养护、销售、出库复核、运输、财务、信息管理等岗位职责；
　　（四）与药品经营相关的其他岗位职责。

项目70　岗位质量职责及任职要求

任务引入

　　公司为新成立的药品经营批发企业，为加强药品经营质量管理，需要建立一套完整的质量管理体系文件。在建立了部门质量责任后，需要进一步制定员工岗位质量责任。请帮助该公司建立岗位质量职责。

任务分析

完成本次任务需要做到以下几点：
（1）明确制订岗位质量职责的法律法规依据。
（2）了解建立岗位质量职责的目的和意义。
（3）理解质量管理人员的岗位职责。
（4）以药品批发企业为例，找出经营过程需建立的具体岗位。
（5）清楚各个岗位人员的任职要求。
（6）根据公司经营实际需要编写岗位职责。

相关知识

　　根据GSP要求，药品经营企业需要配备一定的专业技术职称人员的岗位，有企业主要领导、质量管理机构负责人、质量验收人员、养护人员等。
　　制定岗位职责的依据有《中华人民共和国药品管理法》《药品经营质量管理规范》《药品质量管理规范现场检查指导原则》等现行版相关法律法规。

一、按GSP要求药品批发企业应设置的岗位及要求

　　批发企业应设置企业负责人、质量负责人、质量管理部门负责人、采购部负

责人、储存部负责人、销售部负责人、运输部负责人、财务部负责人和信息管理部负责人岗位职责，以及质量管理员、采购员、收货员、验收员、储存员、养护员、销售员、出库复核员、运输员、财务、信息管理员岗位职责。

人员条件：根据GSP要求，药品批发企业从事与质量相关工作的人员应符合相应的资格要求，具体见表70-1。

表70-1 药品批发企业从事与质量相关工作人员的资格要求

人员	专业及职称要求	能力及岗位要求
企业负责人	大学专科以上学历或者中级以上专业技术职称	应当经过基本的药学专业知识培训，熟悉有关药品管理的法律法规及GSP
质量负责人	大学本科以上学历、执业药师资格和3年以上药品经营质量管理工作经历	在质量管理工作中具备正确判断和保障实施的能力，在职在岗，不得兼职
质量管理部门负责人	应当具有执业药师资格和3年以上药品经营质量管理工作经历	能坚持原则，有实践经验，可独立解决经营过程中的质量问题。在职在岗，不得兼职
质量管理人员	应当具有药学中专或者医学、生物、化学等相关专业大学专科以上学历或者具有药学初级以上专业技术职称	经岗位培训，考试合格，持证上岗。在职在岗，不得兼职其他业务工作
从事疫苗质量管理工作	应当具有预防医学、药学、微生物学或者医学等专业本科以上学历及中级以上专业技术职称，并有3年以上从事疫苗管理或者技术工作经历	
验收员	应当具有药学或者医学、生物、化学等相关专业中专以上学历或者具有药学初级以上专业技术职称	经岗位培训，考试合格，持证上岗
中药材、中药饮片验收	应当具有中药学专业中专以上学历或者具有中药学中级以上专业技术职称	
直接收购地产中药材	验收人员应当具有中药学中级以上专业技术职称	
从事疫苗验收工作	应当具有预防医学、药学、微生物学或者医学等专业本科以上学历及中级以上专业技术职称，并有3年以上从事疫苗管理或者技术工作经历	
养护员	应当具有药学或者医学、生物、化学等相关专业中专以上学历或者具有药学初级以上专业技术职称	
中药材、中药饮片养护	应当具有中药学专业中专以上学历或者具有中药学初级以上专业技术职称	
采购员	应当具有药学或者医学、生物、化学等相关专业中专以上学历	
销售、储存等工作的人员	应当具有高中以上文化程度	

二、按GSP要求药品零售企业应设立岗位及要求

设立零售企业负责人、质量管理人、采购员、验收员、营业员、处方审核员、调配员，设置库房的还应当设立储存员、养护员岗位职责。见表70-2。

表70-2 各岗位人员的岗位职责

人员	专业及职称要求	能力及岗位要求
企业法定代表人或者企业负责人	具备执业药师资格	
处方审核人员	具备执业药师资格	在职在岗，不能挂名
质量管理、验收、采购人员	药学或者相关专业学历或者具有药学专业技术职称	应当接受相关法律法规及药品专业知识与技能的岗前培训和继续培训，以符合GSP的要求
中药饮片质量管理、验收、采购人员	应当具有中药学中专以上学历或者具有中药学专业初级以上专业技术职称	
营业员	高中以上文化程度或者符合省级药品监督管理部门规定的条件	
中药饮片调剂人员	中药学中专以上学历或者具备中药调剂员资格	

三、在GSP中药品零售企业质量管理人员的岗位职责

GSP中对药品零售企业质量管理人员的岗位职责有具体的条款规定，企业应根据GSP规范质量管理人员的岗位职责。

知识链接

> 《药品经营质量管理规范》(2016)
> 第三章 药品零售的质量管理
>
> 第一百二十三条 企业应当设置质量管理部门或者配备质量管理人员，履行以下职责：
> （一）督促相关部门和岗位人员执行药品管理的法律法规及本规范；
> （二）组织制订质量管理文件，并指导、监督文件的执行；
> （三）负责对供货单位及其销售人员资格证明的审核；
> （四）负责对所采购药品合法性的审核；
> （五）负责药品的验收，指导并监督药品采购、储存、陈列、销售等环节的质量管理工作；
> （六）负责药品质量查询及质量信息管理；
> （七）负责药品质量投诉和质量事故的调查、处理及报告；
> （八）负责对不合格药品的确认及处理；

（九）负责假劣药品的报告；

（十）负责药品不良反应的报告；

（十一）开展药品质量管理教育和培训；

（十二）负责计算机系统操作权限的审核、控制及质量管理基础数据的维护；

（十三）负责组织计量器具的校准及检定工作；

（十四）指导并监督药学服务工作；

（十五）其他应当由质量管理部门或者质量管理人员履行的职责。

四、制订目的和意义

人员是实施 GSP 的保证。人员的素质水平是保证药品经营企业药品质量和服务水平的首要条件。药品经营企业必须配备一定的经过资格认定的药学专业技术人员，有一定的工作经验，并经过足够的培训，熟悉经营药品特性的人员。药品经营是专业性较强的一项技术业务工作，药品流通环节的各个过程中，在各种内外因素的作用下，随时有可能发生质量变异问题。当这些药品质量发生变异的时候，要求质量工作的负责人，针对所发生的质量问题，运用药学专业知识，及时地做出客观、正确的判断，并做出相应的处理，以保证人民群众的用药安全。对从事药品经营、验收、保管、养护、运输的各个岗位人员，必须经过专业的培训，使他们懂得药品的特性，以便他们更好地做好药品的验收保管、养护等工作。

药品经营企业的负责人和普通员工，都担负着质量职责。由于他们的岗位不同，因此他们承担的质量职责又不相同，对应不同的质量职责，对他们的素质要求也不相同。各岗位人员在完成各自质量职责的基础上，形成相互协作、相互监督的质量管理网络，以此来确保所经营药品的质量。

任务实施

1. 根据经营需要确立需要建立的岗位职责

要根据企业实际经营的需要，依据 GSP 确立需制定的岗位职责目录。

2. 依据法规，确立具体岗位职责内容

依据《中华人民共和国药品管理法》《药品经营质量管理规范》《药品质量管理规范现场检查指导原则》等现行版相关法律法规，依据公司质量管理制度，逐个制定相关岗位制度。

3. 依据公司实际经营需求，编制公司岗位职责

实际的岗位职责编制一定要符合公司的实际运行，通过岗位职责的制定来规范员工的操作。

项目71　部门和岗位职责的编制和管理

🛦 任务引入

某公司为新成立的药品经营批发企业,正在进行部门和岗位职责的编制。在制定部门和岗位职责时,GSP有具体的质量体系文件管理要求,既要符合公司实际经营中的质量管理需求,也要保证职责更好地落实,以及确保公司内部和外部文件的有效性、及时引用性和可追溯性。在这个项目中我们将学习如何编制和管理质量管理体系文件。

💬 任务分析

完成本次任务需要做到以下几点:
(1) 掌握质量体系管理文件编制的原则。
(2) 明确质量体系管理文件编制的人员要求。
(3) 了解部门和岗位职责应有的文件格式。
(4) 学习质量体系管理文件的起草准备工作。

⚙ 相关知识

质量管理文件体系的构建是建立质量管理体系的关键。质量管理体系文件是药品经营企业内部的规范性文件,对企业内部具有普遍约束力,其宗旨在于保证企业管理法律法规在本企业贯彻实施,也是企业质量管理制度化、规范化、标准化的体现。因此,内容上的合法性与从属性和形式上的规范性是质量管理文件的三个基本特征。

一、质量管理文件体系建立的原则

(1) 合法性原则　做到与国家现行的法律、法规及行政规章一致。
(2) 实用性原则　应与药品的经营与企业质量管理的实际紧密结合。
(3) 先进性原则　应注意学习和借鉴外部的先进管理经验,注意先进性与实用性原则统一。
(4) 指令性原则　严格按文件的规定去做,活动的过程和结果应有记录(资料)证实。

（5）系统性原则　编制的文件既要层次清晰，又要前后协调，各部门质量管理程序、职责应紧密衔接。

（6）可操作性原则　质量管理体系文件必须具有可操作性，文件的所有规定都是实际工作中能够达到和实现的。

（7）可检查性原则　质量管理体系文件对各部门、各环节的质量职责和工作要求应明确具体，质量活动的时限要求尽可能量化，以便于监督、检查和审核。

《药品经营质量管规范》（2016）

第二章　药品批发的质量管理

第四节　质量管理体系文件

第三十一条　企业制定质量管理体系文件应当符合企业实际。文件包括质量管理制度、部门及岗位职责、操作规程、档案、报告、记录和凭证等。

第三十二条　文件的起草、修订、审核、批准、分发、保管，以及修改、撤销、替换、销毁等应当按照文件管理操作规程进行，并保存相关记录。

第三十三条　文件应当标明题目、种类、目的以及文件编号和版本号。文字应当准确、清晰、易懂。文件应当分类存放，便于查阅。

二、质量管理文件的编制流程和人员

文件管理是指文件的起草、修订、审核、批准、分发、保管，以及修改、撤销、替换、销毁等一系列过程的管理活动，企业应制定文件管理制度。在文件形成后，所有文件必须有系统的编码及修订号，以便于识别、控制及追踪，同时可避免使用或发放过时的文件。文件应统一分类、统一编码，并做好记录。对各类不同的文件分别制定统一的文件编号方法，便于文件的区分和管理。根据文件编码系统的规定，可任意调出文件，亦可随时查询文件变更的历史。在这个项目中我们主要学习质量管理文件的起草步骤。

1. 文件起草的准备

药品经营企业要建立一个由质量负责人、质量管理负责人或其他负责人组成的文件起草组织机构，成立常设或临时的文件制订小组，完成企业质量管理体系文件系统的建立。起草文件的领导小组成立后，要从企业实际出发，确定文件制定的运作程序，挑选合格的人员及相关部门负责人负责文件的起草、修订、审核、批准、管理等，并提出编制文件的相关规定和要求。

2. 确定文件编码

要建立规范的文件系统，首先要确定文件编码。在编写文件前，根据GSP要求和企业内部实际管理情况，统一确定文件编号方法，分部门或分类别地列出文件目录。文件的编号、标题应体现文件的性质。

（1）编码的基本原则

① 系统性：统一分类、编码。

② 准确性：文件应与编码一一对应，一旦某一文件终止使用，此文件编码应立即作废，并不得再次使用。

③ 可追溯性：根据文件编码系统规定，可随时查找某一文件或查询某文件的变更历史。

④ 一致性：文件一旦修订，必须给定新的编码，同时对其相关文件中出现的该文件号进行修正。

⑤ 稳定性：文件编号系统一旦确定，不得随意变动，应保证系统的稳定性以防止文件管理的混乱。

⑥ 识别性：编码能便于识别文件文本和类别。

⑦ 发展性：制定编码系统规定时，要考虑企业将来的发展及管理手段的改进。

（2）编码方法　常用编码方法采用文件类别代码、流水号、版本号相结合的方法。

① 文件类别代码：质量管理制度的文件类别代码，用英文字母"QM"表示质量职责的文件类别代码，用英文字母"QD"表示。质量管理操作规程的文件类别代码，用英文字母"QP"表示。

② 流水号：指文件序列号，由001～999组成。

③ 版本号：由00～99组成。如首版为00，第二版为01。

文件编码举例：

QM001-00 质量管理制度第001号第一版文件

QP002-01 质量管理操作规程第002号第二版文件

3. 确定文件格式

药品经营企业的文件系统中，各类文件应有统一的格式，文件的格式应在质量管理文件的管理制度中明确规定。一般包括文件眉头和正文。

文件眉头应包含文件标题、文件编号、起草人及部门、审核人、批准人、日期、分发部门等内容，格式见图71-1。

标题						编号	
起草人		审核人		批准人		执行日	
日期		日期		日期		修订日期	
起草部门				颁发部门			
分发部门							

如果文件超过一页，后续页眉头只需体现文件标题及编号，其他项可省略。

正文内容在文件眉头下方编写。

1. 制定目的。
2. 制定依据或引用标准。
3. 适用范围。
4. 相关术语与定义。
5. 责任人。
6. 文件内容。

图71-1　文件眉头和正文示范

在制定了文件编码、确定文件格式后，才开始对文件的内容进行组织编写。

三、部门和岗位职责基本格式

部门和岗位职责的眉头和正文见图 71-2。

标题		药品验收员岗位职责				编号	QD-流水号-版本号
起草人		审核人		批准人		执行日	
日期		日期		日期		修订日期	
起草部门				颁发部门			
分发部门							

1. 目的：规范药品验收工作，确保验收药品符合法定标准和有关规定的要求。
2. 依据：《药品管理法》、《药品经营质量管理规范》及公司《药品收货验收制度》。
3. 范围：适用于公司采购和销后退回药品的验收工作。
4. 职责：药品质量验收员对本规程的实施负责。
5. 文件内容。

图71-2　部门和岗位职责的眉头和正文

任务实施

1. 根据编制质量体系文件的要求，确定编制人员

要根据企业实际情况，建立文件制定小组。依据 GSP，确立参加编制质量体系文件的人员。

2. 建立所需编制文件的目录

GSP 要求和企业内部实际管理情况，统一确定文件编号方法，分部门或分类别地列出文件目录。

3. 确定文件格式，眉头和正文

按照 GSP 中的相关要求，确定眉头和正文的格式，完成正式编写前的准备工作。

4. 进行文件的编制

按照要求进行质量体系文件的编写，注意推进时间。

5. 完成文件的编制

对文件进行审核、修改，确定最终版本，上报批准，完成文件编制工作。

课题23　质量管理制度

学习目标

1. 按照《药品经营质量管理规范》要求，了解质量管理制度的内容。
2. 了解《药品经营质量管理规范》条款内容，规范质量管理制度的编制。
3. 明确《药品经营质量管理规范》标准，规范质量管理制度的管理。

项目72　质量管理制度的内容

任务引入

一家新成立的药品连锁经营企业需要建立质量管理体系，并编写该公司的质量管理制度。由于该公司属于药品连锁经营企业，这家企业的连锁总部需要参照《药品经营质量管理规范》（以下简称GSP）有关药品批发企业的要求来管理，请你帮助该企业确定质量管理制度的内容。

任务分析

完成本次任务需要做到以下几点：
（1）知晓质量管理制度在质量管理中的作用和意义。
（2）掌握药品批发经营企业、药品零售企业质量管理制度的内容。
（3）了解企业质量管理制度的意义。

相关知识

质量管理制度是企业根据GSP要求和企业质量管理工作的实际需要而制定的质量规则，是对企业各部门和各业务环节如何实施质量管理作出的明确的规定。

质量管理制度在企业管理中具有权威性和约束力,是GSP的首要支持性文件,其规定内容的特征为做什么。我们首先应清楚质量管理制度的内容,为质量管理制度的编制做好准备。

质量管理制度制定的依据为《中华人民共和国药品管理法》《药品经营质量管理规范》《药品质量管理规范现场检查指导原则》等现行版相关法律法规。

 知识链接

《药品经营质量管理规范》(2016)
第二章 药品批发的质量管理
第三十六条 质量管理制度应当包括以下内容:
(一)质量管理体系内审的规定;
(二)质量否决权的规定;
(三)质量管理文件的管理;
……
(二十二)其他应当规定的内容。
第三章 药品零售的质量管理
第一百三十五条 药品零售质量管理制度应当包括以下内容:
(一)药品采购、验收、陈列、销售等环节的管理,设置库房的还应当包括储存、养护的管理;
(二)供货单位和采购品种的审核;
(三)处方药销售的管理;
……
(十八)其他应当规定的内容。

 任务实施

1. 组织学习小组

成立学习小组,为企业质量管理制度的建立做好人员准备。

2. 学习药品批发经营企业中应制定的质量管理制度

GSP中有明确规定的是30个质量管理制度,属于药品批发企业必须在公司经营质量体系文件中包含的，除此之外可根据企业管理需求执行制定。

按 GSP 要求药品批发企业的质量管理制度如下：

① 质量管理体系内审管理制度；

② 质量否决权管理制度；

③ 质量管理体系文件管理制度；

④ 质量信息管理制度；

⑤ 货单位及供货单位销售人员资格审核的规定；

⑥ 购货单位及购货单位采购人员资格审核的规定；

⑦ 药品采购管理制度；

⑧ 药品收货验收管理制度；

⑨ 药品储存养护管理制度；

⑩ 药品销售管理制度；

⑪ 药品出库管理制度；

⑫ 药品运输管理制度；

⑬ 特殊管理药品管理制度；

⑭ 药品有效期管理制度；

⑮ 不合格药品及药品销毁管理制度；

⑯ 药品退货管理制度；

⑰ 药品召回管理制度；

⑱ 药品质量查询管理制度；

⑲ 药品质量事故处理和质量投诉的管理制度；

⑳ 药品不良反应报告管理制度；

㉑ 环境卫生和人员健康管理制度；

㉒ 药品质量方面教育培训及考核管理制度；

㉓ 设施设备保管和维护管理制度；

㉔ 设施设备验证和校准管理制度；

㉕ 记录和凭证管理制度；

㉖ 计算机信息系统管理制度；

㉗ 执行电子监管药品管理制度；

㉘ 冷链药品管理制度；

㉙ 仓库温湿度监测管理制度；

㉚ 质量风险管理制度；

㉛ 其他制度。

3. 学习企业质量管理制度的实际运用意义

理解企业制定质量管理制度的意义，讨论交流实际运用方法，准备进行质量管理制度编制工作。意义：消除质量隐患，确保药品安全有效；提高企业综合素质，确保药品的社会需求；积极参与国际竞争的需要。

项目73　质量管理制度的编制

任务引入

新成立的 A 药品经营企业，在制定了本企业部门和岗位职责的编制后，还需要进行公司新的质量管理制度的编制，作为质量体系管理文件相辅相成，缺一不可，共同来维护药品经营质量安全。这个章节我们来学习质量管理质量的编写。

任务分析

完成本次任务需要做到以下几点：
（1）了解质量管理制度文件的格式。
（2）明确质量体系管理文件编写的基本原则。
（3）理解质量体系管理文件编写的步骤。
（4）熟悉质量体系管理文件修订的要求。
（5）知道质量体系文件修订的要求。

相关知识

起草是指撰写、制定一份文件或计划大纲的过程。起草可以是单独完成的文件，也可以是由一组人联合完成的文件。起草可以有各种形式，如书面文本、演示文稿等。起草的目的是制定一个构思合理、内容完整、操作性强的文件，可以用于各种场合，如会议、商务活动、教育培训、法律文件等。

一、质量管理制度的基本格式

质量管理制度的眉头和正文如图 73-1 所示。

标题		药品有效期管理制度		编号	QM-流水号-版本号
起草人		审核人	批准人		执行日
日期		日期	日期		修订日期
起草部门			颁发部门		
分发部门					

1.目的:为合理控制药品的过程管理,防止药品的过期失效,确保药品的储存养护质量。
2.适用范围:适用于在库储存近效期药品的管理。
3.依据:根据《药品管理法》及《药品经营质量管理规范》等法律、法规制定本制度。
4.责任人:质量管理部、业务部、仓储部。
5.文件内容:药品的"有效期"是指药品在一定的贮存条件下,能够保证药品质量的期限。
5.1 本企业规定近效期药品含义为:距药品有效期截止日期不足12个月的药品。
5.2 业务部必须按照规定采购药品,原则上不得购入近效期在6个月以内的药品。
5.3 药品应相对集中存放并按批号及有效期远近分开堆码。
5.4 计算机系统对库存药品的有效期进行自动跟踪和控制。销售员应尽快安排销售近效期药品,采购员要定期检查效期药品的销售情况,适时调整效期药品的库存。
5.5 养护员要缩短对近效期药品的检查养护周期,按照重点养护品种进行检查养护,发现疑问及时报告质管部处理。
5.6 仓库每月盘点后,应将3个月以上不动销商品、生产日期3年以上的药品以及近效期药品上报质管部,业务部会同质管部提出处理意见,采取购进退出或通知业务部加快销售等措施进行催销。
5.7 药品效期不足1个月的,系统将在业务开票时进行提醒,防止过期药品出库。
5.8 超过有效期的药品,计算机系统将自动锁定,不得继续销售。

图73-1 质量管理制度的眉头和正文

知识链接

《药品经营质量管理规范》(2016)
第二章 药品批发的质量管理
第四节 质量管理体系文件

第三十四条 企业应当定期审核、修订文件,使用的文件应当为现行有效的文本,已废止或者失效的文件除留档备查外,不得在工作现场出现。

第三十五条 企业应当保证各岗位获得与其工作内容相对应的必要文件,并严格按照规定开展工作。

二、质量管理文件的编写

在制定了文件编码、确定文件格式后,在本项目中我们学习对质量管理文件的内容进行组织编写的方法。

1. 文件编写的基本原则

根据 GSP 要求，结合企业实际情况和管理需求来编写文件；一类工作制定一个管理制度及操作规程，不同情况分段叙述，按操作步骤顺序叙述；文件标题、类型、目的、范围、责任应有清楚的陈述；文件内容准确，有量化的概念，具有可操作性；条理清晰，层次分明；文件用语确切、语句通顺、容易理解；文件如需记录，栏目要齐全、有足够书写空间；文件的格式、所用纸张的质量与大小力求统一，便于印刷、复制、装订与填写。

2. 文件编写步骤

在文件起草领导机构的统一领导和协调下，由文件使用部门挑选有相应的学历和资历、对文件相应岗位工作有深刻研究的人员起草，以保证文件内容的准确性、可操作性。起草工作完成以后，由文件起草或颁发部门组织文件使用人员及管理人员进行审稿，以保证文件内容的全面性。

3. 根据审稿所提出的意见和建议，文件起草人进行修订

修改后的文件由文件起草部门负责人审阅，再交质量管理负责人审核。文件审核参照文件编写的基本原则，做到文件内容之间不相悖或不冲突。

部门内部文件由部门负责人批准，不同部门使用的文件由企业负责人批准（或其授权委托人）批准，按规定的日期宣布生效。

在修订文件时，不论内容如何变化文件题目不变，在版本号上显示版本变化；无论是修改或是废除都必须执行与起草过程相同的程序，指定专人负责将修订后的文件发送至有关部门，原文件废除收回销毁。

任务实施

1. 明确质量体系管理文件编写的基本原则

（1）一类工作制定一个管理制度及操作规程。

（2）不同情况分段叙述，按操作步骤顺序叙述，符合内容、条理、用语等要求。

（3）文件记录要齐全，格式、纸张要符合要求。

2. 质量管理制度文件编写

（1）挑选起草人员，保证文件内容的准确性、可操作性。

（2）起草完成，由文件使用人员及管理人员审稿，保证文件内容的全面性。

3. 质量管理制度文件审核及批准

（1）修改后的文件起草部门负责人审阅文件内容。

（2）质量负责人审核文件内容。

（3）部门内部文件由部门负责人批准，不同部门使用的文件由企业负责人批准。

（4）按规定的日期宣布生效。

4. 质量管理制度文件的修订

在修订文件时，无论是修改或是废除，都必须执行与起草过程相同的程序，专人负责，仍需按新制定时的要求经过审核、修改、再审核、批准、发布的流程。

项目74　质量管理制度的管理

任务引入

某全国性药品批发企业，已经完成了质量管理制度的制定，现要组织企业员工学习，并对该制度的使用进行过程管理。如果你是该企业负责人，该如何进行此项工作。

任务分析

完成本次任务需要做到以下几点：

（1）知晓制定质量方针的作用和依据。
（2）熟悉质量管理文件颁发前的批准要求。
（3）掌握质量管理文件的分发要求。
（4）掌握质量体系管理文件控制的基本要求。

相关知识

质量方针是指企业总的质量宗旨和方向，其目的在于统一企业全体员工的质量和服务意识，并在此方针的指导下，完成公司的质量目标和其他经营活动。根据企业实际制定相适应的质量方针文件，规定企业的质量目标和质量要求，质量方针应当贯彻药品经营活动的全过程。企业应当对质量方针的实施过程进行管理，确保其达到所制定的目标和要求。

一、质量管理体系文件的使用管理

1. 文件的批准

批准人一般为企业的主管负责人或企业负责人。批准人对文件的内容、编码格式、编订程序等进行复审时，应对该文件及相关文件的统一性、各部门之间的协调性、文件内容的先进性、合理性及可操作性等进行把关，在文件符合要求后，批准文件颁发，确定生效日期或执行日期。文件批准后即颁布发放。

2. 文件分发

文件不宜多印，应控制数量。文件经批准人签字后方可颁发，并在执行之日前发至有关人员或部门。所有文件均应由企业负责档案的人员或指定专人负责分发，分发文件时必须进行登记。文件应分发至其所涉及的每一部门、岗位。文件分发时，应在"文件发放、回收记录"上签字，注明文件名称、文件编码、复印份数、分发部门、分发份数、分发人、签收人、发送日期等。一旦新文件生效，旧版文件必须交回。已撤销和过时的文件除留档备查外，不得在工作现场出现。在工作场所出现使用的文件必须为批准的现行文本。

二、质量体系管理文件控制的基本要求

（1）确保文件于发布前得到正式批准必要时对文件进行评审和修订，并重新审批更改历史和现行状态应明显识别。在使用处可获得所用文件的有关版本。

（2）确保文件保存清晰、易于识别。

（3）确保外来文件易于识别，并控制其分发。

（4）防止作废文件的非预期使用。

（5）对记录的控制应保持清晰、易于识别和检索。

三、制定对质量方针的作用

质量管理体系通过制定质量方针、质量目标，以使质量管理体系的各级组织、人员明确各自的质量义务和承诺。

质量方针和目标的管理需要明确以下五方面内容：

（1）质量方针和目标的内容；

（2）质量方针和目标制定的程序；

（3）质量方针和目标的展开；

（4）质量方针和目标制定的方法；

（5）质量方针和目标的落实与考核。

四、质量方针的制定依据

（1）符合国家相关法律法规。

（2）涵盖质量有效保证的所有承诺。

（3）体现企业发展的预期性。

（4）满足客户的需求和期望。

任务实施

1. 质量管理标准文件颁发前的批准

（1）企业的主管负责人或企业负责人即批准人，对文件进行复审，复审的内容为文件的内容、编码格式、编订程序等。

（2）复审注意点　对该文件及相关文件的统一性、各部门之间的协调性、文件内容的先进性、合理性及可操作性等内容。

（3）批准文件颁发，确定生效日期或执行日期。

2. 质量管理标准的分发

在执行之日前发至有关人员或部门。专人负责分发，进行登记，一旦新文件生效，旧版文件必须交回。

3. 质量管理制度的学习

相关人员对质量体系文件进行学习、交流、讨论，熟悉其中的内容条款及要求等。

4. 质量管理标准文件的使用

在实际工作中按照标准文件操作，遵循质量管理制度相关要求，保证质量管理文件的实施和使用。

知识链接

《药品经营质量管规范》（2016）
第二章　药品批发的质量管理
第一节　质量管理体系

第五条　企业应当依据有关法律法规及本规范的要求建立质量管理体系，确定质量方针，制定质量管理体系文件，开展质量策划、质量控制、质量保证、质量改进和质量风险管理等活动。

第六条　企业制定的质量方针文件应当明确企业总的质量目标和要求，并贯彻到药品经营活动的全过程。

课题24　质量操作规程

学习目标

1. 能根据《药品经营质量管理规范》要求，明确应具备的质量操作规程。
2. 能根据《药品经营质量管理规范》要求，编制质量操作规程。
3. 能根据《药品经营质量管理规范》要求，规范质量操作规程的管理。

项目75　操作规程的内容

 任务引入

有一家新开的药品单体零售药店，在制定的质量体系过程中，已建立相应的质量管理制度、部门及人员岗位职责，还需制订相应质量操作规程，以规范药品经营过程中的工作流程。请你帮这家企业制订操作规程。

任务分析

完成本次任务需要做到以下几点：
（1）理解制定药品经营操作规程的内涵。
（2）明确制定操作规程的法律法规依据。
（3）了解药品单体零售企业质量管理需求制定操作规程。
（4）掌握执行操作的流程。

相关知识

质量管理体系文件包括企业的质量管理制度、各有关组织部门和工作岗位的质量职责、操作规程、档案、记录和凭证等。

一、质量操作规程的内涵和制订依据

操作规程是为进行某项质量活动或过程所规定的途径（方法），是对各项质量活动采取方法的具体描述，也是 GSP 规范的支持性文件。操作规程中通常包括活动的目的和范围，明确规定何时、何地以及如何做，应采用什么材料、设备，应用哪些质量管理文件，如何对活动进行控制和记录等。

二、制定操作规程的法律法规依据

制定依据《中华人民共和国药品管理法》《药品经营质量管理规范》《药品质量管理规范现场检查指导原则》等现行版相关法律法规及公司质量管理制度。

 知识链接

> 《药品经营质量管理规范》（2016）
> 第三章　药品零售的质量管理
> 第三节　文　件
>
> 第一百三十八条　药品零售操作规程应当包括：
> （一）药品采购、验收、销售；
> （二）处方审核、调配、核对；
> （三）中药饮片处方审核、调配、核对；
> （四）药品拆零销售；
> （五）特殊管理的药品和国家有专门管理要求的药品的销售；
> （六）营业场所药品陈列及检查；
> （七）营业场所冷藏药品的存放；
> （八）计算机系统的操作和管理；
> （九）设置库房的还应当包括储存和养护的操作规程。

三、药品流通企业质量操作规程涵盖项目

按药品经营质量管理规范要求必须设立的操作规程应包括的内容见表 75-1。

表 75-1　药品批发企业、药品零售企业规程

项目	药品批发企业	药品零售企业
规程名称	1.药品采购操作规程 2.药品收货操作规程 3.药品验收操作规程 4.药品储存操作规程	1.药品采购、验收、销售操作规程 2.处方审核、调配、核对操作规程 3.中药饮片处方审核、调配、核对操作规程 4.药品拆零销售操作规程

续表

项目	药品批发企业	药品零售企业
规程名称	5.药品养护操作规程 6.药品销售操作规程 7.药品出库复核操作规程 8.药品运输操作规程 9.计算机系统的操作规程	5.特殊管理的药品和国家有专门管理要求的药品的销售操作规程 6.营业场所药品陈列及检查操作规程 7.营业场所冷藏药品的存放操作规程 8.计算机系统的操作和管理操作规程 9.库房储存和养护的操作规程

任务实施

（1）确定企业所需的操作规程　根据公司经营需要，企业应当制定药品采购、收货、验收、储存、养护、销售、出库复核、运输等环节及计算机系统的操作规程。

（2）制定操作规程内容的要求　应涵盖企业经营质量管理的各个环节，与相应的质量管理制度保持一致，符合工作实际和岗位要求。

知识链接

药品经营质量管理规范（2016）

第二章　药品批发的质量管理

第四节　质量管理体系文件

第三十五条　企业应当保证各岗位获得与其工作内容相对应的必要文件，并严格按照规定开展工作。

第三十八条　企业应当制定药品采购、收货、验收、储存、养护、销售、出库复核、运输等环节及计算机系统的操作规程。

项目76　操作规程的编制

任务引入

某新建批发企业在建立质量管理体系文件过程中，已经明确了质量管理制度、部门和岗位职责，现在还需要编制能指导人员直接操作的工作流程。请帮助这个企业来完成该项任务。

任务分析

完成本次任务需要做到以下几点:
(1) 明确药品经营企业操作规程的基本格式。
(2) 清楚质量管理文件实施前的培训。
(3) 了解质量管理文件的执行。

相关知识

质量管理操作规程是为进行某项质量活动或过程所规定的途径(方法),是对各项质量活动采取方法的具体描述,也是 GSP 的支持性文件。操作规程中通常包括活动的目的和范围,明确规定何时、何地以及如何做,应采用什么材料、设备,应用哪些质量管理文件,如何对活动进行控制和记录等。

是为了保障工作安全、提高工作效率、规范工作流程而制定的一系列规定和步骤。操作规程通常包括操作流程、操作要点、注意事项、安全措施等内容,是一份详细的操作指南,能够帮助工作人员正确、高效地完成工作任务。

 知识链接

药品经营质量管规范现场检查指导原则

第一部分　药品批发企业

一、《药品经营质量管理规范》部分

质量体系文件	**03101	企业制定质量管理体系文件应当完备,并符合企业实际,文件包括质量管理制度、部门及岗位职责、操作规程、档案、报告、记录和凭证等
	*03201	文件的起草、修订、审核、批准、分发、保管,以及修改、撤销、替换、销毁等应按照文件管理操作规程进行,并保存相关记录
	03301	文件应当标明题目、种类、目的以及文件编号和版本号
	03302	文件文字应当准确、清晰、易懂
	03303	文件应当分类存放,便于查阅
	03401	企业应当定期审核、修订文件
	03402	企业使用的文件应当为现行有效的文本,已废止或者失效的文件除留档备查外,不得在工作现场出现
	03501	企业应当保证各岗位获得与其工作内容相对应的必要文件,并严格按照规定开展工作

 **任务实施**

一、药品经营企业操作规程的基本格式

范例：操作规程的眉头和正文如下。

标 题	药品养护操作规程			编 号	QP-流水号-版本号
起草人		审核人	批准人	执行日	
日 期		日 期	日 期	修订日期	
起草部门			颁发部门		
分发部门					

1.目的：建立药品养护工作程序，规范药品养护工作，确保养护药品符合法定标准和有关规定的要求。
2.依据：《药品管理法》《药品经营质量管理规范》。
3.范围：适用于公司储存过程中药品的养护工作。
4.职责：药品养护员对本规程的实施负责。
5.文件内容
养护人员应当根据库房条件、外部环境、药品质量特性等对药品进行养护，主要内容是：
5.1 指导和督促储存人员对药品进行合理储存与作业。
5.2 检查并改善储存条件、防护措施、卫生环境。
5.2.1 常温库的温度应控制在10~30℃、阴凉库的温度应控制在20℃以内（公司不经营冷藏冷冻药品）。
5.2.2 储存药品相对湿度为35%~75%。
5.3 对库房温湿度进行有效监测、调控。
5.3.1 常温库和阴凉库必需安装24小时温湿度自动监测系统，并能接受食品药品监管部门温湿度远程在线监管。
5.3.2 当温度或湿度达到临界值时自动发出声光报警，提示保管、养护人员及时采取开启空调、冷风机、除湿机以及拖地等措施调节温湿度，以防超标。
5.3.3 养护员应负责养护用的仪器设备、温湿度检测和监控仪器、仓库在用的计量仪器及器具等的管理工作。设施设备仪器每季度要检查、保养、维修并做好有关检查、保养、维修和使用记录，保证设施设备能有效运行，并建立管理档案。
5.4 按照养护计划对库存药品的外观、包装等质量状况进行检查，并建立养护记录；对储存条件有特殊要求的或者有效期较短的品种应当进行重点养护。
5.4.1 普通养护：养护员应在"普通养护检查记录生成"窗口查看系统自动生成的养护计划，并确认生成养护检查记录表，并按照生成的养护检查记录表对实货进行养护，并用手持终端对被养护的药品货位进行扫码确认生成药品养护记录。原则上普通养护品种每3个月为一个养护周期。
5.4.2 重点养护：养护员应在"重点养护检查记录生成"窗口查看系统自动生成的养护计划，并确认生成养护检查记录表，并按照生成的养护检查记录表对实货进行养护，并用手持终端对被养护的药品货位进行扫码确认生成药品养护记录。原则上重点养护品种每1个月为一个养护周期。
5.4.3 重点养护品种由质管部配合养护员确定。公司的重点养护品种为：贵细药材、近期内发生过质量问题品种、近效期药品预警信息表中的药品、不动销6个月以上产品、首营1年内品种、生产日期3年以上的品种及药品监督管理部门近期重点监测的品种。养护员如需调整重点养护品种，可在系统"商品养护设置"窗口中设置养护类型，并报质管部审核。
5.4.4 企业应建立药品养护档案，内容包括药品养护记录以及养护分析汇总记录等。
5.5 养护中如发现质量问题，应立即通过计算机系统填写《药品停售通知单》对问题品种进行锁定同时上报质管部，货位上挂"暂停发货"牌暂停发货。质管部确认不合格的，由质管部负责通知业务部、储运部停止开

单、发货,并联系采购员进行质量查询。

5.6 对中药材和中药饮片应当按其特性采取有效方法进行养护并记录,不得采取硫黄、磷化铝熏蒸等养护方法,不得对药品造成污染。

5.6.1 易虫蛀的中药,如动物类药、蜜炙的、粉性的中药等。检查是否有虫卵或蛀粉等,必要时进行拆包检查。夏秋季温湿度利于昆虫生长繁殖,应及时把握温湿度的变化情况,以防止生虫。

5.6.2 易受潮发霉的中药,如蜜炙类、动物类、花类等。应注意药材本身有无潮湿、柔软、发霉以及生虫现象,必要时拆包检查,梅雨季节对该类中药应加大检查频率,平时注意控制库房湿度。

5.6.3 易泛油的中药,如种子类。堆垛时不宜过多过密,避免光照与受热等。

5.6.4 易风化的中药,如矿物类,检查是否有风化的粉末等,包装应密封,不宜多通风。

5.6.5 气味易散失的中药,如花类、含挥发油的中药等。储存时应注意干燥、阴凉、避光、密封。不宜过多通风。

5.6.6 贵细药材,如参茸类、血竭等,平时多注意巡查,列入重点养护品种。

5.7 定期汇总、分析养护信息,养护员应每季度对养护检查、近效期或长时间储存的药品等质量信息进行汇总、分析填写《养护分析汇总表》并上报到质管部。质管部对《养护分析汇总表》进行审核,并据此指导养护员的养护工作。

6.附录

6.1 RC00701——养护分析汇总表。

6.2 RC00702——设备维修、保养、清洁记录。

6.3 RC00703——养护仪器使用原始记录。

二、质量管理文件实施前的培训

文件执行之日前应对文件使用者进行专题培训,可由文件编制人、审定人、批准人之一进行培训,以保证所有使用者掌握如何使用文件。培训可采用传阅、开会宣读、学习班等形式。一般情况下,文件批准后 7～10 个工作日后才正式执行文件,以便于培训、学习和掌握。

三、质量管理文件的执行

新文件开始执行阶段,相关管理人员应特别注意监督检查执行情况,以保证文件执行的有效性。任何人不得随意改动文件,对文件的任何改动必须经批准人批准,并签字。

项目77 操作规程的管理

 任务引入

某公司使用了新版的质量体系文件以后,还需要做好文件的保管和归档工作,而老版质量管理文件该怎么处理呢?如果你是文件管理负责人,该如何完成该项操作。

任务分析

完成本次任务需要做到以下几点:
(1) 知晓质量管理文件的保管与归档方法。
(2) 熟知质量管理文件的撤销及销毁流程。
(3) 明确质量管理文件优化更新的目标。

相关知识

一、档案的定义

档案是指过去和现在的国家机构、社会组织以及个人从事政治、军事、经济、技术、文化、宗教等活动直接形成的对国家和社会有保存价值的各种文字、图表、声像等不同形式的历史记录。

二、档案的特点

档案的特点有：档案是直接形成与社会实践活动的原始的记录；档案是由文件有条件地转化来的；档案来源广泛，内容丰富，形式多样。

知识链接

药品经营质量管规范现场检查指导原则
第二部分　药品零售企业
一、《药品经营质量管理规范》部分

文件	*13301	企业应当按照有关法律法规及《规范》规定，制定符合企业实际的质量管理文件，包括质量管理制度、岗位职责、操作规程、档案、记录和凭证等
	13302	企业应当对质量管理文件定期审核，及时修订
	*13401	企业应当采取措施确保各岗位人员正确理解质量管理文件的内容，保证质量管理文件有效执行

任务实施

1. 文件保管与归档

文件持有者或部门应按文件类别及编码顺序把文件存放于规定的文件夹内进行登记；应妥善保管文件，不得丢失、撕毁或涂改，并保持文件清洁、整齐及完整。若需保密的文件，应按有关保密制度管理，严格遵守借阅制度，文件借阅要做好记录，并不得随便复印文件。如果文件采用自控系统或管理系统记录，应仅允许受权人操作。文件的归档包括现行文件归档和各种记录归档。文件管理部门应有一套现行文件原件（或样本），并视情况随时更新，记录在案。各种记录一旦填写完成，应按档案管理办法分类归档，并保存至规定日期。

2. 文件撤销及销毁

一旦修订文件生效，原文件应自动失效。文件管理部门应定期公布撤销文件名单。修订生效之日，必须由文件分发者根据文件分发登记表，向持有原文件的人员或部门收回过时的文件。在工作现场不允许同时有2个或2个以上版本的文件。收回的文件，档案必须留存1～2份备查，必要时，质量管理部门也可考虑留档1份，其余文件在清点数量后应全部销毁，由监销人监督并做销毁记录。如文件发现错误，对经营药品的质量及业务活动产生不良影响，必须立即废止、及时回收。文件回收时必须在"文件发放、回收记录"上签字，填明收回日期、收回人，并在回收的文件上加盖"回收文件"印章，以表示回收的文件。

3. 质量管理文件优化更新的目标

文件管理应不断持续改进，其改进的方向一是简化，即简化工作流程，减少中间环节；二是计算机化，即实现文件管理无纸化。另外要建立档案工作领导体制，即确定档案分管的领导，建立工作机构，认真落实档案管理制度，建立和健全档案文件材料的形成、积累、归档的控制体系。

课题25　药品经营管理计算机系统

学习目标

1. 能根据《药品经营质量管理规范》(以下简称 GSP)，规范药品经营企业计算机系统。
2. 能根据 GSP 要求，对公司经营电子数据进行管理。
3. 能根据药品经营活动，规范经营各环节计算机的应用。

项目78　GSP对药品经营企业计算机系统的要求

任务引入

A 公司为新成立的药品经营批发企业，为加强药品经营质量管理，需要建立与经营范围和经营规模相适应的计算机系统，来实时记录药品经营各环节和质量管理全过程，并符合电子监管的实施条件。请你帮助该企业完成此项任务。

任务分析

完成本次任务需要做到以下几点：
（1）知晓计算机系统实行的意义及组成。
（2）熟悉 GSP 对计算机系统硬件的要求。
（3）掌握 GSP 对计算机系统质量管理人员的职责及权限要求。
（4）知晓 GSP 对系统数据安全方面的要求。

相关知识

一、计算机信息化管理的意义

随着计算机信息化管理在药品经营企业的全面应用，计算机化系统运行可靠性、稳定性等问题就成为药品经营企业在实施 GSP 管理中必须面对的问题，新版 GSP 要求药品经营企业全面实施计算机信息化管理，着重强调计算机管理的设施、网络环境数据库及应用软件功能等要求。因此，药品经营企业应当建立符合药品经营全过程管理及质量控制要求的计算机系统，实现药品质量的可追溯性，并满足药品监管部门药品电子监管的实施条件。

制定依据《中华人民共和国药品管理法》《药品经营质量管理规范》《药品质量管理规范现场检查指导原则》等现行版相关法律法规。

 知识链接

药品经营质量管理规范（2016）

第五十七条　企业应当建立能够符合经营全过程管理及质量控制要求的计算机系统实现药品质量可追溯。

第五十八条　企业计算机系统应当符合以下要求：

（一）有支持系统正常运行的服务器和终端机；

（二）有安全稳定的网络环境，有固定接入互联网的方式和安全可靠的信息平台；

（三）有实现部门之间、岗位之间信息传输和数据共享的局域网；

（四）有药品经营业务票据自动生成、打印和管理功能；

（五）有符合本规范要求及企业管理实际需要的应用软件和相关数据库。

第五十九条　各类数据的录入、修改、保存等操作应当符合授权范围、操作规程和管理制度的要求，保证数据原始、真实、准确、安全和可追溯。

第六十条　计算机系统运行中涉及企业经营和管理的数据应当采用安全、可靠的方式储存并按日备份，备份数据应当存放在安全场所，记录类数据的保存时限应当符合本规范第四十二条要求。

二、GSP中计算机系统的组成

计算机系统由计算机硬件系统和计算机软件系统两部分组成。硬件是计算机的实体，又称为硬设备，是所有固定装置的总称，它是计算机实现其功能的物质基础，分为主机和外部设备。软件是指挥计算机运行的程序集，按功能分为系统软件和应用软件。根据作用不同又可以细分（图78-1）。企业通过局

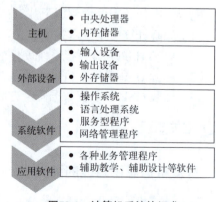

图78-1　计算机系统的组成

域网，实现各部门信息共享和数据实时传输，实现后台全面数据管理和账务管理。

 任务实施

一、GSP中对计算机系统硬件的要求

计算机管理信息系统的硬件设施和网络环境应当有支持系统正常运行的服务器；药品采购、收货、验收、储存、养护、出库复核、销售以及质量管理等岗位应当配备专用的终端设备；有稳定、安全的网络环境，有固定接入互联网的方式和可靠的信息安全平台；药品批发企业有实现相关部门之间、岗位之间信息传输和数据共享的局域网；有符合 GSP 及企业管理实际需要的应用软件和相关数据库。

二、GSP对质量管理部门和质量管理员的计算机系统管理职责的要求

见表 78-1。

表 78-1　GSP 对质量管理部门和质量管理员的计算机系统管理职责的要求

项目	药品经营企业质量管理部门或质量管理人员职责	药品批发企业负责信息管理的部门或人员职责
具体职责	1.负责指导设定系统质量控制功能 2.负责系统操作权限的审核，并定期跟踪检查 3.监督各岗位人员严格按规定流程及要求操作系统 4.对质量管理基础数据的核、确认生效及锁定 5.对业务经营数据修改申请进行审核，符合规定要求的方可按程序修改 6.负责处理系统中涉及药品质的有关问题	1.系统硬件和软件的安装、测试及网络维护 2.系统数据库管理和数据备份 3.负责培训、指导相关岗位人员使用系统 4.负责系统程序的运行及维护管理 5.负责系统网络以及数据的安全管理 6.保证系统日志的完整性 7.建立系统硬件和软件管理档案

三、GSP中对人员权限的要求

权限控制是计算机管理信息系统必须具备的基本功能；权限控制具有排他性和多级性，上级权限含下级权限操作功能。企业最高管理者拥有最高权限。赋予相应权限的岗位人员只能做指定的系统操作工作。未经授权，不能操作本权限以外的系统功能。

药品经营企业应当严格按照相应的操作规程和管理制度进行系统各类数据的录入、修改和保存，以保证记录的原始、真实、准确、安全和可追溯。各操作岗位应当通过输入用户名及密码等身份确认方式登录后，方可在权限范围内录入、查询数据，未经批准不得修改数据信息；修改各类业务经营数据时，操作人员应当在职责范围内提出申请，经质量管理人员审核批准后方可修改，修改的原因和过程应当在系统中记录；系统对各岗位操作人员姓名的记录，应当根据专有的用

户名及密码自动生成，不得采用手工编辑或菜单选择等方式录入；系统操作、数据记录的日期和时间应当由系统自动生成，不得采用手工编辑、菜单选择等方式录入。

> **知识链接**
>
> **《药品经营质量管理规范》（2016）**
> **附录2　药品经营企业计算机系统**
>
> 第三条　药品批发企业系统的硬件设施和网络环境应当符合以下要求：
> （一）有支持系统正常运行的服务器；
> （二）质量管理、采购、收货、验收、储存、养护、出库复核、销售等岗位配备专用的终端设备；
> （三）有稳定、安全的网络环境，有固定接入互联网的方式和可靠的信息安全平台；
> （四）有实现相关部门之间、岗位之间信息传输和数据共享的局域网；
> （五）有符合《规范》及企业管理实际需要的应用软件和相关数据库。
> 第二十一条　药品零售企业系统的销售管理应当符合以下要求：
> （一）建立包括供货单位、经营品种等相关内容的质量管理基础数据；
> （二）依据质量管理基础数据，自动识别处方药、特殊管理的药品以及其他国家有专门管理要求的药品；
> （三）拒绝国家有专门管理要求的药品超数量销售；
> （四）与结算系统、开票系统对接，对每笔销售自动打印销售票据，并自动生成销售记录；
> （五）依据质量管理基础数据，对拆零药品单独建立销售记录，对拆零药品实施安全、合理的销售控制；
> （六）依据质量管理基础数据，定期自动生成陈列药品检查计划；
> （七）依据质量管理基础数据，对药品有效期进行跟踪，对近效期的给予预警提示，超有效期的自动锁定及停销；
> （八）各类数据的录入与保存符合本附录第六条、第七条的相关要求。

四、GSP中对系统数据安全方面的要求

企业根据计算机管理制度对系统各类记录和数据进行安全管理，采用安全可靠的方式存储和备份各类记录和数据。

（1）计算机系统应能完成覆盖药品经营管理全过程的相关记录，并能打印计算机、系统数据应真实、完整、准确。

（2）计算机系统各种记录应与原始凭证的内容一致，操作人员与原始凭证上的签名应相同。

（3）系统模块操作及数据记录的日期和时间均应由系统自动生成，不得采用手工编辑、菜单选择等方式录入。

（4）修改痕迹可查，系统日志完整。

（5）数据按日备份。备份数据的介质应存放在安全场所，防止与服务器同时遭遇灾害造成损坏或丢失；记录及凭证至少保存 5 年。疫苗、特殊管理的药品按规定保存：疫苗，超过有效期 2 年；麻醉药品和精神药品，自药品有效期期满之日起不少于 5 年；易制毒化学品，有效期期满之日起不少于 2 年。

项目79　电子数据的管理

任务引入

在新成立的某市药品经营企业中已配备了计算机系统，GSP 对电子数据的管理也有非常严格的要求，要确保各种记录的原始、真实、完整、准确、可追溯。请你按要求建立电子数据管理措施。

任务分析

完成本次任务需要做到以下几点：

（1）知晓《药品经营质量管理规范》中，对电子记录的概念和优势。

（2）掌握《药品经营质量管理规范》中，对电子数据管理的要求和原则。

（3）了解《药品经营质量管理规范》中，电子数据管理的管理措施。

相关知识

一、

电子记录是指使用计算机数据处理系统、照相技术或其他可靠方式记录的数据资料。

新版 GSP 中的电子记录分为两类：①计算机化系统自动生成的记录；②药品经营各环节的操作人员手动录入数据形成的记录。此类记录主要包括基础数据和不能自动采集，必须经由操作人员手动从终端录入的。

二、电子数据的优势

（1）采集的数据更加完整，产品质量的追溯性更强。

（2）检索方便，速度快捷，方便保存。

（3）数据易进行统计分析。计算机化系统自动采集的数据可直接由数据软件处理，高效可靠。有助于质量追溯和质量系统的持续改进。

（4）记录真实可靠　为避免电子记录的变更、替代或伪造，各类数据的录入、修改、保存等操作应当符合授权范围、操作规程和管理制度的要求，保证数据的原始、真实、准确、安全和可追溯，且记录应由专门人员及时备份。

（5）计算机系统应能自动识别购货单位的法定资质，拒绝超出经营方式或经营范围销售订单的生成。

（6）计算机系统可进行资质类文件的有效期管理，避免供货、购货单位或商品发生资质过期仍继续经营的情况。

知识链接

药品经营质量管理规范（2016）

第三十九条　企业应当建立药品采购、验收、养护、销售、出库复核、销后退回和购进退出、运输、储运温湿度监测、不合格药品处理等相关记录，做到真实、完整、准确、有效和可追溯。

第四十条　通过计算机系统记录数据时，有关人员应当按照操作规程，通过授权及密码登录后方可进行数据的录入或者复核；数据的更改应当经质量管理部门审核并在其监督下进行，更改过程应当留有记录。

任务实施

1. 电子记录的管理原则

应当和纸质管理记录一致，符合 GSP 管理标准。

2. 具体管理措施

（1）生成电子记录的计算机化系统必须经过验证，其后的运行状态应当和验证过的状态一致。

（2）生成和管理电子记录的系统应该是封闭的系统。该系统应该为不同的管理人员和使用人员设置不同的权限，使用密码或其他方式控制系统的登录。只有经授权的人员方可使用电子数据处理系统输入或更改数据，且更改和删除数据应当有记录；关键数据输入后，应由他人独立复核后完成。

（3）在药品经营质量管理过程中，计算机化系统所获得电子记录要保持真实、准确、完整。

（4）改动电子记录时，不能覆盖改动前的信息，即系统必须将改动前的信息完整保留且改动人需准确填写改动的原因并签名，该信息同时保留在数据库中。并进行备份，以确保记录的安全且数据资料在保存期内便于查阅。

（5）计算机化系统在获得权限之后，能够拷贝、转存、发送数据。由计算机化系统自动获取的数据形成的记录，应按时间顺序存储。在遭遇断电或其他突发事故后，记录的内容能够立即恢复并且不失真。

（6）应重视电子记录系统的开发者、维护者和使用者的学历、资历、培训经历和经验，其所具备的资历保证其胜任工作。在新法规发布施行后，系统应根据管理要求做相应的升级。

项目80　计算机在药品经营企业的主要应用

任务引入

在一家新成立的药品批发经营公司中，需要配备计算机系统以提高工作效率和准确率。现在我们要了解计算机系统在药品经营活动的应用情况，以更好地为企业经营服务。

任务分析

完成本次任务需要做到以下几点：
（1）明确计算机信息化的定义。
（2）了解计算机系统在批发企业经营中的应用。
（3）知晓计算机系统在零售企业经营中的应用。

相关知识

计算机信息化工作是指在计算机技术的支持下，对于信息、资源、流程和管理进行集成与优化，提高信息化水平和效率的工作。计算机信息化已经成为现代化管理中不可或缺的一部分。

信息化时代，信息的流传速度越来越快，信息的积累量越来越大，信息获取的成本也越来越低。在这种情况下，计算机信息化运用计算机技术来处理信息已成为现代管理的必须选择。

一、计算机信息化的意义

（1）提高工作效率　计算机信息化实现了信息、流程和资源的集成和管理，提高了工作效率，减少了管理成本。

（2）提高管理水平和决策能力　计算机信息化利用高效的信息管理系统帮助管理者快速掌握信息、及时作出决策，预测市场的变化，控制成本，提升企业的核心竞争力。

（3）实现信息化的自动化程度　计算机信息化可以优化业务流程，降低人工成本，增加管理的透明度，减少人为误判和误处理现象。

计算机信息化可以帮助企业有效地掌握有关业务信息，在药品流通过程中，有效防止药品的污染、混淆与差错，更好地实施新版 GSP，提高企业管理水平和工作效率，降低人工成本，提高企业的经济效益。

二、计算机系统在零售企业经营中应用

（1）系统依据质量管理要求进行供货商资质、经营商品的合法性控制。

（2）系统对药品进货验收、在库养护、近效期提醒、销售、退货等环节进行控制，并生成相应记录。

（3）系统能依据质量管理基础数据，自动识别处方药、特殊管理的药品以及其他国家有专门管理要求的药品，保证合法、规范销售，杜绝超数量销售行为的发生。

（4）系统能与医保系统、结算系统、开票系统、会员系统对接，参与企业经营管理。对每笔销售自动打印销售票据，并自动生成销售记录。

（5）系统能对拆零药品单独建立销售记录，对拆零药品实施安全、合理的销售控制。

（6）系统应符合药监系统对药品追溯的要求。

 知识链接

《药品经营质量管理规范》（2016）
附录2　药品经营企业计算机系统

第一条　药品经营企业应当建立与经营范围和经营规模相适应的计算机系统（以下简称系统），能够实施控制并记录经营各环节和质量管理全过程，并符合电子监管的实施条件。

第二条　药品经营企业应当按照《药品经营质量管理规范》（以下简称《规范》）相关规定，在系统中设置各经营流程的质量控制功能，与采购、销售以及收货、验收、储存、养护、出库复核、运输等系统形成内嵌式结构，对各项经营活动进行判断，对不符合药品监督管理法律法规以及《规范》的行为进行识别及控制，确保各项质量控制功能的实时和有效。

任务实施

计算机系统在批发企业经营中的主要应用如下。

（1）采购环节　系统对各供货单位的法定资质能够自动审核，拒绝超出经营范围、经营方式的采购行为发生。药品的采购订单应当依据计算机管理系统建立的质量管理基础数据制定。系统对各购货单位的法定资质能自动识别、审核，系统拒绝任何无质量管理基础数据支持的任何采购订单的生成。订单确认后，自动生成采购记录，系统拒绝生成计划时应显示原因。

（2）收货　药品到货时，系统应支持收货人员查询采购订单，对照随货同行单（票）及实物确认相关信息无误后，进行收货。系统支持收货人员查询到货品种和供应商的基础信息，支持收货人员记录运输方式、车辆情况、启运时间等信息，冷藏、冷冻药品到货时，还应对运输过程的温度记录、运输时间等质量控制状况进行记录。核对确认到货信息后，提交验收组验收。系统生成收货记录。

（3）验收　验收人员对照系统信息提示进行药品实物验收，对照药品实物在系统采购记录的基础上录入药品批号、生产日期、有效期、到货数量、验收合格数量、验收结果等内容。确认后，系统生成验收记录。验收结束后系统可打印或传输入库指令。系统根据药品基础信息维护的管理类别及储存特性，自动提示相应的储存库区。

（4）养护　系统应当依据质量管理基础数据库和养护制度及验收记录，对库存药品按期自动生成养护工作计划，分普通养护和重点养护来提示养护人员对库存药品进行有序、合理的养护。养护完成后产生养护记录。

（5）效期管理　系统应当对库存药品的有效期进行自动跟踪和控制，具备近效期预警提示、超有效期自动锁定、近效期开单提示及停售等功能。

（6）销售　销售药品时，系统对购货单位的法定资质能够自动识别并审核，根据质量管理基础数据，销售商品的性质和类别，防止超出经营方式或经营范围的销售行为的发生。对购货单位维护系统接口的，可引用购货单位采购计划生成销售单。销售订单确认后，系统自动生成销售记录。

（7）出库　当确认后的销售数据传输至仓储部门后，系统提示出库及复核，在完成拣货和复核任务后，打印出库单，系统自动生成出库复核记录。

（8）销售退回

① 处理销后退回药品时，系统能够调出或引用根据购货单位所对应的原销售记录，生成销后退回申请单，系统拒绝非本公司销售药品的退回，同时拒绝超销售数量退货。

② 销后退回申请单经审核同意退回后，收货人员可进行销售退回收货，完成收货的由验收人员进行销售退回验收。系统生成销售退回收货记录和销售退回

验收记录。

购进退出：系统则根据原验收入库记录数据，按实际退货数量，生成企业退出供应商的购进退出记录。

（9）有疑问药品、不合格药品的控制

① 各岗位发现质量有疑问药品，按照本岗位操作权限实施锁定，通知质量管理人员。

② 被锁定药品由质量管理人员确认，不存在质量问题的药品由质量管理人员解除锁定，继续上架可销售；存在质量问题的药品在质量管理人员判定后，系统生成不合格药品记录，实物转入不合格专区，系统记录审核过程。

③ 系统对质量不合格药品的销毁流程（人员、销毁方法等）需详细记录，产生销毁记录。

（10）运输　对药品运输的在途时间进行跟踪管理，记录发运信息，建立运输记录，内容包括运输工具和启运时间等；对有运输时限要求的应当提示警示相关部门及岗位。系统对委托运输的支持生成药品委托运输记录。

（11）温湿度自动监测　库房及保温箱、冷藏车应当配备自动监测、记录温湿度的设备。应当自动生成温湿度监测记录，内容包括温度值、湿度值、日期、时间、测点位置、库区或运输工具类别等。并应满足药品监管部门实施在线远程监管的条件。

模块八

药品安全法律责任

课题26　销售假药、劣药的法律责任

学习目标

1. 能根据法律法规的规定，明确假药、劣药的界定。
2. 能根据法律法规的规定，明确销售假药、劣药应承担的法律责任。
3. 能根据法律法规的规定，明确为假劣药品销售提供运输、保管、仓储等便利条件的主体应承担的法律责任。

项目81　销售假药的法律责任

任务引入

影片《我不是药神》的主人公程勇查出患有白血病，需要用抗癌药甲磺酸伊马替尼，药费每年高达几十万元，他无意中发现印度有疗效接近的仿制药，但价格只是原研药的几十分之一，于是他开始从印度购买药品，同时也帮助病友采购。综上所述，按照《中华人民共和国药品管理法》判定该案中涉及的药品是否为假药？分析该案例。

任务分析

完成本次任务需要做到以下几点：
（1）明确药品安全法律责任的概念和特征。
（2）明确假药认定的情形。
（3）明确销售假药的法律责任。

相关知识

药品安全直接关系人民群众身体健康和生命安全，切实做好药品安全工作，落实好药品安全法律责任。法律责任是指因违法行为或其他规定的事实出现,一定主体应承担的不利后果。药品安全法律责任是指由于违反药品法律法规所应承担的法律后果。

一、假药的认定

《中华人民共和国药品管理法》(以下简称《药品管理法》)第九十八条规定,禁止销售假药。有下列情形之一的,为假药:①药品所含成分与国家药品标准规定的成分不符;②以非药品冒充药品或者以他种药品冒充此种药品;③变质的药品;④药品所表明的适应证或者功能主治超出规定范围。

> **知识链接**
>
> 关于假药的认定,《国家药监局综合司关于进一步做好案件查办工作有关事项的通知》(药监综法〔2020〕63号)指出,对公安机关在办理危害药品安全犯罪案件中商请药品监督管理部门提供检验、认定意见的,对标明的适应证或者功能主治超出规定范围的药品,过期药品,未标明或者更改有效期、产品批号的药品,以及其他有充分证据证明其为假药或者劣药的,无需送药品检验机构检验,可以直接出具认定意见。同时,《国家药监局综合司关于假劣药认定有关问题的复函》(药监综法函〔2020〕431号)也指出,根据《药品管理法》第九十八条第二款第四项"药品所标明的适应证或者功能主治超出规定范围"认定为假药,只需要事实认定,不需要对涉案药品进行检验,处罚决定亦无需载明药品检验机构的质量检验结论。

二、销售假药的行政责任

1. 单位承担的行政责任

根据《药品管理法》第一百一十六条的规定,生产、销售假药的,没收违法生产、销售的药品和违法所得,责令停产停业整顿,吊销药品批准证明文件,并处违法生产、销售的药品货值金额15倍以上30倍以下的罚款;货值金额不足10万元的,按10万元计算;情节严重的,吊销药品生产许可证、药品经营许可证或者医疗机构制剂许可证,10年内不受理其相应申请;药品上市许可持有人为境外企业的,10年内禁止其药品进口。

2. 相关人员承担的行政责任

根据《药品管理法》第一百二十八条第一款的规定,生产、销售假药,对法定代表人、主要负责人、直接负责的主管人员和其他责任人员,没收违法行为发生期间自本单位所获收入,并处所罚所获收入30%以上3倍以下的罚款,终身禁止从事药品生产经营活动，并可以由公安机关处 5 日以上 15 日以下的拘留。

3. 从重处罚的情节

根据《药品管理法》第一百三十七条的规定，生产、销售假药，有下列行为之一的，从重处罚：①以麻醉药品、精神药品、医疗用毒性药品、放射性药品、药品类易制毒化学品冒充其他药品，或者以其他药品冒充上述药品；②生产、销售以孕产妇、儿童为主要使用对象的假药；③生产、销售的生物制品属于假药；④生产、销售假药、劣药，造成人身伤害后果；⑤生产、销售假药，经处理后再犯；⑥拒绝、逃避监督检查，伪造、销毁、隐匿有关证据材料，或者擅自动用查封、扣押物品。

三、销售假药的刑事责任

根据《刑法》第一百四十一条的规定，生产、销售假药的，处 3 年以下有期徒刑或者拘役，并处罚金；对人体健康造成严重危害或者有其他严重情节的，处 3 年以上 10 年以下有期徒刑，并处罚金；致人死亡或者有其他特别严重情节的，处 10 年以上有期徒刑、无期徒刑或者死刑，并处罚金或者没收财产。药品使用单位的人员明知是假药而提供给他人使用的，依照前款的规定处罚。

任务实施

要完成此案例的分析，在案例分析的过程中，要了解案件发生的时间，要明确《药品管理法》2015 年版和通过修订后 2019 年版中不同的规定，以确保分析该案例时符合要求。

（1）根据《药品管理法》（2015 年版）第四十八条规定程勇案中帮忙购买的甲磺酸伊马替尼仿制药应属于假药。

（2）根据《药品管理法》（2019 年版）中，假药的定义发生了很大的变化，与海外代购药品有关的法条"依照本法必须批准而未经批准生产、进口，或者依照本法必须检验而未经检验即销售的按假药论处"已经删除，也就说这类药品不再归为假药。

（3）根据《药品管理法》（2019 年版）并不意味海外购药合法，医疗机构及个人因临床需要采购少量药品入境需要按照国家有关规定办理。如果以盈利为目的，到了国内有销售行为，依然是违法行为，务必分清楚帮忙代购和代购的区别。

（4）国外上市的药品，临床试验主要在申报国家完成，但同一品种在不同人种中的药效和不良反应不尽相同，不能简单套用，经过进口，由国家药品监督管理部门的专业把关，其有效性、安全性和合法性才能得以保障。

项目82　销售劣药的法律责任

任务引入

2021年12月，A县市场监管局执法人员在对A县某村的B药房开展药品安全检查时，在该药房的药柜上发现了5盒××牌消肿橡胶膏未标明有效期。请分析该案例的B药房行为是否违反了《药品管理法》的相关规定，构成销售劣药的行为？请分析该案例。

任务分析

完成本次任务需要做到以下几点：
（1）明确劣药认定的情形。
（2）收集违反《药品管理法》相关规定的信息。
（3）明确销售劣药的单位及个人应承担的法律责任。

相关知识

药品安全直接关系人民群众身体健康和生命安全，切实做好药品安全工作，落实好药品安全法律责任。销售劣药的行为具有严重的社会危害性，要为此承担行政责任乃至刑事责任。

一、劣药的认定

根据《药品管理法》第九十八条的规定，有下列情形之一的，为劣药：①药品成分的含量不符合国家药品标准；②被污染的药品；③未标明或者更改有效期的药品；④未注明或者更改产品批号的药品；⑤超过有效期的药品；⑥擅自添加防腐剂、辅料的药品；⑦其他不符合药品标准的药品。

禁止未取得药品标准证明文件生产、进口药品；禁止使用未按照规定审评、审批的原料药、包装材料和容器生产药品。

二、销售劣药的行政责任

1. 单位承担的行政责任

根据《药品管理法》第一百一十七条的规定，生产、销售劣药的，没收违法生产、销售的药品和违法所得，并处违法生产、销售的药品货值金额10倍以上20倍以下的罚款；违法生产、批发的药品货值金额不足10万元的，按10万元计算，违法零售的药品货值金额不足1万元的，按1万元计算；情节严重的，责令停产停业整顿直至吊销药品批准证明文件、药品生产许可证、药品经营许可证或者医疗机构制剂许可证。

生产、销售的中药饮片不符合药品标准，尚不影响安全性、有效性的，责令限期改正，给予警告，可以处10万元以上50万元以下的罚款。

2. 相关人员承担的行政责任

根据《药品管理法》第一百一十八条的规定，生产、销售劣药且情节严重的，对法定代表人、主要负责人、直接负责的主管人员和其他责任人员，没收违法行为发生期间自本单位所获收入，并处所获收入30%以上3倍以下的罚款，终身禁止从事药品生产经营活动，并可以由公安机关处5日以上15日以下的拘留。同时，根据《药品管理法》第一百一十九条的规定，药品使用单位使用假药、劣药的，按照销售假药、零售劣药的规定处罚；情节严重的，法定代表人、主要负责人、直接负责的主管人员和其他责任人员有医疗卫生人员执业证书的，还应当吊销执业证书。

3. 从重处罚的情节

根据《药品管理法》第一百三十七条的规定，生产、销售劣药，有下列行为之一的，由药品监督管理部门在《药品管理法》和《药品管理法实施条例》规定的处罚幅度内从重处罚：①以麻醉药品、精神药品、医疗用毒性药品、放射性药品、药品类易制毒化学品冒充其他药品，或者以其他药品冒充上述药品；②生产、销售以孕产妇、儿童为主要使用对象的劣药；③生产、销售的生物制品属于劣药；④生产、销售劣药，造成人身伤害后果；⑤生产、销售劣药，经处理后再犯；⑥拒绝、逃避监督检查，伪造、销毁、隐匿有关证据材料，或者擅自动用查封、扣押物品。

三、销售劣药的刑事责任

刑事责任认定及刑罚：根据《刑法》第一百四十二条的规定，生产、销售劣药，对人体健康造成严重危害的，处3年以上10年以下有期徒刑，并处罚金；后果特别严重的，处10年以上有期徒刑或者无期徒刑，并处罚金或者没收财产。

药品使用单位的人员明知是劣药而提供给他人使用的，依照前款的规定处罚。

❖ 任务实施

要完成销售劣药案例的分析，需要运用法律的思维逻辑分析，根据法律法规的规定，以确保对案例正确的判定。

（1）根据《药品管理法》的规定，去分析案例中的药品是不是《药品管理法》第九十八条规定情形之一的药品，确定该药是否为劣药。

（2）通过学习对案例的分析，按照《中华人民共和国药品管理法》第九十八条第三款第五项的规定，上述案例中的过期药品认定为劣药。

（3）根据《药品管理法》规定，销售劣药的单位或个人都要承担相应的法律责任。如有《药品管理法》第一百三十七条规定的行为之一的都将从重处罚。

（4）根据《药品管理法》第一百一十七条的规定，案例中当事人的违法行为应承担相应的法律责任。

（5）销售劣药对人体造成严重危害的，根据《刑法》一百四十二条的规定要承担相应的刑事责任及刑罚。

项目83　为销售假劣药品提供便利条件的法律责任

任务引入

2019年1月底，Z药业公司黄某擅自生产该公司的抗癌专利药盐酸安罗替尼胶囊并以8mg规格的盐酸安罗替尼胶囊假冒12mg规格，伪造商标标识。沈某利用A医药公司销售经理的职务便利，明知黄某私自配制药品仍帮其联系卖家邮寄发货，提供个人及亲属微信收款码收取、保管销售款。请思考此案例并分析。

任务分析

完成本次任务需要做到以下几点：
（1）明确假药、劣药界定的情形和销售假药、劣药应承担的法律责任。
（2）明确为其提供便利条件应承担的法律责任。
（3）准确判断为销售假药、劣药提供运输、保管、仓储等便利条件的主体，应承担的法律责任。

相关知识

为药品生产经营者等提供储存、运输等服务的单位或者个人，并不一定知道所储存、运输的药品的质量状况。对客观上为假药、劣药等提供了储存、运输等服务的单位或者人，应当区别对待。对主观上知道或者应当知道属于假药、劣药而为其提供储存、运输等便利条件的，要承担相应的法律责任。坚决打击与销售假劣药有关的一切违法犯罪行为。

一、为销售假劣药品提供便利条件的行政责任

根据《药品管理法》第一百二十条规定，知道或者应当知道属于假药、劣药或者本法第一百二十四条第一款第一项至第五项规定的药品，而为其提供储存、运输等便利条件的，应当依照本条规定给予处罚。

本条规定的行政责任包括：没收全部储存、运输收入，并处违法收入1倍以上5倍以下的罚款；情节严重的，并处违法收入5倍以上15倍以下的罚款；违法收入不足5万元的，按5万元计算。

与修订前按违法收入的50%以上3倍以下处以罚款相比，此次修订大大提高了罚款幅度，加大了惩处力度。

> **知识链接**
>
> 《药品管理法》第一百二十四条第一款第一项至第五项规定：
> （一）未取得药品批准证明文件生产、进口药品；
> （二）使用采取欺骗手段取得的药品批准证明文件生产、进口药品；
> （三）使用未经审评审批的原料药生产药品；
> （四）应当检验而未经检验即销售药品；
> （五）生产、销售国务院药品监督管理部门禁止使用的药品。

二、为销售假劣药品提供便利条件的刑事责任

根据《药品管理法》第一百一十四条的规定，违反本法规定，构成犯罪的，依法追究刑事责任。2014年《最高人民法院、最高人民检察院关于办理危害药品安全刑事案件适用法律若干问题的解释》规定，明知他人生产、销售假药、劣药，而有下列情形之一的，以共同犯罪论处：

（1）提供资金、贷款、账号、发票、证明、许可证件的；
（2）提供生产、经营场所、设备或者运输、储存、保管、邮寄、网络销售渠道等便利条件的；
（3）提供生产技术或者原料、辅料、包装材料、标签、说明书的；
（4）提供广告宣传等帮助行为的。

根据上述规定，知道或者应当知道属于假药、劣药或者《药品管理法》第一百二十四条一款第一项至第五项规定的药品，而为其提供储存、运输等便利条件的，应当以生产、销售假药罪或者生产、销售劣药罪等的共同犯罪论处。

任务实施

要完成此案例的分析，在判定是否为销售假劣药提供便利条件而违法犯罪

时，需要根据法律法规的规定，以确保分析该案例时符合要求。

（1）首先要掌握界定假药、劣药品的情形，分析案例中是否有符合认定为假药、劣药的情形，明确销售假药、劣药品应承担的法律责任。

（2）根据《药品管理法》，收集案例中的违法信息，分析案例中的药品含量均匀度及盐酸安罗替尼含量不符合规定，认定为劣药。

（3）依照《药品管理法》第一百二十四条一款第一项至第五项规定的药品，而为其提供储存、运输等便利条件的，应当以生产、销售假药罪或者生产、销售劣药罪等的共同犯罪论处。案例中的黄某和沈某可以以生产、销售劣药罪判定。

（4）按照法律法规规定的内容，案例中的黄某和沈某经过分析判定，应为其犯下的违法行为承担相应的法律责任。

课题27　违反药品流通监管的法律责任

学习目标

1. 能根据《药品管理法》的规定，判断无证经营药品相关的法律责任。
2. 能按照相关法律法规的规定，判断与许可证、批准证明文件相关的法律责任。
3. 能根据相关法律法规的规定，判断违反药品经营质量管理规范的法律责任。
4. 能按照相关法律法规的规定，判断违反药品不良反应监测和报告的法律责任。
5. 能按照相关法律法规的规定，判断其他违反药品管理规定的法律责任。

项目84　与无证经营相关的法律责任

任务引入

2022年7月，某市场监督管理局根据国家药品网络销售监测平台监测线索，对小红书平台网店进行检查时，发现有两家店未取得《药品经营许可证》，通过小红书平台销售"多维元素片"等药品。通过学习，请大家分析该案例。

任务分析

完成本次任务需要做到以下几点：
（1）明确无证经营药品的情形以及应承担的法律责任。
（2）确认从无证经营企业购入药品应承担的法律责任。
（3）收集未取得药品批准证明文件进口药品等违法行为的信息，明确其违法行为应承担的法律责任。

> **相关知识**

从事药品批发活动,应当经所在地省、自治区、直辖市人民政府药品监督管理部门批准,取得药品经营许可证。从事药品零售活动,应当经所在地的县级以上人民政府药品监督管理部门批准,取得药品经营许可证。无药品经营许可证的,不得经营药品。违反这一规定的,应当依照《药品管理法》,发挥法律的威慑作用,打击与无证经营有关的违法犯罪行为。

一、无证经营药品的法律责任

1. 违法行为

根据《药品管理法》第一百一十五条的规定,未取得药品生产许可证、药品经营许可证或者医疗机构制剂许可证生产、销售药品的。

2. 法律责任

根据《药品管理法》第一百一十五条的规定,责令关闭,没收违法生产、销售的药品和违法所得,并处违法生产、销售的药品(包括已售出和未售出的药品,下同)货值金额15倍以上30倍以下的罚款;货值金额不足10万元的,按10万元计算。

3. 其他按照无证经营处罚的情形

(1)未经批准,擅自在城乡集市贸易市场设点销售药品或者在城乡集市贸易市场设点销售的药品超出批准经营的药品范围的。

(2)个人设置的门诊部、诊所等医疗机构向患者提供的药品超出规定的范围和品种的。

(3)药品经营企业和医疗机构变更药品经营许可事项,应当办理变更登记手续而未办理的,由原发证部门给予警告,责令限期补办变更登记手续;逾期不补办的,宣布其《药品经营许可证》和《医疗机构制剂许可证》无效;仍从事药品经营活动的,依照《药品管理法》第一百一十五条的规定处罚。

二、从无证经营企业购入药品的法律责任

1. 违法行为

根据《药品管理法》第一百二十九条的规定,药品经营企业或者医疗机构未从药品上市许可持有人或者具有药品生产、经营资格的企业购进药品的。

2. 法律责任

根据《药品管理法》第一百二十九条的规定,责令改正,没收违法购进的药

品和违法所得，并处违法购进药品货值金额 2 倍以上 10 倍以下的罚款；情节严重的，并处货值金额 10 倍以上 30 倍以下的罚款，吊销药品批准证明文件、药品生产许可证、药品经营许可证或者医疗机构执业许可证；货值金额不足 5 万元的，按 5 万元计算。

> **知识链接**
>
> 《药品管理法》规定关于相关主体应当从有药品经营资格的企业购进药品
>
> 　　第五十五条　药品上市许可持有人、药品生产企业、药品经营企业和医疗机构应当从药品上市许可持有人或者具有药品生产、经营资格的企业购进药品；但是，购进未实施审批管理的中药材除外。

三、未经批准进口药品的法律责任

1. 违法行为

根据《药品管理法》第一百二十四条的规定，未取得药品批准证明文件进口药品的，或使用采取欺骗手段取得的药品批准证明文件生产、进口药品的。

2. 法律责任

根据《药品管理法》第一百二十四条的规定，没收违法生产、进口、销售的药品，责令停产停业整顿，并处违法进口、销售的药品货值金额 15 倍以上 30 倍以下的罚款，货值金额不足 10 万元的，按 10 万元计算；情节严重的，吊销药品批准证明文件直至吊销药品生产许可证、药品经营许可证或者医疗机构制剂许可证，对法定代表人、主要负责人、直接负责的主管人员和其他责任人员，没收违法行为发生期间自本单位所获收入，并处所获收入 30% 以上 3 倍以下的罚款，10 年直至终身禁止从事药品生产经营活动，并可以由公安机关处 5 日以上 15 日以下的拘留。销售未取得药品批准证明文件进口的药品，或者药品使用单位使用未取得药品批准证明文件进口的药品的，情节严重的，药品使用单位的法定代表人、主要负责人、直接负责的主管人员和其他责任人员有医疗卫生人员执业证书的，还应当吊销执业证书。

> **知识链接**
>
> 《药品管理法》第一百二十四条第三款的规定
>
> 　　未经批准进口少量境外已合法上市的药品，情节较轻的，可以依法减轻或者免予处罚。需要特别说明的是，未经批准进口少量境外已合法上市的药品，属于违反了药品管理秩序的违法行为，如果情节较轻，可给予依法减轻或者免予处罚，但依然属于违法行为。

3. 其他情形

个人自用携带入境少量药品，按照国家有关规定办理。即个人自带少量亲属用、自用的入境，是法律允许的，但个人自带少量药品入境后再销售就属于违法行为。

任务实施

要完成无证经营药品案例的分析，需要根据法律法规规定的情形，明确其违法行为需承担的法律责任，以确保分析该案例时符合要求。

（1）根据《药品管理法》的规定，去分析案例中的相关主体是不是未取得药品经营许可证去销售药品、从无证经营企业购入药品或未经批准进口药品。

（2）通过分析案例，收集违法信息，确认该案例的相关主体违反了《药品管理法》第一百一十五条的规定，无证经营药品。

（3）依照有关法律法规，对其违法行为进行判定，承担相应的法律责任。

（4）无证经营药品行为危害人体健康安全，存在重大安全隐患。如有关主体无证经营药品相关行为触犯刑律，依照刑法追究刑事责任。

项目85　与许可证、批准证明文件相关的法律责任

任务引入

2020年8月至2022年6月，某省××药业有限公司为王某购进、销售上海新华联制药有限公司生产的米非司酮片（批准文号为国药准字H10950202），为其提供《药品经营许可证》、票据、印章等便利条件，违法所得10330元。通过学习，请分析此案例。

任务分析

完成本次任务需要做到以下几点：

（1）明确伪造、变造、买卖、出租、出借许可证或者药品批准证明文件应当承担的法律责任。

（2）确认骗取许可证或批准证明文件应当承担的法律责任。

（3）如与许可证、批准证明文件相关的违法行为有严重危害或严重情节触犯刑律的，依照刑法追究刑事责任。

相关知识

药品生产、经营许可证,药品批准证明文件,是药品监督管理机关制作颁发的用以证明药品生产者、经营者、药品上市许可持有人身份的凭证,属于国家机关证件,是在药品领域实行管理活动的重要凭证和手段。任何伪造、变造、出租、出借、非法买卖行为,都会影响国家药品监督管理机关的正常管理活动和信誉,破坏社会管理秩序,必须予以严厉打击。

一、伪造、变造、买卖、出租、出借许可证或药品批准证明文件的法律责任

1. 行政许可

行政许可是行政机关根据公民、法人或者其他组织的申请,经依法审查,准予其从事特定活动的行为,参见《中华人民共和国行政许可法》(以下简称《行政许可法》)第二条。行政许可具有法律效力,它解除了行政相对人从事特定活动的禁止,赋予了行政相对人相应的权利。《行政许可法》第九条规定,依法取得的行政许可,除法律、法规规定依照法定条件和程序可以转让的外,不得转让。

2. 违法行为

根据《药品管理法》第一百二十二条的规定,伪造、变造、出租、出借、非法买卖许可证或者药品批准证明文件的。

3. 法律责任

根据《药品管理法》第一百二十二条的规定,没收违法所得,并处违法所得 1 倍以上 5 倍以下的罚款;情节严重的,并处违法所得 5 倍以上 15 倍以下的罚款,吊销药品生产许可证、药品经营许可证、医疗机构制剂许可证或者药品批准证明文件,对法定代表人、主要负责人、直接负责的主管人员和其他责任人员,处 2 万元以上 20 万元以下的罚款,10 年内禁止从事药品生产经营活动,并可由公安机关处 5 日以上 15 日以下的拘留;违法所得不足 10 万元的,按 10 万元计算。

知识链接

《疫苗管理法》第八十一条规定的情形

(一)申请疫苗临床试验、注册、批签发提供虚假数据、资料、样品或者有其他欺骗行为;

（二）编造生产、检验记录或者更改产品批号；
（三）疾病预防控制机构以外的单位或者个人向接种单位供应疫苗；
（四）委托生产疫苗未经批准；
（五）生产工艺、生产场地、关键设备等发生变更按照规定应当经批准而未经批准；
（六）更新疫苗说明书、标签按照规定应当经核准而未经核准。

二、骗取许可证或批准证明文件的法律责任

1. 违法行为

根据《疫苗管理法》第八十一条和《药品注册管理办法》第一百一十二条的规定，申请疫苗临床试验、注册、批签发提供虚假数据、资料、样品或者有其他欺骗行为的。

2. 法律责任

由省级以上药品监督管理部门没收违法所得和违法生产销售的疫苗以及专门用于违法生产疫苗的原料、辅料、包装材料、设备等物品，责令停产停业整顿，并处违法生产、销售疫苗货值金额15倍以上50倍以下的罚款，货值金额不足50万元的，按50万元计算；情节严重的，吊销药品相关批准证明文件，直至吊销药品生产许可证等，对法定代表人、主要负责人、直接负责的主管人员和关键岗位人员以及其他责任人员，没收违法行为发生期间自本单位所获收入，并处所获收入50%以上10倍以下的罚款，10年内直至终身禁止从事药品生产经营活动，由公安机关处5日以上15日以下拘留。

3. 刑事责任认定及刑罚

根据《刑法》第一百四十二条的规定，违反药品管理法规，药品申请注册中提供虚假的证明、数据、资料、样品或者采取其他欺骗手段的，处3年以下有期徒刑或者拘役，并处或者单处罚金；对人体健康造成严重危害或者有其他严重情节的，处3年以上7年以下有期徒刑，并处罚金。

任务实施

许可证或药品证明批准文件是企业从事药品生产经营活动的重要合法依据。要完成本案例的分析，需要根据法律法规的规定，要非常明确与许可证、批准证明文件相关的法律责任，以确保分析该案例时符合要求。

（1）分析案例中的相关主体是否伪造、变造、买卖、出租、出借许可证或者药品批准证明文件，骗取许可证或批准证明文件的。

（2）通过对案例的分析，收集其违法信息，确认××药业有限公司出租、出借《药品经营许可证》的违法行为，违反了《药品管理法》第一百二十二条。

（3）根据《药品管理法》第一百二十二条的规定，对涉及违法行为的单位或个人进行行政处罚。

（4）如相关主体的违法行为触犯刑律，依照刑法追究刑事责任。

项目86　违反药品经营质量管理规范的法律责任

任务引入

2021年8月，某省药监局接到举报××药房连锁有限公司有违法行为。经查，该公司存在未从药品上市许可持有人或者具有药品生产、经营资格的企业购进某口服液药品，在计算机系统中编造购进记录，采购药品时未向供货单位索取发票，药品采购、储存、配送信息不可追溯等违法行为，法定代表人赵某从未在该公司实际工作，未能履行相关管理职责。通过学习，请分析该案例。

任务分析

完成本次任务需要做到以下几点：
（1）明确从事药品经营活动，应当遵守药品经营质量管理规范。
（2）明确药品经营企业的法定代表人、主要负责人对经营活动的负责。
（3）准确判断违反药品质量管理规范应承担的法律责任。

相关知识

药品属于一种特殊商品，药品相关活动的从业者应当在从业过程中健全完善质量管理体系，恪守质量管理规范。质量管理规范是对药品质量管理提出的最低要求。例如《药品生产质量管理规范》《药品经营质量管理规范》均由国家药品监督管理局制定，药品生产、药品经营都应遵守，违反则构成违法。

一、药品经营活动基本要求的规定

1. 药品经营质量管理规范

遵守药品管理规范、建立健全管理体系、保证符合法定要求从事药品经营活动,应当遵守药品经营质量管理规范。《药品经营质量管理规范》(Good Supply Practice,GSP),是针对药品经营活动的特点,为在流通环节中确保药品质量而制定的一套系统的、科学的质量保证措施和管理规范,是药品经营过程中的质量管理基本准则。

2. 药品零售连锁经营的管理要求

药品零售连锁企业一般由总部、配送中心和若干个门店构成。总部是连锁企业经营管理的核心,决定着整个企业的药品经营质量管理水平。根据《药品经营质量管理规范》,统一的质量管理制度应当包括统一的质量管理体系内审的规定,质量否决权的规定,质量管理文件的管理,质量信息的管理,供货单位、购货单位、供货单位销售人员及购货单位采购人员等资格审核的规定,药品采购、收货、验收、储存、养护、销售、出库、运输的管理,特殊管理的药品的规定,药品有效期的管理,不合格药品、药品销毁的管理,药品退货的管理,药品召回的管理,质量查询的管理,质量事故、质量投诉的管理,药品不良反应报告的规定等内容。

3. 法定代表人、主要负责人对本企业药品经营活动全面负责

药品经营企业是药品经营活动的主体,而作为药品经营企业的法定代表人、主要负责人,在药品经营活动中必须担负起对本企业药品经营质量管理等经营活动的全面责任,确保药品经营全过程持续符合法定要求。这既是法定义务,也是法定代表人、主要负责人的职责所在。

二、违反药品质量管理规范的法律责任

1. 违法行为

根据《药品管理法》第一百二十六条的规定,除另有规定的情形外,药品上市许可持有人、药品生产企业、药品经营企业、药物非临床安全性评价研究机构、药物临床试验机构等未遵守药品生产质量管理规范、药品经营质量管理规范、药物非临床研究质量管理规范、药物临床试验质量管理规范等的。

2. 法律责任

根据《药品管理法》第一百二十六条的规定,责令限期改正,给予警告;逾期不改正的,处10万元以上50万元以下的罚款;情节严重的,处50万元以上

200万元以下的罚款，责令停产停业整顿直至吊销药品批准证明文件、药品生产许可证、药品经营许可证等，药物非临床安全性评价研究机构、药物临床试验机构等5年内不得开展药物非临床安全性评价研究、药物临床试验，对法定代表人、主要负责人、直接负责的主管人员和其他责任人员，没收违法行为发生期间自本单位所获收入，并处所获收入10%以上50%以下的罚款，10年直至终身禁止从事药品生产经营等活动。

> **知识链接**
>
> **《药品管理法》第一百二十六条规定需要注意的情形**
>
> （1）本条规定的"情节严重"不以"逾期不改正"为前提，如果违法行为本身情节严重，直接适用"情节严重"一档处罚；
>
> （2）药品批准证明文件包括药品注册证书和对医疗机构配制的制剂的批准文件等；
>
> （3）本条规定了"责令限期改正"，其不属于行政处罚。依照行政处罚法第二十三条规定，行政机关实施行政处罚时，应当责令当事人改正或者限期改正违法行为；
>
> （4）关于执法主体，依照《药品管理法》第一百三十九条规定，本条规定的行政处罚由县级以上人民政府药品监督管理部门按照职责分工决定；吊销许可证件的，由原发证的部门决定。

任务实施

从事药品经营活动，要保证经营全过程持续符合法定要求。要完成本案例的分析，需要根据《药品管理法》规定的内容，要非常明确违反药品经营质量管理规范的法律责任，以确保分析该案例时符合要求。

（1）掌握《药品经营质量管理规范》的内容，分析案例中的相关主体是否有违反药品经营质量管理规范的规定。

（2）通过对案例的分析，收集违法信息，××药房连锁有限公司的行为违反了药品经营质量管理规范。

（3）该公司的法定代表人赵某在药品经营活动中没有担负起对本企业药品经营质量管理等经营活动。

（4）该案例中的××药房连锁有限公司违反了《药品管理法》第一百二十六条、第一百二十九条的规定，对涉及违法行为的单位和个人进行处罚，承担相应的法律责任，有情节严重的情形将从重处罚。

项目87　违反药品不良反应监测和报告的法律责任

任务引入

2020年8月，某市药监局对该市的××零售药店进行检查，在检查过程中发现该药店没有专职或兼职工作人员负责该药店药品不良反应监测工作，并且没有药品不良反应信息记录台账。通过学习，请分析此案例。

任务分析

完成本次任务需要做到以下几点：
（1）知晓药品生产企业有违规行为应承担的法律责任。
（2）准确判断药品经营企业违法行为应承担的法律责任。
（3）明确医疗机构违法行为应承担的法律责任。

相关知识

药品不良反应，是指合格药品在正常用法用量下出现的与用药目的无关的有害反应。药品不良反应报告和监测，是指药品不良反应的发现、报告、评价和控制的过程。作为部门规章，《药品不良反应报告和监测管理办法》为药品生产企业、药品经营企业和医疗机构分别设定了相应的法律责任。

一、药品经营企业的法律责任

1. 违法行为

根据《药品不良反应报告和监测管理办法》第五十九条规定的违规情形：
（1）无专职或者兼职人员负责本单位药品不良反应监测工作的；
（2）未按照要求开展药品不良反应或者群体不良事件报告、调查、评价和处理的；
（3）不配合严重药品不良反应或者群体不良事件相关调查工作的。

2. 法律责任

根据《药品不良反应报告和监测管理办法》第五十九条的规定，药品经营企业有上述违规情形之一的，由所在地药品监督管理部门给予警告，责令限期改正；逾期不改的，处3万元以下的罚款。

二、医疗机构的法律责任

1. 违法行为

根据《药品不良反应报告和监测管理办法》第六十条规定的违规情形：

（1）无专职或者兼职人员负责本单位药品不良反应监测工作的；

（2）未按照要求开展药品不良反应或者群体不良事件报告、调查、评价和处理的；

（3）不配合严重药品不良反应和群体不良事件相关调查工作的。

2. 法律责任

根据《药品不良反应报告和监测管理办法》第六十条的规定，医疗机构有上述违规情形之一的，由所在地卫生行政部门给予警告，责令限期改正；逾期不改的，处3万元以下的罚款。情节严重并造成严重后果的，由所在地卫生行政部门对相关责任人给予行政处分。

任务实施

要完成本案例的分析，需要根据《药品不良反应报告和监测管理办法》规定的内容，明确违反药品不良反应报告和监测规定的法律责任，以确保分析该案例时符合要求。

（1）了解《药品不良反应报告和监测管理办法》规定的内容，分析案例中的相关主体是否违反药品不良反应报告和监测规定的。

（2）通过对案例的分析，收集违规信息，案例中××零售药店无专职或兼职人员负责药品不良反应监测工作，明确违反了《药品不良反应报告和监测管理办法》第五十九条第（一）项的规定。

（3）根据《药品不良反应报告和监测管理办法》的规定，对涉及违规行为的相关主体进行处罚，承担相应的法律责任。

项目88　其他违反药品管理规定的法律责任

任务引入

2022年3月，A市B区市场监督管理部门发现A市B区某广告有限公司在其微信公众号未经广告审查机关对广告内容进行审查就自行代理委托发布某维生素C泡腾片非处方药品广告。通过学习，请分析此案例。

任务分析

完成本次任务需要做到以下几点：

（1）根据《药品管理法》的规定，明确违反进口药品登记备案管理制度应承担的法律责任。

（2）按照《药品管理法》的规定，明确医疗机构向市场销售制剂应承担的法律责任。

（3）根据《药品管理法》的规定，明确违反药品标识管理规定应承担的法律责任。

（4）根据《中华人民共和国广告法》的规定，明确违反药品广告管理应承担的法律责任。

相关知识

药品安全直接关系人民群众身体健康和生命安全，切实做好药品安全工作，落实好药品安全法律责任，是维护社会稳定、促进社会和谐的现实要求。任何违反相关规定而给药品使用者造成损害的行为都应收到相应的法律责任。

一、违反进口药品登记备案管理制度的法律责任

1. 违法行为

根据《药品管理法》第一百三十二条的规定，进口已获得药品注册证书的药品，未按照规定向允许药品进口的口岸所在地药品监督管理部门备案的。

2. 法律责任

根据《药品管理法》第一百三十二条的规定，责令限期改正，给予警告；逾期不改正的，吊销药品注册证书。

二、医疗机构向市场销售制剂的法律责任

1. 违法行为

根据《药品管理法》第一百三十三条的规定，医疗机构将其配制的制剂在市场上销售的。

2. 法律责任

根据《药品管理法》第一百三十三条的规定，责令改正，没收违法销售的制剂和违法所得，并处违法销售制剂货值金额二倍以上五倍以下的罚款；情节严重的，并处货值金额五倍以上十五倍以下的罚款；货值金额不足五万元的，按五万元计算。

三、违反药品标识管理规定的法律责任

1. 违法行为

根据《药品管理法》第一百二十八条的规定，除依法应当按照假药、劣药处罚外，药品包装未按照规定印有、贴有标签或者附有说明书，标签、说明书未按照规定注明相关信息或者印有规定标志的。

2. 法律责任

根据《药品管理法》第一百二十八条的规定，责令改正，给予警告；情节严重的，吊销药品注册证书。

四、违反药品广告管理的法律责任

1. 违法行为

根据《广告法》第五十七条规定的违法情形：

（1）发布处方药广告、药品类易制毒化学品广告、戒毒治疗的医疗器械和治疗方法广告的。

（2）在针对未成年人的大众传播媒介上发布药品、保健食品、医疗器械、化妆品广告的。

2. 法律责任

根据《广告法》第五十七条的规定，由市场监督管理部门责令停止发布广告，对广告主处二十万元以上一百万元以下的罚款，情节严重的，并可以吊销营业执照，由广告审查机关撤销广告审查批准文件，一年内不受理其广告审查申请；对广告经营者、广告发布者，由市场监督管理部门没收广告费用，处二十万元以上一百万元以下的罚款，情节严重的，并可以吊销营业执照、吊销广告发布登记证件。

✦ 任务实施

要完成本案例的分析，需要根据有关法律法规的规定，要非常明确违反进口药品登记备案管理制度，违反药品标识管理规定，违反药品广告管理以及医疗机构向市场销售制剂的法律责任，以确保分析该案例时符合要求。

（1）分析案例中的相关主体是否有违反进口药品登记备案管理制度，违反药品标识管理规定，违反药品广告管理以及医疗机构向市场销售制剂等行为的。

（2）通过对案例的分析，收集其违法信息，确认A市B区某广告有限公司违反药品广告管理，明确其违法行为。

（3）依据《中华人民共和国广告法》第五十八条的规定，对涉及违法行为的单位或个人进行行政处罚。